Kosmos-Enzyklopädie der Sukkulenten und Kakteen

Die kultivierten Arten, ihre Pflege und Vermehrung

Gordon Rowley

Kosmos-Enzyklopädie der Sukkulenten und Kakteen

Kosmos · Gesellschaft der Naturfreunde
Franckh'sche Verlagshandlung · Stuttgart

Aus dem Englischen von Wolfgang Rhiel
Berater der deutschen Ausgabe: K.-F. Hohenstein
Berater der englischen Ausgabe: Charles Glass, Herausgeber von „Cactus and Succulent Journal of America“
Titel der Originalausgabe: „The Illustrated Encyclopedia of Succulents“. Ein Salamander-Buch; die englischsprachige Ausgabe ist zuerst bei Salamander Books Limited, 52, James Street, London W 1, United Kingdom, unter ISBN 0 86101 011 6 erschienen

Mit 50 Zeichnungen von Max Ansell, June Baker und Pat Lenander sowie 350 Farbbildern, (Bildnachweis siehe Seite 255)

Umschlag von Edgar Dambacher unter Verwendung verschiedener Aufnahmen von H. Angel, Dr. E. Ross, G. Rowley und der Botanical Collection

CIP-Kurztitelaufnahme der Deutschen Bibliothek

Rowley, Gordon:
Kosmos-Enzyklopädie der Sukkulenten und Kakteen: d. kultivierten Arten, ihre Pflege u. Vermehrung / Gordon Rowley. [Aus d. Engl. übers. von Wolfgang Riehl. Mit 50 Zeichn. von Max Ansell . . .]. – Stuttgart: Franckh, 1979.
Einheitssacht.: The illustrated encyclopedia of succulents ‹dt.›
ISBN 3-440-04648-6

Franckh'sche Verlagshandlung, W. Keller & Co., Stuttgart / 1979

Printed in Belgium / Imprimé en Belgique
LH 14 Ste/ ISBN 3-440-04648-6

Satz: Fotosatz Schönthaler, Ludwigsburg
Druck und buchbinderische Verarbeitung: Henri Proost & Cie pvba, Turnhout/Belgien

Vorsatzblatt: Die problemlose *Mammillaria zeilmanniana* gibt es auch in einer schönen, weißblühenden Varietät

Seite 1: Einer der vielen botanischen Höhepunkte im Jardin Exotique bei Monaco – Sukkulenten

Seite 2/3: Es gibt Sukkulenten, die nur erbsengroß sind, andere dagegen können aber auch so groß wie ein Baum werden, wie z.B. diese *Aloe dichotoma,* die in Namibia vorkommt

Links: Sukkulenten blühen in den verschiedensten Formen und Farben, auffällig oder unauffällig. Hier *Adenium obesum* aus Ostafrika

Unten: Diese Blattrosette einer Agave zeigt das geometrische Muster und die Symmetrie, die ein Merkmal vieler Sukkulenten sind

Inhalt

Links: Junge Opuntien-Triebe, die noch kleine Schuppenblätter tragen.

Unten: Diese Blüten eines Kugelkaktus besitzen reichlich Pollen zum Anlocken für bestäubende Insekten.

Vorwort

Unter dem Sammelnamen „Sukkulenten" sind ungefähr 10000 Blütenpflanzen-Arten zusammengefaßt. All diese Pflanzen besitzen bestimmte Merkmale, die das Auge fesseln und entweder Bewunderung oder Mißfallen auslösen. Die unterschiedlichsten Variationen im Muster, dem Blütenschmuck, der Zeichnung und der Farbe machen diese Pflanzen zu idealen Sammelobjekten. Ihr solides und stattliches Aussehen vermittelt den Eindruck ewiger Unveränderlichkeit, und doch kann man im Ablauf eines Jahres unaufhörlich Veränderungen feststellen. Eine Enzyklopädie, wie dieses Buch hier, stellt ein „literarisches Werk mit ausführlichen Angaben über alle Gebiete oder ein bestimmtes Wissensgebiet..." dar. Ich erwähne das, damit niemand verärgert ist, weil er hier keine alphabetische Liste aller bekannten Arten findet. Hierfür gibt es dann die verschiedenste Fachliteratur (siehe Seite 247). Die meisten ausführlichen Bücher über Sukkulenten verfolgen jedoch nur zwei Ziele: die Arten zu beschreiben und die Haltung und Zucht zu erklären. Unser Ziel ist ein anderes: Wir wollen einen Überblick über die Sukkulenten als Teil der Gesamtflora geben, wobei der unterschiedliche Aufbau, die Lebensweise, der Standort, die Fortpflanzung, Überlebenstechniken, die Entwicklung und die Klassifikation behandelt werden. Manche Arten werden nur wegen

bestimmter auffallender oder besonders charakteristischer Merkmale erwähnt.
Im Laufe der Jahrhunderte hat die Botanik ihre eigene Fachsprache entwickelt, die eine Pflanze in knappen, präzisen Sätzen ausführlich und genau beschreiben kann. Begriffe wie „Kaktus“ oder „Wüste“ haben eine bestimmte Bedeutung, die im allgemeinen Sprachgebrauch leider oft völlig falsch verwendet werden. Um dem Laien etwas zu helfen, werden in diesem Buch einige dieser botanischen Fachausdrücke ausführlich erklärt – zum einen auf der Seite, auf der sie zum ersten Mal verwendet werden, zum andern gesondert und alphabetisch auf den Seiten 249–250 in der Erklärung der Fachausdrücke.

Ich danke Charles Glass und den Kollegen der Universität Reading, die das Buch gelesen und aus ihren Gebieten Rat und Kritik beigetragen haben, Geoff Rogers von Salamander Books für sein kritisches Auge und allen Inhabern von urheberrechtlich geschütztem Material, die dessen Wiedergabe und Benutzung erlaubt haben. Eine Liste mit den Namen all derer, denen ich zu Dank verpflichtet bin, finden Sie auf Seite 255 des Buches.

Unten: Der Botanische Garten von Huntington ist der älteste große Sukkulentengarten in Nordamerika.

Teil I
Die Welt der Sukkulenten

Die Hetze und Unruhe des Alltags lassen das Interesse an der Natur und ihrer Geschichte ständig steigen. Die Beliebtheit der Bücher und Filme über die unberührte Natur zeugen vom allgemeinen Bedürfnis, dem Streß zu entfliehen und sich in einer „heilen" Welt zu verkriechen. Aber auch das Bewußtsein, daß die Nutzung der Erde und des Meeres die ursprüngliche Natur immer mehr verdrängt und abtötet, hat den Menschen aufmerksam werden lassen. Mehr als viele andere Pflanzen leiden die Sukkulenten unter der Zerstörung ihrer Umwelt, und wenn nicht bald etwas unternommen wird, sind bald viele von ihren Standorten ausgerottet, darunter auch solche, die bis jetzt überhaupt noch nicht bekannt geworden sind. Beide Themen: die Suche nach dem Wissen und das Bedürfnis, Natur zu pflegen und zu erhalten, kommen im ersten Teil dieses Buches zu Wort, einer Einführung in die Naturgeschichte und die Haltung und Pflege einer hochspezialisierten Pflanzengruppe, die sich besonders durch die Besiedelung trokkener und unwirtlicher Gebiete auszeichnet.

Was sind Sukkulenten überhaupt für Pflanzen? Was unterscheidet sie von anderen Blütenpflanzen? Wie blühen sie, vermehren sie sich, und wie überleben sie? Das Geheimnis ihres Lebens und vor allem ihres Überlebens beschäftigt viele For-

schungszweige: die Physiologie, die Ökologie, die Vererbungs- und die Entwicklungslehre. Und dennoch gibt es immer noch Lücken in der Kenntnis dieser seltsamen und schönen Pflanzengruppe.

Unten: Nicht alles, was wie ein Kaktus aussieht, ist auch einer. Diese *Tavaresia barklyi* gehört zu den Asclepiadaceen. Der Unterschied zum Kaktus liegt bei dieser Pflanze in den Blüten und Früchten.

Fachausdrücke werden außerhalb des Textes in Kästchen oder auf den Seiten 249 und 250 erklärt.
Im Text wird auf **Abbildungen** durch die Kapitel- und Bild- oder Schautafelnummer hingewiesen, die in Klammern am Anfang jeder Bildlegende steht. (9.3) verweist also auf Abb. 3 in Kapitel 9. Der Begriff **Sukkulenten** wird durchgehend im streng botanischen Sinn gebraucht, umfaßt also auch die Kakteen – sofern nichts anderes vermerkt ist.

1: Einleitung

Allgemeines

Der früheste mir bekannte Hinweis auf die Sukkulenten findet sich in einem seltenen Buch eines Schweizer Botanikers aus dem frühen 17. Jahrhundert, der einige Pflanzen mit „fleischigen“ Blättern aufzählt und feststellt, daß sie noch lange nach der Entwurzelung mit gespeichertem Wasser weiterleben können. R. Bradley, erster Botanikprofessor in Cambridge, beschreibt in seinem Buch Blatt- und Stammsukkulenten als Pflanzen, „die sich nicht zum hortus siccus eignen“ – d.h., die nicht gepreßt werden können und sich also nicht als Herbarmaterial eignen.

Mit Wasser geizen

Sukkulenz ist mehr als nur eine Erweiterung von Sprossen, Blättern oder Wurzeln zu wasserspeichernden Organen. Auch die Wasseraufnahme und -abgabe kann je nach Bedarf geregelt werden. Ein solches Wasserreservoir wäre ja auch nutzlos ohne Tür, die den Inhalt am Auslaufen hindert. Im Innern des Sukkulentengewebes liegen die charakteristischen, großen, dünnwandigen Zellen (1.3, 2.5) und klar erkennbare Luftkammern – wie bei einem Schwamm. Die großen wasserspeichernden Zellen sind ungewöhnlich polyploid, d. h. sie enthalten bis zum 16fachen des normalen Chromosomensatzes. Außerdem sind diese Speicherzellen auch in der Lage, sich bei Wasserverlust langsam zusammenzuziehen und dann wieder auszudehnen – ohne zu platzen. Dieses Phänomen, sowie die Tatsache, daß die Zellen der Sukkulenten Temperaturen aushalten können, die 15–20 °C über denen liegen, die anderen Pflanzen schon schaden würden, machen diese Pflanzengruppe zu widerstandsfähigen Lebewesen, die über längere Zeiten hinweg extreme Hitze und Trockenheit aushalten können. Ein Beispiel für außergewöhnliche Sukkulenz bietet die südafrikanische Gattung *Muiria*, deren Pflanzenkörper Unmengen bis zu 2 mm großer Speicherzellen enthält, die in einem trockenen Raum bis zu 10 Tagen vollständig prall bleiben, ehe sie zusammenschrumpfen.

Ungewöhnliche Lebenswege

Die Römer, die alles beobachteten, sollen als erste festgestellt haben, daß einige „fleischige“ Pflanzen, wie z. B. das Steinkraut (*Sedum acre*) bitterer schmecken, wenn sie am Morgen statt am Abend gepflückt werden. Hierzu fand man dann heraus, daß sich bei den Sukkulenten bestimmte Lebenszyklen grundlegend von denen anderer Pflanzen unterscheiden. Anhand des untenstehenden Diagramms wollen wir einmal kurz rekonstruieren, wie ein Mesophyt und eine Sukkulente ihre Nahrung aus dem Kohlendioxid der Luft und Wasser aus dem Boden mit Hilfe der Sonnenenergie und dem grünen Pflanzenfarbstoff Chlorophyll selbst herstellen. Dieser als Photosynthese bekannte Prozeß erfolgt bei den Mesophyten nur bei Tageslicht im Oberflächengewebe der grünen Blätter und Sproße. Wasser gelangt über die Wurzeln in den Pflanzenkörper und wird über spezielle Leitungssysteme an die Orte der Photosynthese gebracht. Kohlendioxid (CO_2) gelangt durch Spaltöffnungen (Stomata) ins Gewebe. Mit Hilfe der Sonnenenergie, die durch das Chlorophyll aufgefangen wird, werden die anorganischen Stoffe Wasser (H_2O) und Kohlendioxid in Zucker (Kohlenhydrat) umgewandelt. Die Sonnenenergie wird dabei in Form chemischer Energie bis zur Weiterverwendung gespeichert. Sauerstoff (O_2), ein „Nebenprodukt“ dieser Reaktion, wird abgegeben.

Der Tageszyklus bei Sukkulenten verläuft etwas anders: Um keinen unnötigen Wasserverlust zu provozieren, bleiben die Spaltöffnungen tagsüber geschlossen; sie öffnen sich nur nachts, um Luft aufzunehmen. Das Kohlendioxid der Luft wird durch organische Säuren gebunden, die zum Teil durch teilweise Aufspaltung von Kohlenhydraten entstehen. Tagsüber spalten sich diese organischen Säuren dann in Kohlendioxid und Wasser auf, so daß die Photosynthese einsetzen kann, die dann genau wie bei den Mesophyten verläuft. Dieser Tageszyklus wurde zuerst bei einer Pflanze der Familie der Crassulaceen festgestellt (1813) und heißt seitdem Säuremetabolismus der Crassulaceen (SMC). Vor kurzem haben zwei Abweichungen vom mesophytischen Zyklus die Bezeichnungen C_3 und C_4 erhalten, da sie die Bildung von Karbonsäuren mit drei und vier Kohlenstoffen einschließen. Es besteht ein enger Zusammenhang zwischen der Verbreitung von SMC und den C_4-Systemen sowie der Sukkulenz bei Blütenpflanzen. Die Schautafel 1.6 verdeutlicht diesen Sachverhalt. Anscheinend kann sich Sukkulenz nur zusammen mit einer Änderung

Rechts (1.1): Starke Lichteinstrahlung und eine hohe Verdunstungsrate bilden die Schwierigkeiten für Pflanzen in Südwestafrika. Diese Aloe hat zum Schutz dicke, fleischige Blätter, die einen Schutzschild um den Stamm bilden, sobald sie abgestorben sind.

Unten (1.2): Tagesablauf der Photosynthese. Links bei Mesophyten, rechts bei Sukkulenten.

Mesophyten „Pflanzen mit mittlerem Wasseranspruch“. Sie sind einem gemäßigten Wasservorkommen angepaßt.

Xerophyten „Trockenheitspflanzen“. Sie sind trockenen Standorten angepaßt. Sie besitzen Einrichtungen zur Verminderung der Wasserabgabe und Steigerung der Wasseraufnahme.

Sukkulenten sind Pflanzen, die in besonders vergrößertem, schwammartigem Gewebe Wasser speichern können; sie werden auch Saft- oder Fettpflanzen genannt. Nicht alle Xerophyten sind Sukkulenten! Die Sukkulenten sind im allgemeinen unter ihren wissenschaftlichen Namen bekannt, die wenigen Trivialnamen haben keine internationale Bedeutung.

Der **Kaktus** (pl. Kakteen) gehört zur Familie der Cactaceae (Kapitel 16). Alle Kakteen sind mehr oder weniger sukkulent. Aber: Nicht alle Sukkulenten sind Kakteen!

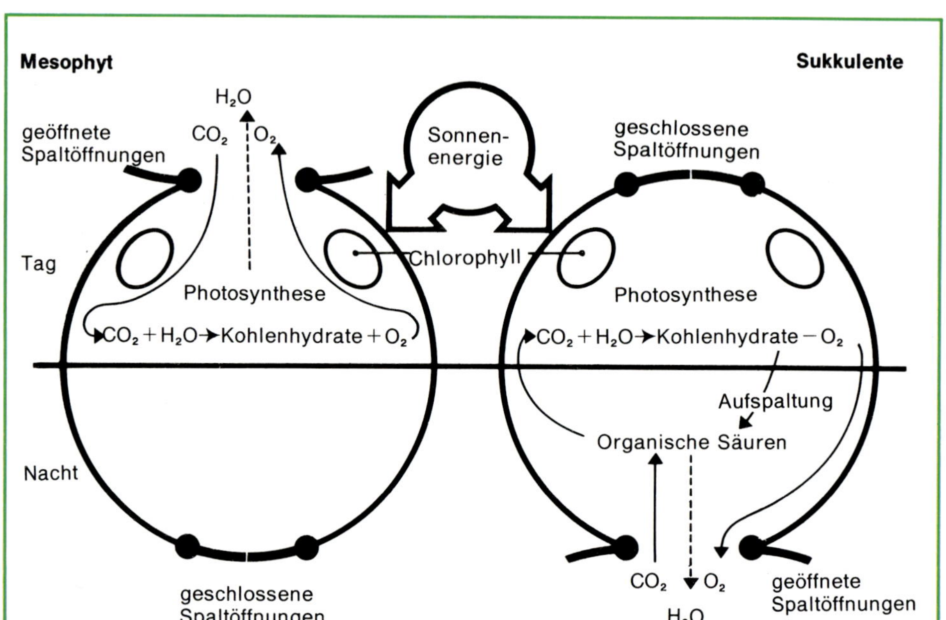

des „normalen“ Atmungszyklus bilden. Warum? Öffnen sich die Spaltöffnungen, was sie müssen, um den Gasaustausch zu ermöglichen, entweicht auch kostbarer Wasserdampf. Bei den Mesophyten ist das nicht so tragisch, da sie ja genügend Feuchtigkeit aus dem Boden entziehen können. Die Sukkulenten können ihre Spaltöffnungen jedoch tagsüber nicht öffnen, sondern erst bei Dunkelheit, wenn die Verdunstung geringer ist, so daß am wenigsten Wasserdampf verlorengeht. Sukkulenten können also nur bei Nacht Kohlendioxid aufnehmen und müssen dieses für die Photosynthese, die wiederum nur bei Tag, d. h. bei Einwirkung von Sonnenenergie, stattfinden kann, speichern.

Ursprung und Vielfalt

Obwohl Sukkulenz bei den unterschiedlichsten Pflanzengruppen auftritt, konnte man ihren Ursprung bis jetzt noch nicht feststellen. Verschiedene Experimente haben auch gezeigt, daß Sukkulenz beeinflußbar ist. So steigert z. B. der Entzug von Eisen die Sukkulenz bei *Tradescantia*, weil sich bei Eisenmangel die Blattzellen dieser Pflanze vertikal verlängern. Bei der Kalanchoe kann man die Dickfleischigkeit erhöhen, wenn man die Tagesdauer durch regelmäßiges Abdunkeln verkürzt. Eine andere Art der Sukkulenz findet man bei den Halophyten, den „Salzpflanzen“ der Küste und der Salzsümpfe. Der Queller (*Salicornia*) z. B. transpiriert anders als die an Trockenheit angepaßten Sukkulenten und verdorrt bei anhaltender Trockenheit. Das gleiche gilt auch für *Glottiphyllum* (11.13) aus der heißen, trockenen Karru Südafrikas, so daß es bei der Definition der Sukkulenten fast immer Ausnahmen gibt.
Die Einteilung in Sukkulenten und Nicht-Sukkulenten hilft dem Botaniker bei der groben Unterscheidung der Pflanzen, dem Gärtner jedoch beim Zusammenstellen von Pflanzen mit ähnlichen Bedürfnissen. Im allgemeinen teilt der Botaniker die Pflanzen jedoch anhand sämtlicher morphologischer Merkmale ein. Diese Einteilung liegt auch der Schautafel 1.6 und dem zweiten Teil dieses Buches zugrunde.
Da sich Sukkulenten sehr schwierig genau definieren lassen, wird eine exakte Einteilung auch nie möglich sein. Manch einer würde die Halophyten, ein anderer die Yuccas mit ihren teilweise fleischigen Stämmen mit einbeziehen. Andere wieder würden Orchideen (von denen einige sogar alle Sukkulentenmerkmale aufweisen) und Mitglieder der Ananasfamilie – die jetzt als Zimmerpflanzen so beliebt sind – dazurechnen. Diese Pflanzen mit einzubeziehen, würde aber den Rahmen dieses Buches sprengen. Die Familie der Zygophyllaceae wird aus einem anderen Grund hier nicht näher behandelt.
Über große Gebiete Südafrikas hinweg ist *Zygophyllum* ein gewohnter Anblick. Mit seinem prallen, wasserhaltigen Blattwerk ähnelt es sehr den Mitgliedern der Eiskrautfamilie (Mesembryanthemaceae), mit denen es auch Pflanzengesellschaften bildet. Doch welche der 100 *Zygophyllum*-Arten wurde je kultiviert?
Die Stecklinge wachsen nicht an, werden schwarz und sterben schnell ab. Samen ergeben, wenn sie überhaupt keimen, Sämlinge, die trauern und auch bald eingehen. Diese Pflanzen sind also sehr schwer zu halten und zu pflegen, geschweige denn zu vermehren.
Wie schon erwähnt, sind alle Kakteen Sukkulenten, aber nicht alle Sukkulenten Kakteen. Die Kaktusgewächse, die fast ausschließlich in der Neuen Welt vorkommen, jedoch auch anderswo akklimatisiert wurden, bilden eine der drei größten Sukkulenten-Familien, von denen jede über 1500 Arten umfaßt. In 33 anderen Familien hat sich unabhängig voneinander in ca. 600 Gattungen bei einer oder mehreren Arten Sukkulenz entwickelt. Angesichts dieser Vielfalt überrascht es nicht, daß Sukkulenten vom Winzling bis zum turmhohen Baum und an den verschiedensten Standorten auftreten. So verschieden der Standort und das Aussehen sind, so verschieden sind auch die Ansprüche: Die einen brauchen mehr Wärme als andere, einige Halbschatten, einige sind äußerst empfindlich gegen zuviel Feuchtigkeit, andere dagegen überhaupt nicht. So schwanken auch die Vegetationszeiten je nach den örtlichen Bedingungen und danach, ob der Standort nördlich oder südlich des Äquators liegt.

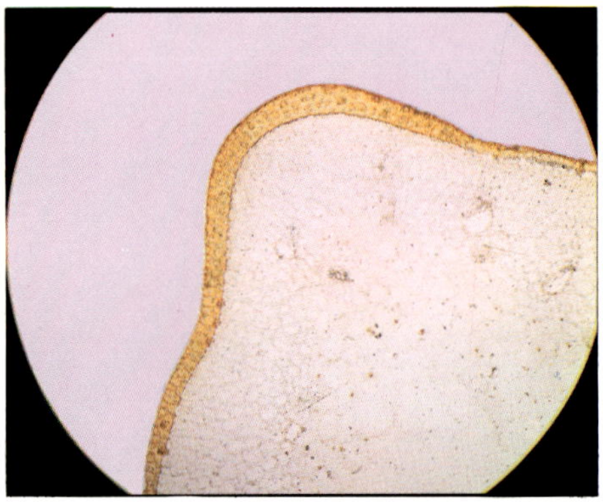

Links (1.3): Querschnitt durch ein Aloeblatt (stark vergrößert). Die großen, schwammartigen Hauptzellen werden durch eine dichte Oberflächenschicht (gelb) vor Wasserverlust geschützt.

Rechts (1.4): Hier werden Blatt- und Stammsukkulenten der Neuen und Alten Welt in einem Gewächshaus auf gleichem Boden und unter gleichen Kulturbedingungen gehalten.

Unten (1.5): An der Küste findet man des öfteren den einjährigen Queller (*Salicornia*). Bei zu großer Trockenheit verdorren die weichen, fleischigen, grünen „Stämmchen“ und werden braun.

Metabolismus Sammelbegriff für alle chemischen Veränderungen, die sich in einem lebenden Organismus abspielen.

Photosynthese Bildung von Kohlenhydraten aus dem Kohlendioxid der Luft und Wasser aus dem Boden mit Hilfe von Sonnenenergie und dem grünen Farbstoff Chlorophyll unter Abgabe von Sauerstoff. Sonnenenergie wird als chemische Energie gebunden.

Atmung Spaltung von energiereichen, organischen Verbindungen in Kohlendioxid und Wasser mit Hilfe von Sauerstoff. Die für das Wachstum einer Pflanze notwendige Energie wird freigesetzt. Atmung findet ständig statt.

Transpiration Abgabe von Wasserdampf durch die Spaltöffnungen.

Luft besteht zu ca.
78 Vol.% aus Stickstoff (N_2)
21 Vol.% Sauerstoff (O_2)
0,03 Vol.% Kohlendioxid (CO_2)
und dem Rest aus Edelgasen

1: Einleitung

Welche Pflanzen sind Sukkulenten?
Takhtajan (1966) unterteilt die Blütenpflanzen in die Zweikeimblättrigen (Dicotyledonen) mit 73 Ordnungen und die Einkeimblättrigen (Monocotyledonen) mit 21 Ordnungen. Auf unserer Schautafel (1.6) sind diese Pflanzen nach komplizierter werdendem Pflanzenaufbau angeordnet. Familien, in denen Sukkulenten vorkommen, sind schwarz gedruckt. Zwar hat sich in mehr als einem Viertel aller bekannten Ordnungen ebenfalls eine gewisse Art von Sukkulenz entwickelt, meist ist sie jedoch so schwach ausgebildet, daß wir diese Vertreter nicht weiter erwähnt haben.
Die Symbole bezeichnen die Verbreitung der drei biochemischen Prozesse (siehe Seite 14): SMC ▲ C_4 ● Betacyanin ■

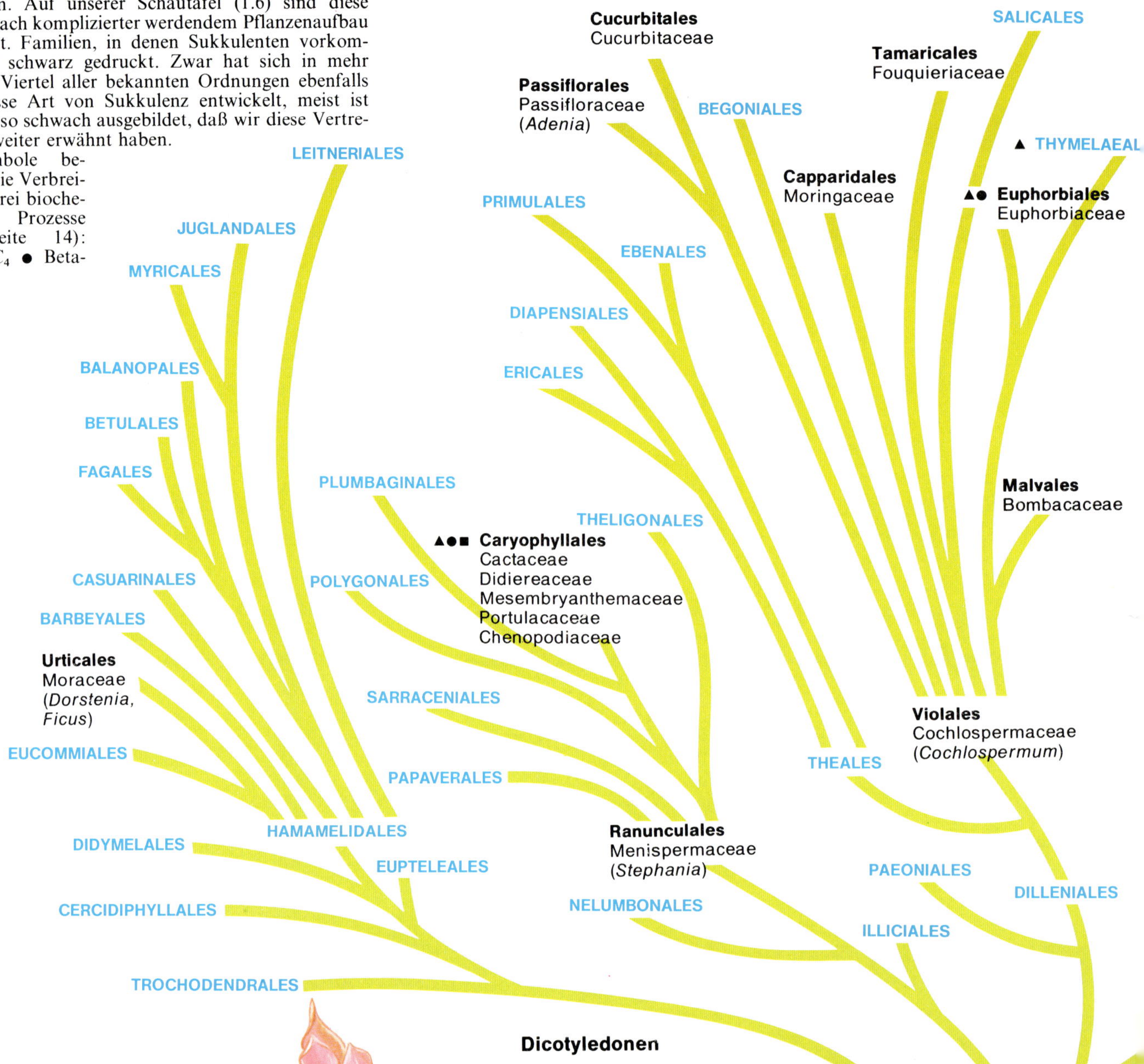

Mammillaria
(Cactaceae)

Lithops
(Mesembryanthemaceae)

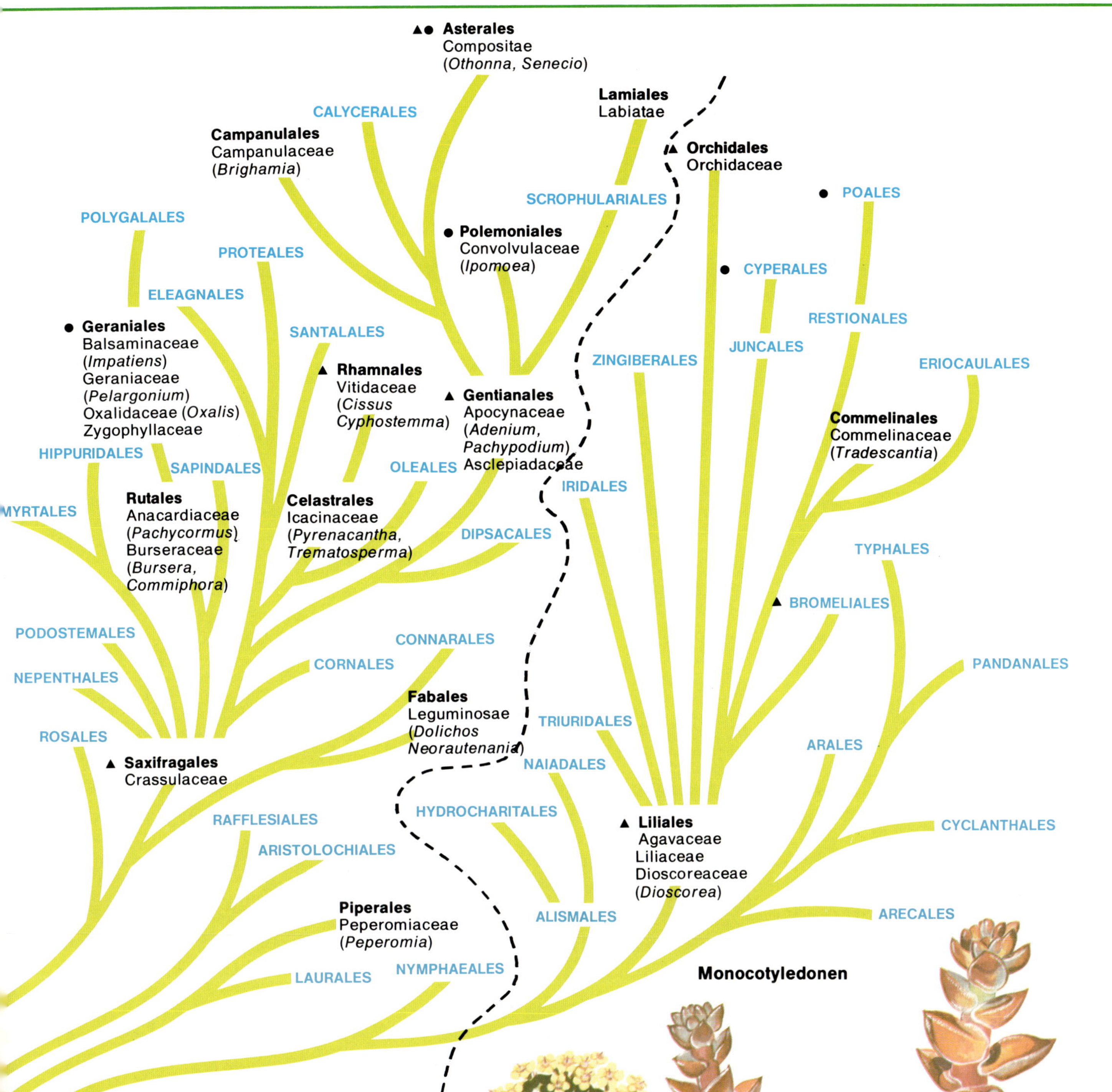

Adenium
(Apocynaceae)

Euphorbia
(Euphorbiaceae)

Echeveria
(Crassulaceae)

1: Einleitung

Wer also Sukkulenten halten und pflegen will, muß sich vor allem darüber im klaren sein, daß jede Art ihre eigenen, individuellen Ansprüche besitzt und nicht alle gleich behandelt werden können.

Sukkulenten als Nutzpflanzen?

Wenn man Sukkulenten auch nicht mit Nutzpflanzen wie Getreide, Baumwolle oder Hanf vergleichen kann, so werden sie doch in den Gebieten, in denen sie häufig vorkommen, auf vielfältigste Weise genutzt: als Nahrung, Medizin, Faser- und Holzlieferant.

Nutz- und Nahrungspflanzen. Agaven und Feigenkakteen (Opuntien) dienen sowohl als Nahrungs- wie auch als Nutzpflanze. Das ausgedehnte, dichte Blattwerk der *Agave sisalana* z. B. enthält lange Fasern (Sisal), die an Stärke und Reißfestigkeit dem Manila-Hanf nicht fernstehen. Brasilien und Afrika liefern in der Hauptsache solche Agaven-Fasern, aus denen dann Seile, Garne, Sackleinen und Teppiche hergestellt werden. Aber die Agaven liefern auch die Grundsubstanzen für berauschende Getränke wie Pulque und Tequila. Pulque gewinnt man dadurch, daß man die Blütenstiele köpft, sobald sie sich zeigen, und den reichlich fließenden, klebrigen Saft auffängt. Der 12–15 % Zucker enthaltende Pflanzensaft wird durch Gärung zu dem berauschenden Getränk Pulque. Tequilaschnaps erhält man durch Destillieren der Herzblätter bestimmter Agaven-Arten.
Unter den eßbaren Sukkulenten steht der Feigenkaktus an erster Stelle. Seine Frucht ist zwar mit beachtlichen Stacheln besetzt, enthält aber ein sehr süßes Fruchtfleisch mit vielen schwarzen Samen (1.7).
Anfang dieses Jahrhunderts machte sich Luther Burbank, ein berühmter amerikanischer Züchter, daran, größere, glattere Früchte mit weniger Kernen und Früchte ohne Stacheln zu züchten, die man dann als Viehfutter verwenden könnte. Doch leider erzielte er nicht den erwünschten Erfolg: Man mußte die Feigenkakteen einzäunen, um sie vor dem Ausgraben durch das Vieh zu schützen. Außerdem stellte sich heraus, daß ihr Nährwert weit unter dem anderer, für Trockengebiete geeignete Weidepflanzen lag. Nur in Notfällen greift man auf die Feigenkakteen als Viehfutter zurück: Die Stacheln werden abgehauen oder abgebrannt, und der fleischige Stamm wird an das Vieh verfüttert.

Medikamente und Drogen. In der Alten Welt werden die Aloen seit langem genauso wirtschaftlich genutzt wie die Agaven in der Neuen Welt. Besonderes Interesse gilt vor allem dem bitteren, klebrigen Saft, der aus abgeschnittenen Blättern gewonnen wird. Dieser aloinhaltige Saft wird eingetrocknet und in der Medizin als starkes Abführmittel verwendet. Den Blättern der Aloen wird schon seit langem heilende Wirkung nachgesagt: Früher legte man sie in Scheiben geschnitten gegen Juckreiz und Verbrennungen auf die Haut – gelegentlich behandelt man auf diese Weise auch heute noch radioaktive Verbrennungen. Der europäischen Hauswurz *Sempervivum* sagt man ähnliche Eigenschaften nach.
Erst vor kurzem sind der Elefantenfuß *Dioscorea elephantipes* (21.8) und seine Verwandten etwas mehr ins Blickfeld getreten, durch die Entdeckung, daß das riesige basale Speicherorgan einen Vorläufer des Nebennierenhormons Cortison erzeugt.
Unsere Aufzählung wäre unvollständig, würden wir nicht auch den Peyote-Kaktus *Lophophora* (16.34) erwähnen, den heiligen Kaktus Mexikos. Seit über 2000 Jahren verabreichen bestimmte mexikanische Indianer bei ihren Kulthandlungen in Scheiben geschnittene, getrocknete Kaktusstükke, die sie dann genüßlich auslutschen, um sich an den Alkaloiden, die dieser Kaktus enthält, zu berauschen. Für solche Rauschzustände verantwortlich ist vor allem das Alkaloid Mescalin, das sich neben weiteren 14 Alkaloiden in den Kaktuskörpern befindet. Wegen der betäubenden Wirkung ist in einigen Ländern der Handel mit *Lophophora*-Pflanzen gesetzlich verboten worden.

Weitere Verwendungsmöglichkeiten. Säulenkakteen und Euphorbien werden häufig auch als Abgrenzung oder Umzäunung verwendet, da sie ausgezeichnete Hecken bilden können. Polsterpflanzen, wie z. B. *Carpobrotus* (3.11), eignen sich auch gut zum Befestigen von Sand an Stränden oder in Anlagen. Einige afrikanische Euphorbien-Arten enthalten einen äußerst giftigen Saft, den die Eingeborenen als Pfeil- oder Fischgift verwenden. Und *Euphorbia paganorum* wird in Westafrika als Kulturpflanze verwendet.

Die Kultur von Sukkulenten

Vom Gärtnerischen her sind Sukkulenten heute beliebter denn je, und Vereinigungen, die sich mit der Haltung und Pflege von Sukkulenten befassen, gibt es fast überall in Amerika, Europa, Südafrika, Australien, Neuseeland und Japan.
Die deutschsprachige Vereinigung, die die Sukkulenten-Liebhaber im deutschsprachigen Raum (Deutschland, Österreich, Schweiz) zusammenfaßt, gibt die Monatszeitschrift „Kakteen und andere Sukkulenten“ heraus. Hier haben sowohl Liebhaber als auch Wissenschaftler Gelegenheit, ihre Erfahrungen in der Haltung, Pflege und Kultur von sukkulenten Pflanzen zu veröffentlichen und „Neuentdeckungen“ bekannt zu machen. Der Laie wird hier sehr viel Interessantes und Wissenswertes finden, Tips und Anregungen. Auch Gärtnereien, die sich mit dem Import, der Anzucht aus Samen und der Vermehrung von Sukkulenten befassen, finden hier Gelegenheit, neue Erkenntnisse und Inserate aufzugeben (Adresse siehe Seite 248).

Rechts (1.7): Früchte des Feigenkaktus (*Opuntia)*, eine der wenigen wirtschaftlich nutzbaren Sukkulenten.

Unten (1.8): *Fouquieria splendens* wird in Arizona sogar als Hecken angepflanzt. Die abgeschnittenen Sprosse sollte man nur so lange wässern, bis sie bewurzelt sind.

2: Morphologie

Erscheinungsformen

Die Sukkulenten lassen sich ganz grob in drei verschiedene Erscheinungsformen einteilen: die Blattsukkulenten, die Stammsukkulenten und die Wurzelsukkulenten. Diese Einteilung beruht auf der Lage der wasserspeichernden Gewebe in der Pflanze (2.9). Natürlich kann man diese Einteilung nicht immer ganz genau vornehmen, da es immer wieder Überschneidungen der einzelnen Erscheinungsformen gibt.

Blattsukkulenten speichern das Wasser, wie der Name schon sagt, in den Blättern, die daher besonders groß und „fleischig" sind. Zu dieser Sukkulentenart gehören u. a. Agaven, Aloen, Echeverien, Sedum und Sempervivum. Extreme Blattsukkulenz tritt bei *Lithops* auf.

Stammsukkulenten haben das Wasserspeichergewebe im Stamm ausgebildet. Dieser besitzt meist zur Reduktion der Wasserdampfabgabe keine Blätter mehr oder nur reduzierte oder zu Dornen umgewandelte. Nur die Gattung *Pereskia* besitzt noch voll ausgebildete Blätter. Zu den Stammsukkulenten gehören z. B. alle Kakteen, die meist einen säulen- oder kugelförmigen Stamm besitzen.

Wurzelsukkulenten haben als Speicherorgan die Wurzeln oder Teile von ihnen ausgebildet. Man zählt aber auch solche Sukkulenten zu den Wurzelsukkulenten, die als Speicherorgan einen Teil des Stammes und einen Teil der Wurzel ausgebildet haben. Eine neutrale Bezeichnung für das basale Speicherorgan ist auch Rübenwurzel oder Caudex. Die Wurzelsukkulenten unterscheiden sich von den Stammsukkulenten dadurch, daß das Speicherorgan fast nie assimilieren, d. h. Photosynthese betreiben kann. Wurzelsukkulenten, d. h. Knollen- und Zwiebelpflanzen sind z. B. in der Kalahari sehr verbreitet. *Bowiea,* aus der Familie der Liliengewächse, sei hier als Ausnahme erwähnt, da ihre Zwiebel grün wird, wenn man sie über der Erde pflanzt.

Morphologie Lehre von der äußeren Erscheinungsform

Anatomie Lehre vom Körperbau von Pflanzen und Tieren

Ökologie Lehre von den Beziehungen der Lebewesen zu ihrer Umwelt

Anthökologie = Blumenökologie. Lehre vom Wirken der Pflanzen und ihren Bestäubungsmechanismen

Zytologie Lehre von den Zellen, ihrem Bau und ihrer Funktion

Genetik Vererbungslehre

Physiologie Lehre von den Lebensabläufen innerhalb eines Organismus

Biochemie Lehre von den chemischen Substanzen der Lebewesen und den chemischen Vorgängen in ihnen

Pathologie Lehre von den Krankheiten von Pflanzen und Tieren

Der Sämling

Was die Keimbedingungen oder das Entstehen aus einem „Zellhaufen" betrifft, unterscheiden sich die Sukkulenten nicht von den anderen Pflanzen. Diese Tatsache hatte schon Goethe in Erstaunen versetzt. Die feste Samenschale platzt, Zellen teilen sich, Wasser bläht den Inhalt auf, ein neuer Sämling bricht durch. Wie bei allen anderen Pflanzen strebt die erste Sämlingswurzel infolge der Schwerkraft und des feuchten Untergrundes nach unten, der Trieb streckt sich nach oben zum Licht. Aufgrund der verschiedenen Ausbildung von Keimblättern unterscheidet man bei den Blütenpflanzen zwei große Gruppen: die Einkeimblättrigen (Monocotyledonen) mit nur einem und die Zweikeimblättrigen (Dicotyledonen) mit zwei Keimblättern. Selbst Pflanzen, die im Alter überhaupt keine Blätter mehr haben, besitzen zumindest rudimentäre Keimblätter, wie z. B. die Kakteen, bei denen die Keimblätter als zwei kleine Zipfel am Sämling erkennbar sind.

Rechts (2.1): Dieser riesige Kugelkaktus Kaliforniens, *Ferocactus diguetii*, ist fast 2 m hoch. Die Stämme sind stark gerippt.

Unten (2.2): Rosetten wie bei dieser Echeverie findet man oft bei Pflanzen mit widrigem Standort. Die Blätter beschatten einander, abgestorbene Blätter schützen den Neutrieb im Zentrum vor extremer Hitze.

2: Morphologie

Die Wurzel

Nicht alle unterirdischen Organe sind Wurzeln, und auch nicht alle Wurzeln wachsen in der Erde (z. B. die Luftwurzeln des „Philodendrons"). Das sicherste Unterscheidungsmerkmal zwischen Wurzeln und unterirdischen Sprossen oder Stämmen liegt in ihrem inneren Aufbau, in ihrer Funktion und ihrer Aufgabe. Wurzeln haben nie Blätter, und sie werden, von einigen wenigen Ausnahmen abgesehen, nicht grün, wenn man sie ans Licht bringt. Wurzeln haben die Aufgabe, die Pflanze im Boden zu befestigen und Wasser und gelöste Nährstoffe aus dem Boden zu entnehmen. Wie wir auch schon gehört haben, kann eine Wurzel zum Speicherorgan ausgebildet werden.

Die erste, sich aus dem Samen entwickelnde Wurzel nennt man Keimwurzel. Sie kann sich stark nach unten verlängern und eine dicke Haupt- oder Pfahlwurzel bilden. An dieser Hauptwurzel entstehen dann schräg in den Boden wachsende Seitenwurzeln, die sich auch wieder verzweigen können, so daß ein dichtes Wurzelwerk entsteht. Die Aufnahme von Wasser und gelösten Nährsalzen aus dem Boden erfolgt durch die Wurzelhaare – schlauchig ausgewachsene Oberhautzellen –, die sehr kurzlebig sind und ständig erneuert werden.

Ist die Hauptwurzel dünn und herrschen die ausstrahlenden Seitenwurzeln vor, so spricht man von Faserwurzeln. Solche Faserwurzeln kommen bei den meisten Arten der Crassulaceen und Mesembryanthemaceen vor. Bei *Peniocereus* und *Fockea* (21.1) dagegen ist die Pfahlwurzel sehr stark ausgebildet und kann mehrere Kilogramm schwer sein. Bei *Wilcoxia* vergrößern sich die Seitenwurzeln und bilden dahlienähnliche Knollen. Sehr viele kugelförmige Zwergsukkulenten besitzen eine dicke, konische Pfahlwurzel (2.3) – bei diesen Pflanzen sollte man für eine besonders durchlässige Erde und sorgfältige Entwässerung sorgen, da das weiche, dicke Gewebe leicht fault, wenn die Erde zu naß ist. Alte Wurzeln verholzen zum Teil, so daß sie stabiler werden. In Dürrezeiten können die Sukkulenten ihren Wasserfluß innerhalb der Pflanze so regulieren, daß auch die Wurzeln nicht zu sehr austrocknen. Die Bedingungen in freier Natur sind jedoch nie so hart wie in einem kleinen Topf im Gewächshaus, der in der prallen Sonne steht. Meist haben die Pflanzen dann zuwenig Erde, die den schnellen Wasserverlust durch die starke Sonneneinstrahlung mildern könnte und auch keinen kühlenden Fels, der die Wurzeln vor dem „Verbrennen" schützen könnte.

Oft entstehen Wurzeln aber auch an oberirdischen Pflanzenteilen, man nennt sie je nach dem Ort der Entstehung blatt- oder stengelbürtig. Schneidet man Sprosse, Sproßstücke oder Blätter ab, so bilden sich bei vielen Pflanzenarten sog. Adventivwurzeln aus, wenn man die abgeschnittenen Teile in feuchte Erde steckt. Opuntien

Oben (2.3): Vergrößerte, konische Pfahlwurzel des Peyote-Kaktus, *Lophophora williamsii* (Unterirdischer Wasser- und Nährstoffspeicher). Vorsichtig gießen und in durchlässiges Substrat pflanzen!

Unten (2.4): Verholzte Leitbündel eines Kaktus. Der hohle Zylinder und das offene Netzwerk hölzerner Fasern geben festen Halt, einen ähnlichen Aufbau finden wir bei *Euphorbia* und *Fouquieria*.

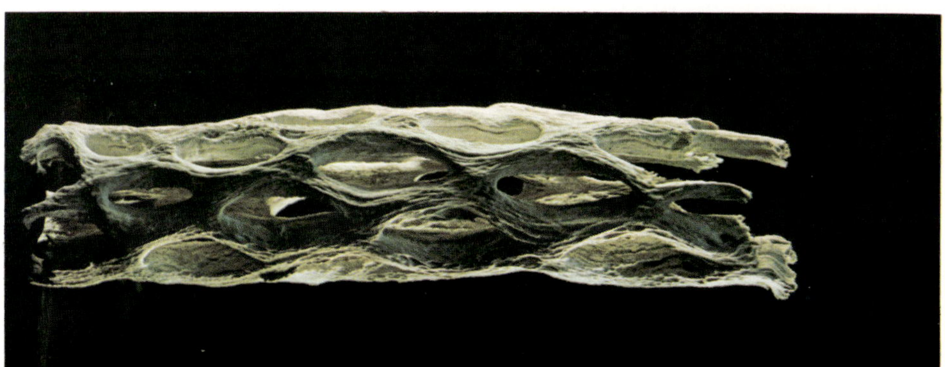

und einige andere Kakteen treiben sehr leicht aus jedem Teil des Pflanzenkörpers neue Wurzeln aus.
Topft man Sukkulenten mit dicken, sich verästelnden Wurzeln oder Knollen um, so kann man einmal versuchen, Stücke abzuschneiden und eine neue Pflanze zu ziehen.
Pachypodium succulentum läßt sich auf diese Weise sehr leicht vermehren. Bei dieser Sukkulente kann jedes bleistiftdicke Wurzelstück wie ein normaler Steckling behandelt werden.

Der Stamm

Zwischen den Extremen der Blattsukkulenten, die einen dünnen, verholzten Stamm besitzen, und der Stammsukkulenten, deren Stamm dickfleischig und blattlos ist, gibt es die verschiedensten Zwischenstufen (2.9) in der Stammform, der Blattreduktion und der Lage der wasserspeichernden Gewebe. Bei den Kakteen, Aasblumen und Wolfsmilchgewächsen z. B. verholzt die Basis alternder Stämme, so daß das grüne Assimilationsgewebe auf die jüngsten Triebe begrenzt ist. Bei ganz alten Kakteen verdrängt der verholzte Kern den größten Teil des Sukkulentengewebes an der Basis, so daß die alten Stämme von normalen Baumstämmen bald nicht mehr zu unterscheiden sind. Der typische, netzartige, verholzte Zylinder (2.4) ist leicht und ideal konstruiert, um das Gewicht (mehrere Tonnen!) der Krone mit den wassergefüllten Trieben zu stützen. Solche Holzskelette finden wir bei Kakteen, Euphorbien, Fouquierien und anderen baumähnlichen Sukkulenten. In manchen Regionen wird das Sukkulentenholz zum Bau von Zäunen und einfachen Gebäuden verwendet, oder man macht Holzschmuck daraus.
Bei allen dickzylindrischen oder kugelförmigen Stämmen ist die Oberfläche in Rippen oder durch Höcker aufgelöst. Das ermöglicht eine schadlose Ausdehnung (durch Wasseraufnahme bei starkem Regen) oder Kontraktion (Schrumpfung bei Trockenheit) der Pflanze. Diese ziehharmonikaartigen Rippen und Höcker gleichen die dauernden Schwankungen des Volumens aus, so daß das Gewebe nicht aufplatzt.
Epiphyllum und *Schlumbergera* z. B. haben stark abgeflachte, grüne Sprosse, die wie Blätter aussehen (2.8). Diese blattartigen Sprosse werden auch Flachsprosse oder Phyllokladien genannt. Den Unterschied zum Laubblatt sieht man sofort anhand der Blattdornen (wie z. B. bei *Opuntia*) oder der entspringenden Blüten.

Blattformen

Laubblätter können die unterschiedlichste Form und Größe annehmen. Das Blatt eines typischen Mesophyten (2.9) besteht aus einer grünen, sehr dünnen, flächenförmigen Blattspreite, dem stengelartigen Blattstiel und dem Blattgrund an der Basis. Dieser kann als Blattscheide ausgebildet sein oder auch nur Nebenblätter tragen. Aber nicht nur die Blattform kann sehr vielgestaltig sein, auch die Anordnung der Blätter am Stamm ist sehr unterschiedlich. *Gasteria* (13.8) hat zwei Reihen wechselständiger Blätter. Bei *Crassula arborescens* stehen sich die Blätter in aufeinanderfolgenden Paaren gegenüber und wachsen rechtwinklig zum Stamm, man nennt dies auch eine dekussierte Blattstellung. Eine Verkürzung der Hauptachse macht aus spiralförmig stehenden Blättern eine Rosette (*Echeveria* 2.2) und aus dekussierten eine quadratische Säule (*Crassula teres, C. columnaris* 2.7). *Greenovia* und einige andere Rosetten-Sukkulenten ziehen sich beim Austrocknen wie eine Zwiebel zusammen, so daß die äußeren, abgestorbenen Blätter das Zentrum mit dem Neutrieb schützen.
Die Blattgröße bei Sukkulenten reicht von

Unten (2.5): Querschnitt durch *Mammillaria bocasana*. Das Hauptmark enthält purpurnes Betacyanin. Es ist von einem Ring aus leitfähigem Gewebe umgeben, der noch Speicherzellen zwischen sich und der harten Epidermis eingelagert hat.

mikroskopisch klein bis zu über 2 Meter Länge und einem halben Meter Breite bei entsprechender Dicke (z. B. einige Agaven-Arten). Scharfe Randstacheln und sägeartige Ränder bieten oft einen hervorragenden Schutz (2.16). Einige Sukkulenten-Arten weisen aber noch besondere Eigenheiten der Blätter auf: Bei einigen *Anacampseros*-Arten sind die winzigen, schuppenähnlichen, grünen Blätter von weißen, papierartigen Nebenblättern völlig eingehüllt (12.3), so daß die Verdunstung stark verringert und ein Teil des Lichtes abgehalten wird. Viele Sukkulenten haben auf dem Blattwerk lichtdurchlässige Stellen. Bei *Pilea* hat jedes der winzigen Blätter eine durchsichtige Unterseite, als ob ein Wassertropfen daranhinge. Am Ende der vertikal zusammengedrückten Blätter von *Peperomia dolabriformis* ist ein durchsichtiger Wulst ausgebildet, und *Haworthia maughanii* hat lichtdurchlässige Blattspitzen (2.6), die der Pflanze ein Aussehen geben, als ob sie abgeschnitten worden sei. Solche lichtdurchlässigen „Fenster" findet man auch bei *Fenestraria* 11.21, *Frithia* 11.22, *Ophthalmophyllum, Lithops, Haworthia truncata* (13.12). Bei *Bulbine mesembrianthoides* ist die Blattrosette im Boden versteckt, und nur die durchsichtigen, den Lichteinfall regulierenden Triebspitzen schauen hervor.

Die meisten Blätter der Sukkulenten sind stark xeromorph: einfach im Umriß, kaum je fein gegliedert und oft ungestielt. Die Blattansätze sind, wenn überhaupt entwickelt, oft zu Schutzeinrichtungen umfunktioniert: Haare bei *Portulaca,* Dornen bei vielen Euphorbien, *Jatropha* (21.15) und *Pereskia aculeata.* Um die Verdunstung einzuschränken, können die äußeren Epidermiswände verdickt, die Kutikula verdichtet sein. Das Blatt kann mit einer Wachsschicht überzogen oder die Spaltöffnungen verengt, verstopft, eingesenkt oder überwölbt sein.

Da eine Kugel die minimalste Oberfläche im Vergleich zum Inhalt hat, haben sehr viele Sukkulenten kugelförmige Blätter (z. B. *Senecio rowleyanus*) oder Blattpaare (*Conophytum* 11.29). Die Blätter von *Sempervivum montanum* und *Psammophora*-Arten sind von Harzdrüsen bedeckt, die Erde und Sand festhalten können. Diese „Schlammpackung" verschönt zwar nicht, macht aber unauffälliger und verringert zweifellos die Verdunstung. Bei einigen Sukkulenten treten auch oft zwei unterschiedliche Blattypen auf: Sie sind dimorph. Die Blätter von *Mitrophyllum* und verwandten Gattungen (11.11), die während der Ruhezeit auftreten, bieten weniger Oberfläche zur Verdunstung als die, die zur Zeit des Hauptwachstums vorhanden sind. Bei *Gasteria* unterscheidet sich das Blattwerk auf den jungen Sprossen vollkommen von dem der alten Sprosse.

Ein bißchen Wasser auf einem langen Weg

Wasserspeicherung allein wäre für Pflanzen in Dürreperioden kaum von Nutzen ohne besondere Anpassungsformen, die das gespeicherte Wasser zurückhalten können. So hat eine sukkulente Pflanze nicht nur wasserspeichernde Organe, sondern auch transpirationseinschränkende Einrichtungen im anatomischen und äußeren Bau. So erklären sich auch die vielen eigenartigen Formen und Strukturen bei den Sukkulenten.

Oberflächenreduktion. Die Oberfläche einer Sukkulente kann auf ein Dreihundertstel der eines vergleichbaren Mesophyten reduziert werden. Blätter sind meist gar keine mehr vorhanden, und wenn, dann nur kleine, dünne, oder zu Wasserspeichern umfunktionierte. Sind Blätter vorhanden, überlappen sie sich oft rosetten- oder dachziegelartig, um möglichst wenig Oberfläche dem Wind und der Sonneneinstrahlung auszusetzen. Oft entwickeln sich

Oben (2.6): „Fenster-Blätter" von *Haworthia* gegen das Licht betrachtet. Jede der durchsichtigen Blattspitzen hat die Größe eines kleinen Fingers.

Unten (2.7): *Crassula columnaris* hat dekussierte Blätter, die so eng stehen, daß nur die freien Spitzen Wasser verlieren.

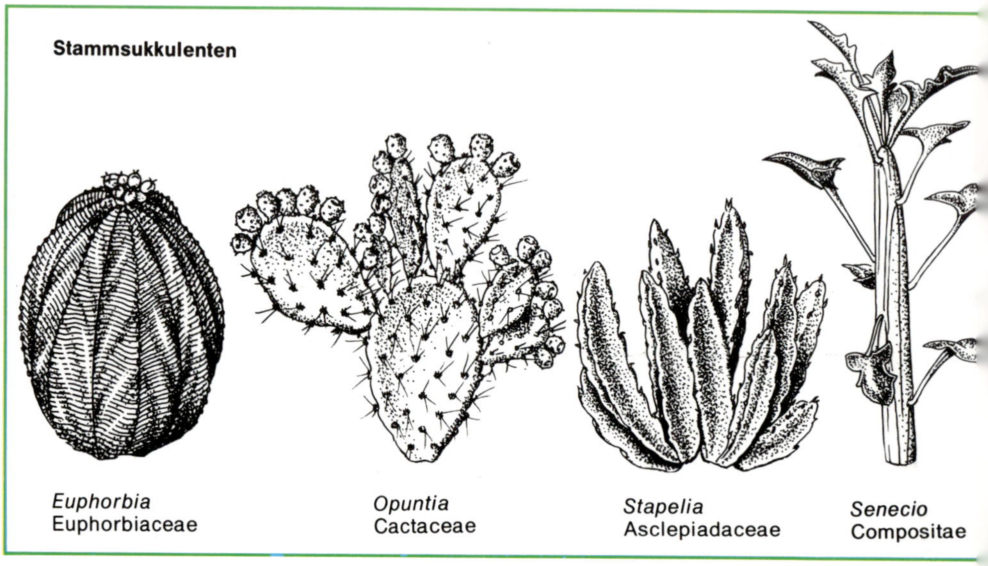

Blätter auch nur als Folge zu starken Wässerns (*Senecio articulatus* 15.2, *Euphorbia milii* 20.6) und fallen bei nachfolgendem Wassermangel sofort wieder ab.

Stämme mit Doppelnutzen. Bei reduziertem Blattwerk übernehmen die grünen Stämme die Photosynthese. Sie enthalten also sowohl Speicher- als auch Festigungs- und Assimilationsgewebe.

Atmungssteuerung. Wasser entweicht in Form von Wasserdampf durch die Spaltöffnungen oder direkt durch die Wände der Oberflächenzellen (Epidermis). Die Spaltöffnungen können durch gezieltes Öffnen und Schließen den Wasserhaushalt der Pflanze regulieren. Bei den Sukkulenten öffnen sich die Spaltöffnungen daher nur nachts, wenn die Verdunstung möglichst gering ist. Auch ist die Anzahl der Spaltöffnungen geringer als bei den Mesophyten, und sie sitzen meist an schattigen Stellen (Blattunterseite, zwischen den Rippen, von Haaren, Stacheln oder anderen Fortsätzen überdeckt). Manchmal liegen sie auch in Vertiefungen (2.11). Eine dicke, wasserdichte Oberflächenschicht (Kutikula) hält die Verdunstung durch die Epidermis möglichst niedrig, manchmal wird dieser Schutz auch noch durch eine helle Wachsschicht auf den Blättern verstärkt (10.5).

Hochwirksame Wurzeln. Sehr viele Sukkulenten haben weitverzweigte Wurzeln, die dicht an der Oberfläche bleiben (3.10), so daß sie sofort Regenwasser oder die Feuchtigkeit des Nachttaus aufnehmen können.

Teleskoporgane. Bei den sukkulenten Pflanzen überlagern sich zur Verringerung der Oberfläche sehr viele Pflanzenteile teleskopartig. Die Kaktus-Areole z. B. besteht aus einem zusammengezogenen Seitentrieb. Die „Frucht“ des Feigenkaktus (1.7) gleicht einem Fruchtknoten, der in einen modifizierten Sproß eingesenkt ist. Bei *Conophytum* liegt der Fruchtknoten geschützt in einem Blattpaar, beim *Calymmanthium* ist die Blüte ganz vom Stamm umschlossen und muß sich erst ihren Weg bahnen (2.10). Ist die Hauptachse ver-

Unten (2.8): Ähnliche Funktion und ähnliches Aussehen bei unterschiedlichen Organen: Die 5 rechten Pflanzenteile sind Blätter, die 5 linken Stammteile.

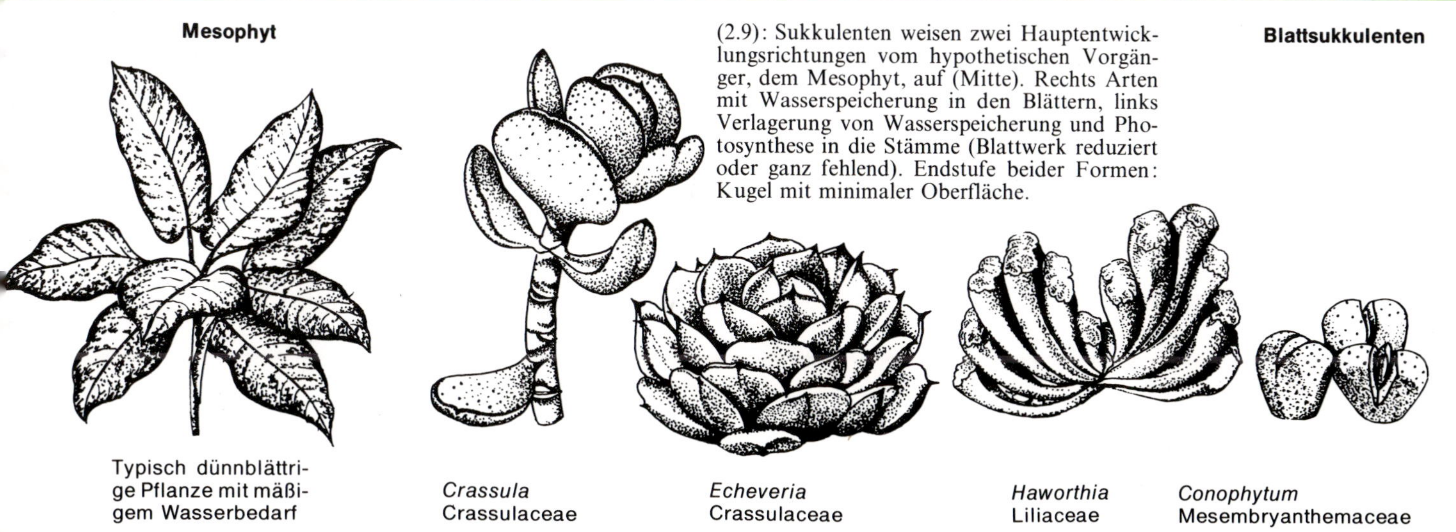

(2.9): Sukkulenten weisen zwei Hauptentwicklungsrichtungen vom hypothetischen Vorgänger, dem Mesophyt, auf (Mitte). Rechts Arten mit Wasserspeicherung in den Blättern, links Verlagerung von Wasserspeicherung und Photosynthese in die Stämme (Blattwerk reduziert oder ganz fehlend). Endstufe beider Formen: Kugel mit minimaler Oberfläche.

kürzt, können die Blätter direkt aus der Krone wachsen (*Lithops* 2.12), oder die ganze Pflanze wird auf ein flaches Körbchen reduziert (*Crassula pageae*).

Blüten. Öffnet sich eine Sukkulenten-Blüte, so ist das wie das Aufdrehen eines Wasserhahnes: wertvolles Wasser entweicht! Große Blüten, wie die der *Echinopsis*-Arten (16.1) öffnen sich daher nur nachts und sind schon am nächsten Morgen verwelkt. Kleine Blüten zehren zwar weniger an den Wasserreserven, aber auch sie blühen nur kurze Zeit (*Anacampseros* 12.5). Bei den Stapelien sind die Kronblätter lederig und fleischig, die Blüten können daher mehrere Tage geöffnet bleiben.
Nicht alle Sukkulenten weisen solche transpirationshemmenden Vorrichtungen auf, und auf der anderen Seite gibt es auch viele Xerophyten, die solche Einrichtungen besitzen. Einjährige Pflanzen z. B. können die trockene Zeit als Samen überdauern. Hartholzige Wüstensträucher wie z. B. der Mesquitestrauch (*Prosopis*) und der Kreosotbusch (*Larrea*) wurzeln sehr tief. Man kann der Wasserknappheit auf sehr verschiedene Weise begegnen, das „Sukkulentensyndrom" ist nur eine der vielen Möglichkeiten.

Unten (2.10): Die Blüte von *Calymmanthium substerile* bietet ein extremes Beispiel für Xeromorphie. Die Kronblätter müssen sich aus der festen, grünen Knospe richtiggehend „herauszwängen".

Rechts (2.11): Aufsicht und Längsschnitt durch die Spaltöffnungen einer Aloe. Der Gasaustausch wird durch Ausdehnung oder Kontraktion der Schließzellen ermöglicht.

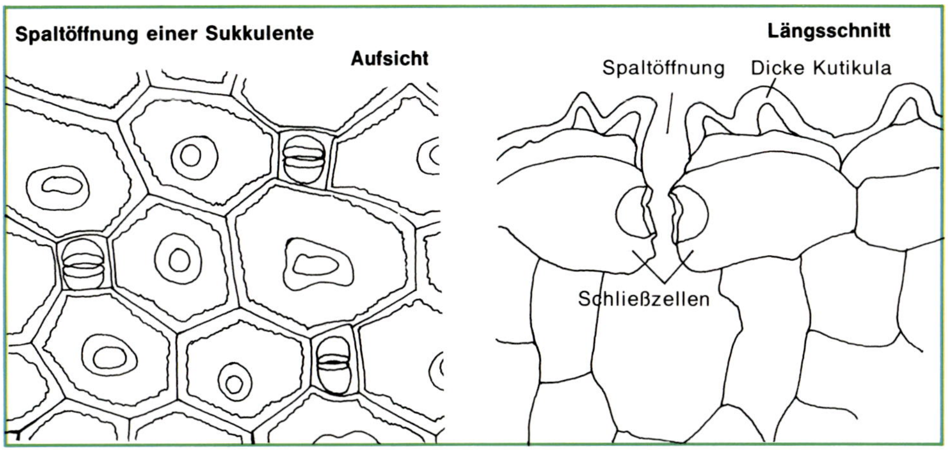

Unten (2.12): *Lithops* enthält ein einzelnes Blattpaar in einem konischen Körper, der jährlich abtrocknet, wenn ein neues Blattpaar erscheint.

2: Morphologie

Die „Waffen“ der Sukkulenten

Stacheln und Dornen sind die auffälligsten Merkmale vieler sukkulenten Pflanzen. Wer hat nicht schon Bekanntschaft mit den Stacheln eines Kaktus gemacht?

Stacheln sind nicht-holzige, spitze Auswüchse der Oberfläche, die nicht in direkter Berührung mit dem Gefäßsystem stehen. Beispiele hierfür sind die Stacheln einer Rose oder Brombeere, die man sauber abbrechen kann, ohne den Zweig zu verletzen. Beispiele bei den Sukkulenten sind die Blattkanten einiger Agaven (2.16) und Aloen, sowie die wahllos verteilten Stacheln der *Euphorbia milii* (20.6).

Sproßdornen sind umgewandelte, holzige Sproße mit eigenem Gefäßsystem. Als Beweis ihres Ursprungs als Zweig sieht man oft Ansätze von Blättern oder Seitenknospen an ihnen. Bekannte Beispiele für diese Art der „Bewaffnung“ sind Weißdorn und Stechginster. Bei den Sukkulenten finden wir eine große Vielfalt an Sproßdornen bei den Euphorbien: Manche sind offensichtlich dauerhafte Blütenstände (20.4), andere sind weiter entwickelt und unterscheiden sich stark von den blütentragenden Sprossen (20.12).

Blattdornen sind umgewandelte Blätter oder Nebenblätter. Die Blattspreite ist nicht entwickelt, und der Blattstiel oder die Blattansätze sind steif, spitz und holzig (2.14). Eine besondere Art von Blattdornen bilden die Glochidien der Opuntien: Sie sind klein, freistehend und besitzen Widerhaken wie ein Bienenstachel. Diese Glochidien sind sehr lästig, der erfahrene Kakteenfreund hat aber bald die Methode gefunden, diese „Widerhaken“ mit der Pinzette aus der Haut zu entfernen.
Auch Didieraceen und *Sarcocaulon* besitzen eine „Bewaffnung“. Bei *Fouquieria* und *Pelargonium spinosum* (2.13) entwickelt sich eine Blattspreite, die aber bald abfällt und deren übriggebliebener Stiel zu einem Stachel erhärtet.
Es ist nicht immer auf Anhieb zu erkennen, ob die Bewehrung einer Sukkulente jetzt ein Stachel, ein Sproßdorn oder ein Blattdorn ist. Der Laie spricht meist immer von „Stacheln“.

Kaktusstacheln sind oft reich an kristallinen Ablagerungen (Kalziumoxalat, Kieselsäure), so daß die Bewehrung als Abladeplatz für Abfallprodukte des Pflanzenstoffwechsels angesehen wurde. Bei sehr vielen Sukkulenten dienen die Dornen und Stacheln als Schutz. Fette, saftige Sukkulenten würden ohne Bewehrung von weidenden Tieren bald ausgerottet werden. Einige Huftiere jedoch treten in Dürrezeiten sogar auf die bestachelten Kugelkakteen und verzehren dann den herausgeplatzten Inhalt. Manchmal werden sogar Opuntien abgeweidet. Die Glochidien verursachen jedoch ein furchtbares Brennen in Maul und Magen, so daß ein Weidetier nur einmal versucht, Opuntien zu fressen. Viele „unbewaffnete“ Sukkulenten schützen sich auf andere Weise vor „Freßfeinden“: Euphorbien durch einen beißenden Milchsaft, *Lophophora, Ariocarpus, Echinopsis pachanoi, Selenicereus* und Stapelien durch Alkaloide.
Hakenfortsätze kommen nur bei den Kakteen vor und dienen kleineren Mammillarien auch zur Verbreitung. Die Ableger lösen sich sehr leicht und verfangen sich mit den „Haken“ im Fell von Tieren oder an den Kleidern von Menschen. Manche Opuntienarten verbreiten sich, indem sie ihre stacheligen Endglieder abwerfen: Die gefürchtete Springende Opuntie (16.6)

Unten (2.13): „Bewehrung“ der Sukkulenten v.l.n.r.: Stacheln der *Euphorbia milii*, Blattstacheln der Agave, Dornen der *Euphorbia schoenlandii*, Blattdornen eines Kaktus und bei *Pelargonium spinosum*.

Oben (2.14): Bei dieser *Mammillaria* wachsen aus jeder Areole viele weiße, sich radiär ausdehnende Dornen um zwei braune, schräge, kräftige Mittelpunkte.

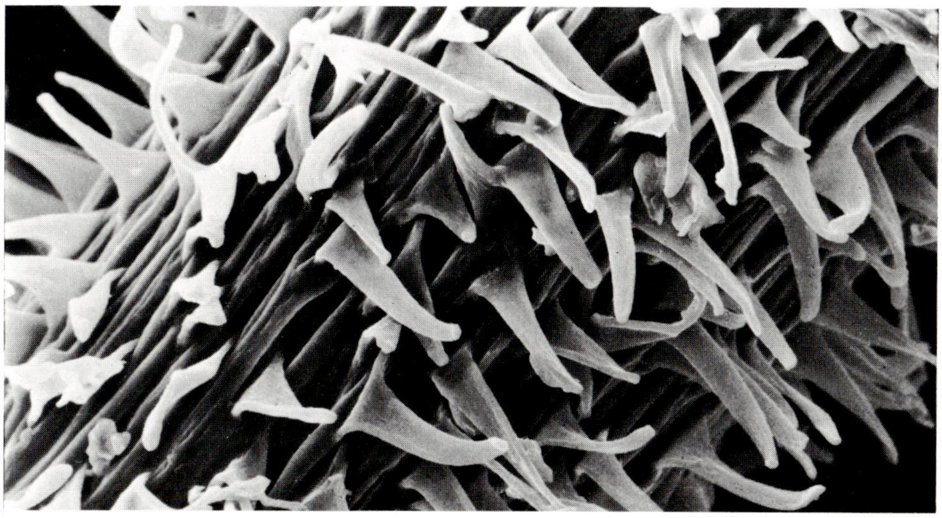

Oben (2.15): Mittelstachel einer *Mammillaria* durch das Rasterelektronenmikroskop gesehen (200-fache Vergrößerung). Die Formen und Muster ändern sich von Art zu Art.

scheint jeden anzuspringen, der sehr nah an ihr vorbeigeht.

Aber Stacheln und Dornen dienen nicht nur der Bewehrung. Ein dichter, den Stamm bedeckender Mantel aus Stacheln oder Borsten erhält die „stille Luft" um die Spaltöffnungen und verringert die Verdunstung. Weiße Stacheln können auch einen Teil des einfallenden Lichtes reflektieren. Stacheln können aber auch als Kernstück der Kondensation des Nachttaus dienen: Auf Kaktusstacheln kondensierte Wassertropfen laufen zur filzigen Areole, die sie wie ein Schwamm aufsaugt. Ob eine Resorption direkt in den Stamm stattfindet oder nicht, ist noch nicht ganz geklärt, aber Versuche mit gekennzeichnetem Wasser lassen es vermuten. Ansonsten rinnt das kondensierte Wasser am Stamm hinunter in den Boden, wo es von den vielen, dicht unter der Oberfläche liegenden Wurzeln aufgenommen wird. Bei *Crassula* konnte man sogar eine Resorption von Wasser durch die Blattoberfläche nachweisen.

Für den Kakteenfreund ist die „Bewaffnung" die krönende Pracht jeder Kaktee. Die anscheinend endlose Vielfalt an Formen und Gestalten, Zeichnung und Farbe sind für ihn ein Sammelmotiv. Da gibt es gerade und gebogene Stacheln, schlichte und bunte, mit „Grannen" und „Federn", oft verschiedene an einer Areole, oft lauter gleiche. Viele dieser Stacheln und Dornen durchlaufen während ihrer Entwicklung die verschiedensten Farbtöne. Bei den Ferokakteen z. B. verstärken sich die Stachelfarben außerordentlich, wenn sie naß werden. Und wenn man bedenkt, daß Kakteen nur einige Tage, höchstens ein paar Wochen pro Jahr blühen, dann hängt ihre Beliebtheit doch weitgehend von der Schönheit und Üppigkeit ihrer Bestachelung ab.

Links (2.16): Blattstacheln einer Agave. Die kräftigen Rand- und Endstacheln lassen sich gut anfassen, schützen die Pflanze jedoch vor weidendem Vieh.

2: Morphologie

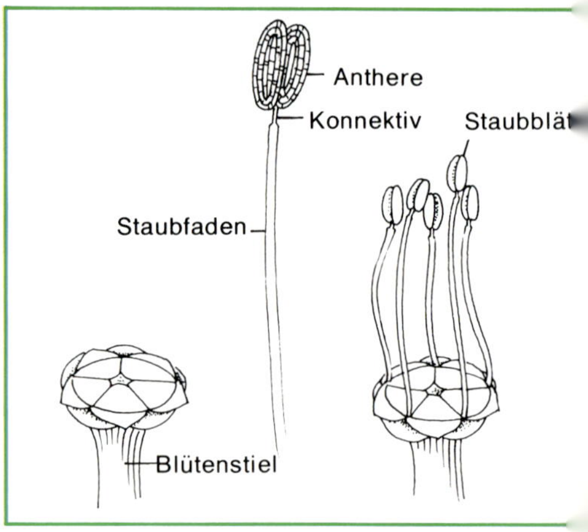

Oben (2.17): Halbierte Blüte eines *Epiphyllum*. Links eine Vergrößerung des Fruchtknotens und der Samenanlagen. Die Pollen müssen mehrere Zentimeter vom Griffel bis zum Fruchtknoten hineinwachsen.

Unten rechts (2.19): An der sternenähnlichen Blüte von *Crassula arborescens* mit je 5 Kelch-, Kron-, Staub- und Fruchtblättern kann man den Blütenaufbau genau erklären.

Der Fruchtknoten

Die weiblichen Organe einer Blüte werden von den Fruchtblättern gebildet, die die Samenanlagen tragen, die schließlich zu den Samen heranreifen.

Die Fruchtblätter können entweder freistehend sein, d. h. sie stehen einzeln in der Mitte der Blüte, oder zusammengesetzt, d. h. sie sind miteinander verwachsen. Ein oder mehrere Fruchtblätter bilden zusammen den Fruchtknoten. Steht der Fruchtknoten über der Blütenachse, so ist er oberständig – die Blüte hypogyn. Ist der Fruchtknoten in die Achse versenkt, so ist der Fruchtknoten unterständig – die Blüte epigyn. Die Übergangsform bildet der mittelständige Fruchtknoten – die Blüte ist perigyn.

Blüten, Früchte und Samen

Über die Funktion der Blüte berichten wir in Kapitel 4, hier wollen wir nur ihren Aufbau und die verschiedenen Blütenteile beschreiben (2.18). An guten botanischen Lehrbüchern herrscht kein Mangel. Mein Ziel ist es lediglich, die vom Botaniker bei der Beschreibung von Sukkulenten am häufigsten verwendeten Begriffe zu erläutern und die systematische Einteilung verständlicher zu machen.

Im Gegensatz zu den äußeren Merkmalen, die den Sukkulenten ein sehr individuelles „Wüstengesicht“ verleihen, haben sich die Fortpflanzungsorgane beim Wechsel zu den trockenen Standorten kaum verändert und haben wenig „Sukkulenten-Typisches“.

Eine jederzeit geltende Tatsache möchte ich hervorheben: Sukkulenten blühen alle, egal was die „Untergangspropheten“ uns glauben machen wollen, nachdem sie sich an den falschen Arten unter den falschen Bedingungen versucht haben. Würden sie nämlich nicht blühen und Samen bilden, wären sie längst von dieser Welt verschwunden!

Die Botaniker bezeichnen die Blüte als Umwandlung des Sprosses, wobei die Kelchblätter (Kelch), die Kronblätter (Blumenkrone), die Staubblätter (Androeceum) und die Fruchtblätter (Gynäzeum) aus umgewandelten Laubblättern entstanden sind. Die Anordnung dieser Teile ist immer gleich: die weiblichen Blütenteile (Fruchtblätter) im Zentrum, umgeben von den männlichen Staubblättern und dann den schützenden Wirteln außen, die aus Kron- und Kelchblättern bestehen und das Perianth bilden. Dies alles wächst aus dem mehr oder weniger flachen Oberteil der Achse, dem Blütenboden. Aus den Staubbeuteln muß Pollen auf die Narbe gelangen, von wo aus dann ein Pollenschlauch in den Fruchtknoten wächst, das Pollenkorn in die Samenanlage dringt und die Befruchtung bewirkt (2.17).

Nach der Bestäubung und Befruchtung fallen die Kelch-, Kron- und Staubblätter und der Griffel gewöhnlich ab. Der Fruchtknoten wird größer und bildet eine Frucht, eine trockene Kapsel (2.20) oder eine saftige Beere (2.21), bei einigen Kaktusgattungen auch oft ein Zwischending aus Kapsel und Beere. Die winzigen Samenanlagen reifen zu Samen heran, die entweder kleiner als ein Staubkorn (*Dinteranthus,* Crassulaceen) oder größer als Erbsen (*Jatropha*) sein können. Manchmal sitzen die Kakteenfrüchte auch an den Außenseiten der Areolen und scheinen aus einem Fruchtknoten zu wachsen, der in einen modifizierten Sproß eingesenkt ist. Bei Opuntien und einigen Pereskien wuchern die unreifen Früchte zu ganzen Fruchtketten. Bei einigen Opuntien fallen sie dann ab und wachsen zu neuen Pflanzen heran.

Sukkulenten können in den verschiedensten Farben erblühen. Blau tritt aber seltsamerweise nur bei *Sedum coeruleum,* einigen Halbsukkulenten, Labiaten und *Cyanotis* auf. Das betörende Rot, Magenta und Rosa der Blüten der Nelkengewächse geht auf das Betacyanin zurück (2.5), einem stickstoffhaltigen Farbstoff, der sich in der chemischen Zusammensetzung stark vom Anthocyan unterscheidet, das man sonst im Pflanzenreich findet.

Einige Sukkulenten erblühen schon wenige Wochen nach der Aussaat, z. B. der einjährige Portulak (5.3, 12.1) und *Dorotheanthus* (11.10). Viele Mammillarien und Me-

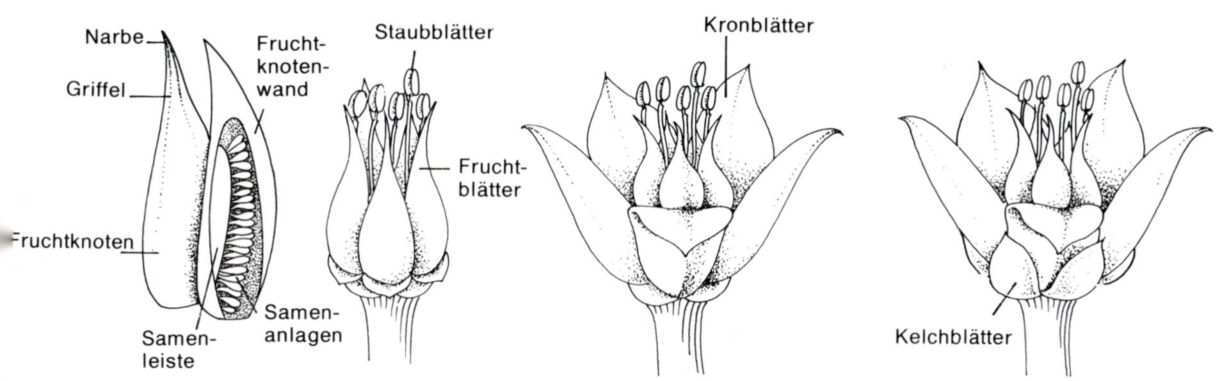

(2.18): Die Teile einer einfachen Blüte (am Beispiel einer Crassulacee). Jeder Wirtel hat die gleiche Anzahl freier Teile; aufeinanderfolgende Wirtel wechseln sich ab. Die Reihenfolge: Kelch-, Kron-, Staub- und Fruchtblätter liegt fest.

2: Morphologie

sembryanthemaceen blühen schon im zweiten Jahr nach der Aussaat. Bei anderen Arten jedoch dauert es viele Jahre bis zur ersten Blüte, z. B. den Baumkakteen, den Didiereaceen und den Agaven (14.1). Die Bezeichnung „Jahrhundert-Pflanze" für die Agave ist jedoch stark übertrieben: Normalerweise wird diese Pflanze nur 7–10 Jahre alt. Dann bildet die Rosette einen gewaltigen Blütenstand und geht dann ein. Nicht jedoch ohne sich zuvor durch Sämlinge, Ableger oder Brutkörper vermehrt zu haben.

Bei *Melocactus* bildet sich bei Beginn der Blühfähigkeit – nach ca. 10 Jahren Wachstum – ein Cephalium, eine Krone aus Wollhaaren und Borsten (16.28). Die Bezeichnung „Türkenkappe" ist sehr anschaulich für dieses große, zentralgelegene Gebilde. Andere Kakteen bilden ein solches Cephalium seitlich (*Espostoa*) oder einseitig (*Cephalocereus*) aus.

Die meisten Sukkulentenblüten sind komplizierter in ihrem Aufbau als die der Crassulaceen (2.19). Man kann sie jedoch vom gleichen Grundplan ableiten. Anstatt radialsymmetrisch (Aktinomorphie) kann die Blüte auch nur in einer vertikalen Ebene symmetrisch sein (zygomorph) (9.1). Mit dem Rasterelektronenmikroskop kann man heute auch die Form der Pollenkörner, der Samen, der Stacheln und anderer pflanzlicher Teile genau sichtbar machen (2.15). Jede Art hat ihre eigenen Muster und Formen, die bei der Bestimmung wertvolle Hilfe leisten und sie fast wie Fingerabdrücke identifizieren. Immer mehr

Oben (2.20): Unreife Früchte einer Agave. Jede reift zu einer trockenen, braunen Kapsel, die an drei Stellen vertikal aufplatzt und geflügelte Samen ausstreut.

Rechts (2.21): *Cyphostemma juttae*, eine Verwandte des Weins, mit einer Traube kleiner, ungenießbarer Früchte. Die Pflanze wird ca. 75 cm hoch.

Blütenstände oder Infloreszenzen

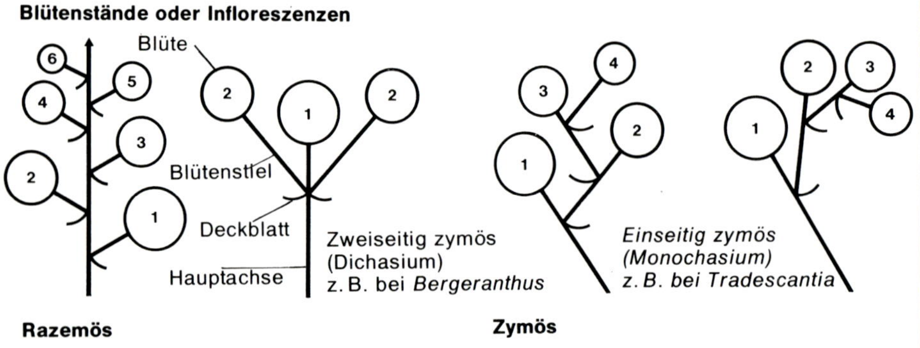

Razemöse oder offene Infloreszenz: Die Hauptachse wächst unbegrenzt in die Länge, die Blüten blühen nacheinander auf – von unten nach oben oder von außen nach innen (z. B. *Bulbine* 13.1)

Zymöse oder geschlossene Infloreszenz: Die Hauptachse wächst begrenzt und endet in einer Blüte. Weiteres Wachstum in den Seitentrieben.

Verschiedene razemöse Blütenstände:

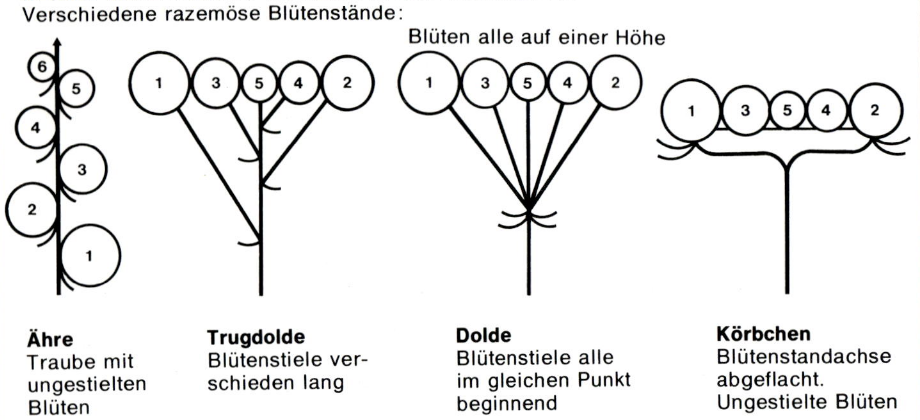

Früchte

Eine Frucht besteht in erster Linie aus den Samen und dem sie bergenden Fruchtknoten. Es können aber auch andere Blatt- oder Achsengebilde am Aufbau der Frucht beteiligt sein (z. B. die Areolen beim Feigenkaktus). Es gibt fleischige und trockene Früchte:

Fleischige Früchte sind z. B. die Beeren von *Cissus* (15.5) und *Cyphostemma* (2.21). Sie sind traubenähnlich und aus einem einfachen oberständigen Fruchtknoten entstanden. Bei den Kürbisgewächsen (Cucurbitaceae) ist die Frucht, ein winziger Kürbis, aus einem unterständigen Fruchtknoten entstanden. Bei den Kakteen wird der unterständige Fruchtknoten zu einer Beere. Es können aber auch vegetative Areolen auf der Beere vorkommen (1.7).

Trockene Früchte teilt man in verschiedene Formen ein: Balg, Kapsel, Spaltfrucht u. a. Ein Balg besteht aus einem einzigen Fruchtblatt, das in der Bauchnaht aufplatzt (z. B. bei den Crassulaceen, Asclepiadaceen (19.8) und Apocynaceen).

Eine Kapsel besteht aus mindestens zwei verwachsenen Fruchtblättern. Bei den Lilien und Agaven springt sie vertikal auf, beim Portulak springt ringförmig ein Deckel ab. Eine ganz besondere Kapselart, die bei den Mesembryanthemaceen vorkommt, wird in Kapitel 11 geschildert.

Eine Spaltfrucht ist eine mehrsamige Schließfrucht, die in mehrere Teilfrüchtchen zerfällt (drei bei den Euphorbien 4.16).

2: Morphologie

verwenden die Systematiker deshalb bei der Bestimmung von Pflanzen die Pollen- und Samenmerkmale.

Ungewöhnliche Formen des Wachstums

Als seien Sukkulenten nicht schon seltsam genug, neigen sie mehr als die meisten anderen Pflanzen zu einem anomalen Wachstum, der Fasziation: Die wachsende Spitze des Stamms erweitert sich zu einem Helmbusch, so daß sich der Stamm zu einem Fächer verbreitert (2.23). Das, was nun nachwächst, verformt den Fächer u. U. zu einem ungleichmäßigen, gehirnartigen Gebilde. Solche verformten Pflanzen nennt man dann Cristaten. Ein anderes Phänomen ist die Bildung multipler Vegetationspunkte, der sog. Riesenwuchs, der an einen Blumenkohl erinnert. Vorübergehende Verbänderung oder Riesenwuchs können aber auch durch äußere Verletzungen oder Unkrautvertilungsmittel induziert werden. Manche Formen können aber sogar weitervererbt werden (6.13). Sie tragen Blüten, und schon die neuen Sämlinge zeigen ein ähnliches Wachstum. Solche Wachstumsveränderungen entstehen als Mutation einer normalen Pflanze. Die Ursache dieser Veränderung ist oft gar nicht festzustellen. In der Natur sind die Cristaten nicht lange lebensfähig und werden bald ausgesondert. In Kultur können sie aber durch Stecklinge oder auf dem Weg der sog. Pfropfung erhalten werden. Wegen ihrer Seltenheit stehen sie bei einigen Sammlern hoch im Kurs.
Andere Abweichungen im Wachstum sind spiralförmige Rippen, das Fehlen von Stacheln, verformte Rippen und wuchernde Blütenknospen. Solche Anomalien, die häufig infolge von Hormonstörungen oder durch Virusinfektionen entstehen, reizen den Sammler natürlich besonders.

Punkte und Streifen

Eine andere Quelle für gärtnerische Neuheiten ist die Vielfarbigkeit. Sie ergibt sich aus dem örtlichen Fehlen des grünen Farbstoffes Chlorophyll. Das betroffene Gewebe erscheint weiß, gelb oder rosa (2.22). Nicht alle diese Streifungen und Tüpfelungen sind dauerhaft: z. T. werden sie nur durch vorübergehende Ernährungsmängel (z. B. Kalziummangel) verursacht. Selbst bei den am schönsten gefärbten Pflanzen sind gelegentlich Rückverwandlungen möglich. Will man die Sprosse mit den schönen Färbungen erhalten, so muß man Sprosse mit vollkommener Rückverwandlung ins Grüne abschneiden, da diese viel kräftiger sind und die gefärbten Sprosse mit der Zeit verdrängen würden. Stämme ohne jedes Chlorophyll oder mit zuwenig, um ausreichend Photosynthese zu betreiben, können nicht selbständig existieren. Sie können nur als Pfropfung (6.27) gehalten werden, solange die Unterlage grün bleibt.

Oben (2.22): Vielfarbige *Kalanchoe fedtschenkoi.* Die obersten Blätter haben ihr Chlorophyll vollständig verloren und ziehen alle Nahrung aus den unteren, grünen Blättern.

Rechts (2.23): Verbänderung (Cristate) bei *Lemaireocereus.* Nur einige der Stämme sind davon betroffen. Die hinteren Stämme wachsen normal.

2: Morphologie

3: Verbreitung und Ökologie

Sukkulenten in freier Natur

Eine Verbreitungskarte der Sukkulenten anfertigen zu wollen, ist ein schwieriges Unterfangen: Die Verbreitung dieser Pflanzen ist zu unregelmäßig, als daß man sie genau erfassen könnte. Australien z. B. besitzt fast gar keine einheimischen Sukkulenten – gerade eine Handvoll nicht besonders auffälliger und zudem fast überall vorkommender Arten. Mancher Quadratmeter Land in Südafrika bietet dem Sammler weitaus mehr attraktive Pflanzen als ganz Australien.

Verbreitung

Um die Verbreitungsgebiete der Sukkulenten genau zu erfassen, müßte man eine riesige Landkarte mit den feinsten Schattierungen anlegen. Bei einer solchen Karte lägen die dunkelsten Schattierungen bei den Breitengraden 30° nördlich und 30° südlich des Äquators. Südafrika und das subtropische Nord- und Südamerika würden, was die Anzahl der Arten und die Dichte der Population angeht, an erster Stelle liegen. Amerika ist die Heimat der Kakteen, Agaven, verschiedener Crassulaceen (Echeverioideen), einiger Portulakgewächse (*Lewisia, Talinum*), der Euphorbien und vieler anderer Sukkulenten. In Südafrika, wo die meisten Sukkulenten weit verbreitet sind, fehlen nur einige wenige Kakteen der größeren Familien. Obwohl man hier auch eingebürgerte Feigenkakteen findet, die ursprünglich als Notviehfutter auf Farmen angebaut wurden und sich dann weiterverbreitet haben. Auch die *Rhipsalis*-Arten gehören zu diesen eingebürgerten Kakteen.
Das übrige Gebiet auf der Karte wäre viel heller schattiert – abgesehen von den kalten Polgebieten, an denen überhaupt keine Sukkulenten zu finden sind.
Crassulaceen kommen auf allen fünf Kontinenten in freier Natur vor, vor allem in Form der winzigen, moosähnlichen, einjährigen Crassulaceen (*Tillaea*). Die einheimischen Sukkulenten Europas – *Sedum* (3.1) und *Sempervivum* – sind besonders deshalb interessant, weil sie fast die einzigen Sukkulenten sind, die schon den klassischen Schriftstellern bekannt waren und schon in der frühen Literatur eine Rolle spielten.
In den Tropen gibt es weniger Sukkulenten-Arten, obwohl man sogar noch in den Regenwäldern einige wenige, nicht so „fleischige" Arten finden kann. Am auffallendsten sind Kletterpflanzen wie *Hylocereus, Selenicereus* und *Epiphyllum* auf der westlichen Halbkugel, *Cissus quadrangularis* in Afrika, *Hoya* in Südostasien und Epiphyten wie *Aporocactus, Rhipsalis* und *Schlumbergera* in Mexiko und *Dischidia* in Südostasien. Die Epiphyten sitzen wie die Orchideen und Ananasgewächse auf den Zweigen tropischer Bäume oder auf Felsen – sie sind aber keine Parasiten! Sie ziehen ihre Nahrung aus Humus, der von Wind und Regen verschleppt wurde. Eingebaute Wasserspeicher helfen ihnen, Dürrezeiten zu überstehen. In den Tropen findet man auch noch bestimmte „Sukkulenten-Reste", die beim Vordringen in trockenere, angepaßtere Gebiete zurückgeblieben sind. Sie blieben als „lebende Fossilien" übrig – eine Brücke zur Vergangenheit: z. B. *Pereskia* (16.4) in Peru oder *Caralluma frerei* (19.5) in Indien. Von den großen und anpassungsfähigen Gattungen, wie Euphorbien, Aloen und Kalanchoen leben viele Vertreter in den Tropen. Vor kurzem gewannen die Sukkulenten, die auf ausgefallenen und isolierten Standorten wuchsen, wie z. B. Inseln im Ozean, großes Interesse. Es handelt sich hierbei oft um Rübenwurzler mit enorm verdickten Stämmen, wie z. B. *Impatiens* auf Sumatra, *Brighamia* auf Hawaii, *Jatropha* auf Panama und *Pelargonium* auf St. Helena.

Rechts (3.1): Heimische europäische Sukkulenten: Wassernabel, *Umbilicus rupestris*, und Fetthenne, *Sedum reflexum*, auf einem Steinwall in Südwestengland.

Verbreitungsarten
Weitverbreitet: Überdurchschnittliche Verbreitung, z. B. bei *Cissus quadrangularis* (15.5), der vom tropischen Afrika über Arabien bis nach Indien vorkommt. *Crassula*-Arten sind fast weltweit verbreitet.
Unzusammenhängend oder **getrennt:** Verbreitung in zwei oder mehr voneinander getrennten Gebieten, *Pachypodium lealii* (18.4) z. B. kommt in Südwestafrika und Natal, Portulakgewächse (5.3) in Afrika und Südamerika vor.
Endemisch: Vorkommen in einem kleinen, natürlich begrenzten Gebiet, z. B. *Talinum guadalupense* (15.4) auf Guadalupe.

Unten (3.2): Diese scheinbar verlassene Wildnis am Hol-Fluß in Südafrika ist einer der reichsten Standorte für Klein-Sukkulenten. Immer noch entdeckt man hier neue Arten.

3: Verbreitung und Ökologie

Der Mensch als Verbreiter

Bis jetzt haben wir freiwachsende Sukkulenten betrachtet, d.h. solche, die wild wuchsen, bevor der Mensch in ihre Verbreitung eingriff. Dadurch, daß der Mensch die Sukkulenten von Kontinent zu Kontinent verschleppte, wurde die natürliche Verbreitung stark verändert. *Rhipsalis,* der wandernde „Mistel-Kaktus" wurde ja schon erwähnt: Man findet ihn heute in Afrika (4.18), Madagaskar und auf Ceylon. Diese Kakteen-Gattung ist die einzige, die außerhalb der Neuen Welt wild vorkommt; sie könnte aber ebensogut schon sehr früh überall dort durch den Menschen eingeführt worden sein. Die wenigen Sukkulenten mit medizinischem oder sonstigem Nutzen sind derart verbreitet worden, daß ihre ursprünglichen Standorte – falls sie welche hatten und keine Hybriden sind – nicht mehr bekannt sind. Zu diesen Sukkulenten gehören z. B. *Aloe barbadensis* und *Portulaca oleracea,* ein seit langem verwendetes Küchenkraut. Durch ihre große Anpassungsfähigkeit ließen sich viele Sukkulenten weit von ihrer ursprünglichen Heimat entfernt ansiedeln. Obwohl es in Australien sehr wenige einheimische Sukkulenten gibt, herrscht doch hier das richtige Klima für sie, was z. B. die außerordentliche Verbreitung und Vermehrung einiger Opuntien-Arten (16.7) zeigen, die im 18. Jahrhundert als Zierpflanzen hier eingeführt worden waren. Über 1500 km² Ackerland wurden überwuchert, bevor eindämmende Maßnahmen fruchteten: Der gefürchtete Feigenkaktus erwies sich als ungeheuer resistent gegen Roden oder Verbrennen. Seine Ausbreitung konnte nur mit Hilfe biologischer Maßnahmen, nämlich der Motte *Cactoblastis cactorum,* deren Larven sich nur von Opuntienstämmen ernähren, gestoppt werden. Auch heute ist die Gefahr der Sukkulenten-Verbreitung noch nicht gebannt, da viele andere Arten nicht von diesen Larven befallen werden.

Sukkulenten am heimischen Standort

Meine erste Begegnung mit Kakteen in freier Natur zerstörte einige vorgefaßte Meinungen, die ich durch jahrelangen Umgang mit eingetopften Exemplaren im Gewächshaus gesammelt hatte. Das Ganze ereignete sich an den Hängen der Rocky Mountains in der Nähe von Denver in Colorado. Die Gegend sah nicht sehr vielversprechend aus, eher wie eine karge englische Wiese, nicht wie die Wüste der Western-Filme, die ich erwartete. Aber dennoch gab es hier viele Kakteen – im Gras und Boden so versteckt, daß man sie kaum erkennen konnte. So wurden mir auf einmal zwei Illusionen geraubt: Sukkulenten wachsen nicht nur an einsamen Stellen in der Wüste, und die kleineren – die dem Herzen des Liebhabers am nächsten stehen – sind oft sehr gut getarnt, wenn sie auch im Topf noch so auffallend sind. Dies gilt nicht nur für die amerikanischen Kakteen, sondern auch für viele südafrikanische Stapelien, Haworthien und andere Gattungen. Doch mir standen noch andere Überraschungen bevor: Der am häufigsten gefundene Bodentyp stellte sich als eine Art verwitterter Granit heraus, ganz das Gegenteil von dem, was ein besorgter Gärtner in seinem Gewächshaus zulassen würde. Obwohl dieser Boden wenig organische Stoffe enthält, zeigt die Analyse doch, daß im allgemeinen keine für das Wachstum wichtigen Elemente fehlen. Das spärliche Vorkommen von Wasser, das die Aufnahme der Nährsalze aus dem Boden ermöglicht, verlangsamt die Auszehrung des Bodens. Es wäre jedoch ein Fehler,

Rechts (3.3): *Aloe dichotoma* in Südafrika. Sie bildet hier ungewöhnliche Buschformationen. Die Pflanzen können bis zu 9 m hoch werden; ihr Holz ist leicht und faserig.

Unten (3.4): *Aloe macrocarpa* wächst in Nordghana. Ihre Wurzeln finden in Felsspalten Halt und Nährstoffe.

3: Verbreitung und Ökologie

würde man die Pflanze mitsamt dem Boden ausgraben und mitnehmen, in der Annahme, den richtigen „Nährboden" zu haben. Sukkulenten wachsen da, wo sie wachsen, oft nur deshalb, weil der Existenzkampf sie von anderen Standorten ausschließt – nicht, weil die Bedingungen hier ideal sind.

Natürliche Abwandlungen. Die bedeutendste Entdeckung beim Studium der Sukkulenten in ihrer natürlichen Umgebung ist aber ihre Wandlungsfähigkeit (5.1). In der Kultur bemerkt man davon wenig: In einer Sammlung können viele Pflanzen einer Art sogar das gleiche Individuum sein, das durch wiederholte vegetative Vermehrung von einer einzigen Importpflanze herstammt. Das gibt uns dann ein einseitiges Bild, wie diese Art aussieht, so daß wir, wenn wir eine nur etwas anders aussehende Importpflanze bekommen, sofort meinen, es handle sich um eine neue Art. „Raritätensammler" zerstören dieses Bild noch mehr, weil sie alles sammeln, was andersartig aussieht, und vor allem ausgefallene Exemplare mitnehmen und pflegen. Auf diese Weise bekommt der Liebhaber ein völlig falsches Bild von einer Art. – Eine Art ist nicht nur ein einziges Exemplar; sie ist die Summe all ihrer Populationen und weist ebenso viele verschiedene Exemplare auf, wie die Spezies Mensch, der *homo sapiens*.

Ein Paradies für Sukkulenten. In einigen Gebieten Südafrikas sind die einzigen Pflanzen, die man sieht, Sukkulenten (3.2) – von den kleinsten einjährigen Pflanzen bis zu Baumaloen und Euphorbien beherrschen sie die Landschaft (3.3). Wie im Traum bin ich durch Gebiete im Richtersveld und Klein Karru gewandert – Paradiese für Sukkulentenliebhaber. Unter den Zweigen von Sträuchern verborgen, habe ich an die zehn verschiedene Zwergsukkulenten-Arten gefunden. Fotos werden dieser Pracht jedoch kaum gerecht.

Halbwüsten. Daß „Kakteen in der Wüste wachsen", ist eine alte Legende. Unter dem Begriff „Kakteen" wird vom Feigenkaktus bis zu den Aasblumen alles zusammengefaßt, und auch der Begriff „Wüste" bedarf einer sorgfältigen Definition. Dazu halten wir uns an die Ökologen, die als Wüste das Gebiet bezeichnen, in dem weniger als 250 mm Niederschlag im Jahr fällt. Nun sind Sukkulenten auf Grund ihrer wasserspeichernden und transpirationshemmenden Einrichtungen sehr gut in der Lage, Trockenperioden relativ unbeschadet zu überstehen; um aber Wasser speichern zu können, müssen sie es zuerst einmal sammeln, und zeitweilige Trockenheit ist nicht das gleiche wie immerwährende Dürre. Die bei den Sammlern beliebtesten Sukkulenten gedeihen in Gebieten, in denen der jährliche Niederschlag höher ist als in der oben definierten „Wüste". In manchen Gebieten sind es oft 500–800 mm Niederschlag jährlich. Man spricht daher

Oben (3.5): Chaparral-ähnliche Vegetation in der Mojave-Wüste in Kalifornien. Zwischen den Opuntien, Yuccas und kleineren Xerophyten bleiben immer sehr große Zwischenräume.

Unten (3.6): Vegetation der Nebelzone in Nordchile. Wenn es nicht regnet, nutzen die Pflanzen die Luftfeuchtigkeit, die der vom Meer heraufziehende Nebel mit sich bringt.

Vegetation der Nebelzone

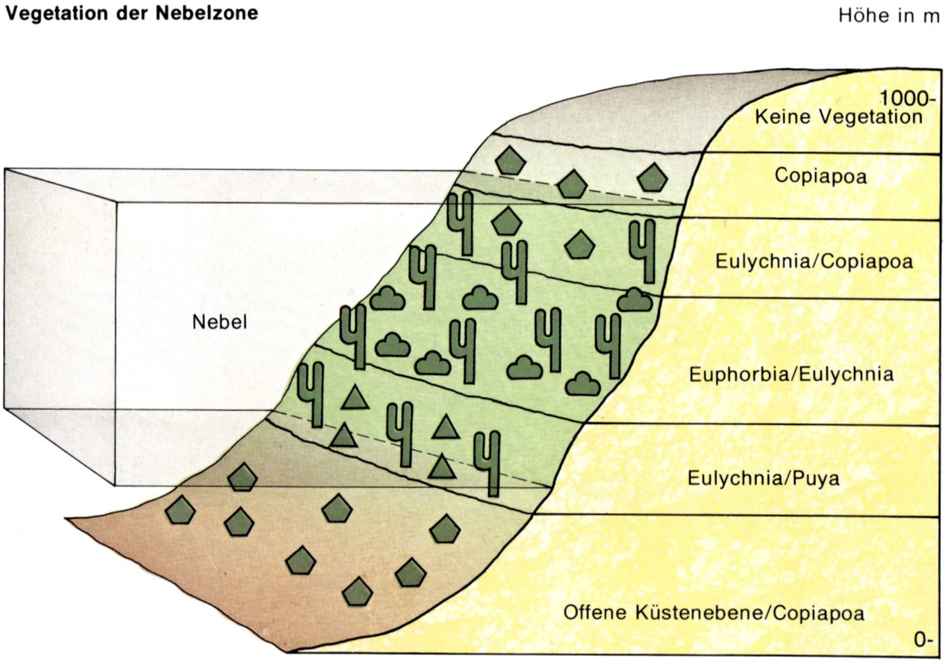

besser von Halbwüstenpflanzen, wenn man Kakteen aus diesen Gebieten meint. Sukkulenten bevorzugen im allgemeinen Berghänge, Geröllhalden und grob felsiges Gebiet. Rosettenpflanzen, wie z. B. *Aeonium* oder *Aloe* (3.4) besiedeln sehr gerne Schräghänge oder Klippen. Pflanzt man solche Sukkulenten in einen Topf, so wachsen sie oft zur Seite, dem Licht entgegen. Manche Sukkulenten-Arten beanspruchen die Kletterfähigkeit des Sammlers schon ungemein. „Entgegenkommendere" Arten wachsen auf ebenem Gelände, besonders in den heißen, trockenen Ebenen und Bergplateaus, die dünn mit dornigen Büschen besiedelt sind (in Mexiko und Südwestamerika Chaparral (3.5), im südlichen Afrika Veld genannt). Sie nutzen jedes bißchen Schatten. Arten, die in der prallen Sonne wachsen, wie z. B. *Ariocarpus* und *Lithops,* sind gewöhnlich halb im Boden verborgen. Das riesige Ausmaß solcher Gebiete läßt erkennen, wieviel es noch zu entdecken gibt, und es erstaunt nicht, daß jedes Jahr neue Arten bekannt werden.

Die Sukkulentenwurzeln haben weniger Schutz gegen Wasserverlust als die oberirdischen Pflanzenteile. Wenn die Wurzeln über das Normalmaß hinaus austrocknen, wird das gesamte Wachstum so lange gebremst, bis sich wieder neue Wurzeln gebildet haben. Die Wurzeln dringen daher gerne in Felsspalten ein, in denen sich Wasser sammelt, so daß man die Pflanze nicht ohne Beschädigung der Wurzeln entfernen kann. Wer einmal versucht hat, ein rübenförmiges *Pachypodium* aus seiner Umgebung – kompaktem Felsbruch – auszugraben, hat sicher die enorme Kraft der sich rübenförmig ausdehnenden Wurzel erlebt, die bis zu einem Meter lang werden kann. In Kultur sprengen solche Pflanzen nicht selten den Topf! Sukkulentensämlinge brauchen ein Mindestmaß an Schatten, und es ist anzunehmen, daß alle freilebenden Arten im Schutz von Felsen, Büschen oder der Mutterpflanze heranwachsen.

Außer der Sahara und der Wüste Gobi gibt es aber noch andere Wüstenformen. Die eisigen, unfruchtbaren Einöden an den Polen gelten auch als Wüsten, da das Wasser durch den Frost von den Pflanzen ferngehalten wird. In diese Gebiete haben sich die Sukkulenten jedoch nicht vorgewagt. Eine andere Art von Wüste gibt es an den Westhängen der Anden in Chile und Peru, wo kaum Niederschlag fällt, die dichten Küstennebel aber genügend Feuchtigkeit für das Wachstum von Xerophyten bringen (3.6). Unter diesen Bedingungen wachsen *Oroya* (16.17), *Matucana* und andere zwergwüchsige Kugelkakteen. Bei den Liebhabern sind diese Sukkulenten besonders beliebt, da sie sich leicht an die normale Gewächshauskultur anpassen.

Ein ähnlicher Lebensraum wie in den Anden findet sich in geringerer Höhe entlang der südafrikanischen Atlantikküste, der Wüste Namib. Hier entstand eine einzigartige Sukkulentenflora in einem engen Küstengebiet, in Reichweite taubeladener, auflandiger Winde.

Gemäßigte Standorte. Obwohl die Sukkulenten außerhalb der Halbwüstenflora kaum auffallen, können es einige von ihnen doch mit Nichtsukkulenten aufnehmen, und ihre eingebauten Wasserspeicher erlauben eine Ansiedelung in besonderen Gebieten. So sind in den Gebirgen Europas und Asiens Rosettensukkulenten wie *Sempervivum* und *Rosularia* genauso in den alpinen Regionen ansässig wie *Saxifraga* und andere xerophytische Nichtsukkulenten. Die hohe Verdunstungsrate während des Winters, wenn der Boden gefroren ist, verlangt irgendeine Art der Wasserspeicherung. *Lewisia* nutzt ähnliche Nischen im westlichen Nordamerika. Einige Sukkulenten behaupten sich sogar in Feuchtgebieten: Das einjährige *Sedum villosum* wächst in Sümpfen, und zumindest eine *Crassula*-Art kann ganz unter Wasser wachsen. Sie blüht jedoch nur, wenn die Zweige aus dem Wasser ragen. Es gibt kaum Gebiete, in denen gar keine Sukku-

Unten (3.7): Die Vegetation der niederen Andenhänge: Der große Säulenkaktus *Eulychnia* und zwischen den Sträuchern der halbsukkulente *Oxalis*. Ähnliche Gebiete gibt es auch in den Halbwüsten Nordamerikas und Südafrikas.

lenten wachsen. Ironischerweise kommen wir der Wahrheit näher, wenn wir sie nicht als Wüstenpflanzen bezeichnen, sondern wenn wir sagen, daß Wüsten die einzigen Gebiete sind, in denen sie nicht wachsen!

Die klimatische Beeinflussung

Wie wir gesehen haben, sind die Fundorte der Sukkulenten außerordentlich verschieden. Die einzigen Gemeinsamkeiten, die sie alle haben, sind periodische Trockenheit und Temperaturen über 0 °C. Aber selbst Frostfreiheit gibt es nicht überall: Jährlich erfrieren Kakteen in den Hochanden, Nordamerika und Südkanada, obwohl eine Schneedecke sie vor den tiefsten Temperaturen schützt. Ein Blick auf die Regenkarten von Südafrika (3.8,9) – dem Gebiet mit der größten Dichte und Vielfalt von Sukkulenten – zeigt große Unterschiede in den jahreszeitlichen Regenfällen. Wenn wir also für unsere Gewächshauskulturen Hilfen in der Heimat der Pflanzen suchen, so reicht es nicht aus zu wissen, daß eine Pflanze aus Südafrika stammt. Es ist schon eine nähere Ortsbestimmung vonnöten, um sagen zu können, wieviel Feuchtigkeit sie normalerweise zu welcher Jahreszeit bekommt.

Leben und Überleben

Viele einjährige Zwergsukkulenten sind eigens darauf eingestellt, die Ruhezeit unter der Erde zu verbringen. Sie sind daher oft nur in der Regenzeit zu sehen, oder wenn sie blühen. Einige, wie z. B. *Albuca unifoliata* leben so verborgen, daß man jahrzehntelang nichts von ihrer Existenz wußte.

Zwiebeln und Rübenwurzeln sind beson-

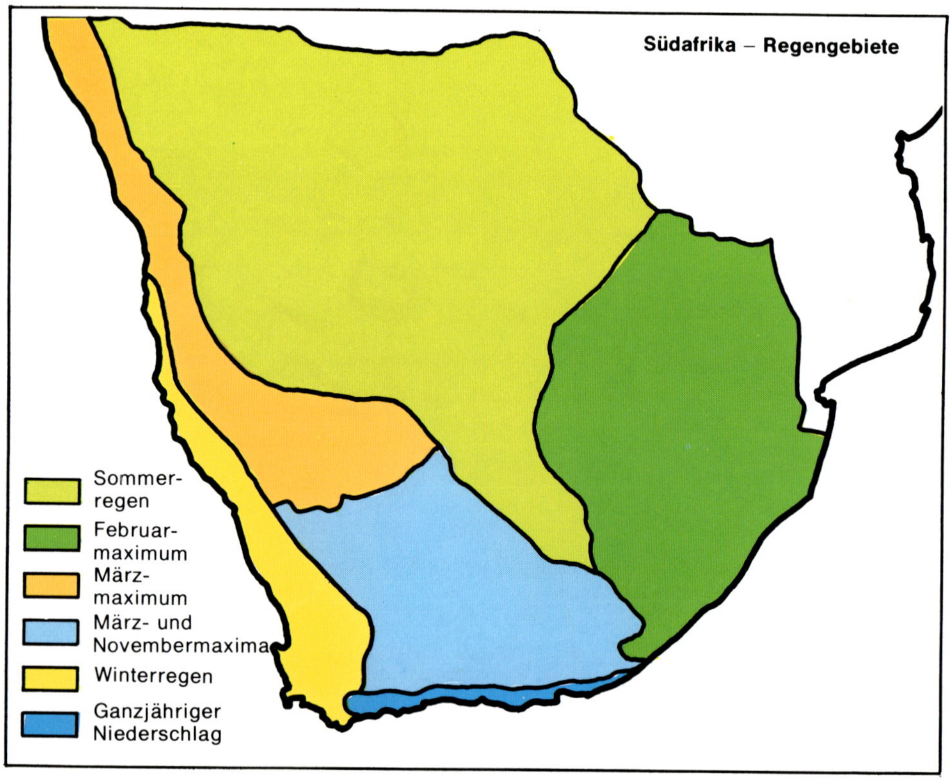

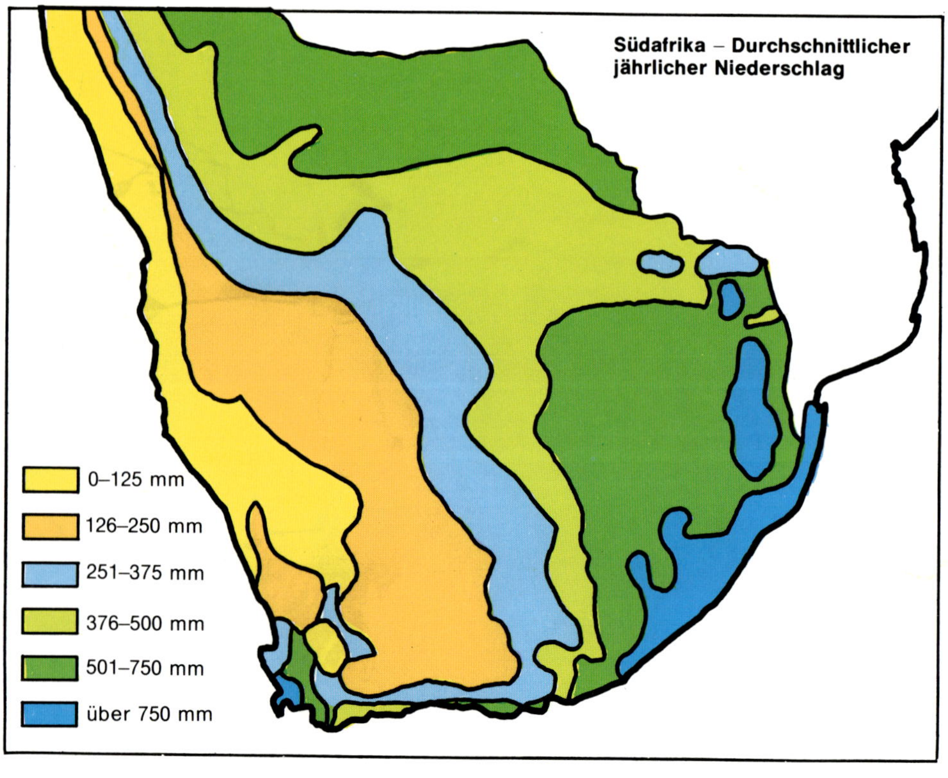

Unten: In einem so großen Gebiet wie Südafrika variieren die Klimafaktoren sehr stark. Obere Karte (3.8): Regengebiete in Südafrika. Untere Karte (3.9): Durchschnittliche jährliche Regenmenge in Südafrika.

Die kleinen Seitenwurzeln werden meist jährlich erneuert. Ist der Nährstoffgehalt des Bodens erschöpft, suchen sie sich neues Gebiet.

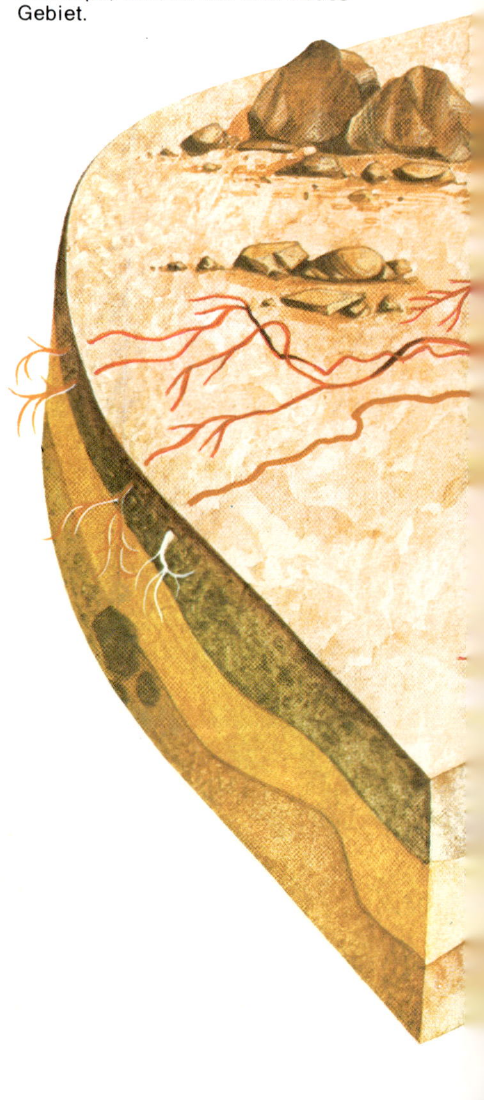

ders gut dafür geeignet, die Pflanzen durch lange Trockenzeiten zu bringen. *Haworthia* und *Bulbine* besitzen zusammenziehbare Wurzeln, d. h. Wurzeln, deren starker Faserkern bei Trockenheit schrumpft und den Wurzelhals tiefer in die Erde zieht. Die oben abgeflachten Mammillarien und Neoporterien erzielen den gleichen Effekt durch Schrumpfung ihrer rübenförmigen Pfahlwurzeln. Wenn sich Treibsand und Erde über ihnen anhäufen, entziehen sie sich unseren Blicken ganz. In Kultur gehalten, neigen diese Pflanzen zu viel größerem Wuchs (16.43). In der Ruhezeit können Schrumpfung und Zurückziehen aber auch noch wirken. Diesen Unterschied sieht man, wenn man die Pflanzen im Sommer und im Winter fotografiert (6.4,5).

Aus einer ziemlich begrenzten Auswahl von Wurzelsystemen amerikanischer und afrikanischer Sukkulenten leitet sich ein generelles Muster für alle Kakteen, Euphorbien, Aloen, Carallumen und andere Familien ab: Die Pfahlwurzel ist kaum entwickelt, die Seitenwurzeln dagegen breiten sich beachtlich aus (3.10). Ein Kandelaber-Kaktus (*Carnegiea*) z. B. von nur 1,2 m Größe hatte bis zu 5 m vom Hauptstamm ausstrahlende Seitenwurzeln. Diese Seitenwurzeln befinden sich immer ziemlich dicht unter der Erdoberfläche: bei *Opuntia arbuscula* 2–8 cm, bei *Echinocactus* 1,5–3 cm. Wurzeluntersuchungen bei ostafrikanischen Sukkulenten ergaben sogar, daß die feinen, aus den Seitenwurzeln wachsenden „Nährwurzeln" manchmal auch nach oben wuchsen, um näher an der Oberfläche zu sein und somit auch die kleinsten Regenmengen und den Nachttau aufnehmen zu können. Üppige Wurzelentwicklung findet man nahe der Pflanzenkrone, dort, wo Regentropfen auftreffen. All dies steht im Gegensatz zu den nichtsukkulenten Xerophyten, die im allgemeinen sehr tief wurzeln.

Sukkulenten sind für gewöhnlich nur eine Komponente der Flora. Sie teilen ihren

(3.10): Typischer Ausschnitt durch ein Gebiet, in dem Kakteen wachsen. Die Sukkulentenwurzeln sind weit verzweigt, liegen aber dicht unter der Oberfläche, so daß sie spärliches Regenwasser oder Tau schnell aufnehmen können.

3: Verbreitung und Ökologie

Lebensraum mit anderen nichtsukkulenten Xerophyten, die verschiedene Wege entwickelt haben, um Dürrezeiten zu überstehen (3.5,7). Einige von ihnen sind Bäume oder Sträucher, oft mit Stacheln besetzt, hartholzig, tief wurzelnd und entweder mit früh abfallenden oder kleinen, ledrigen Blättern. Sie haben meist in hohem Maß die Kunst entwickelt, langsam zu welken. Schnellwachsende, einjährige Pflanzen (Trockenflüchter) überbrücken die trockene Jahreszeit in Form der Samen und keimen sofort aus, wachsen und blühen, wenn Regen einsetzt. Einige Pflanzen in der Halbwüste weisen kaum xeromorphe Merkmale auf, und bisher hat noch niemand zufriedenstellend erklären können, auf welche Weise sie überleben. Bei einigen kleinen, krautigen Pflanzen konnte man feststellen, daß sie ihre Wurzeln in der Nähe von Kakteenwurzeln treiben und Wasser aus der die Kaktuswurzeln umgebenden feuchten Hülle saugen. Sinkt die Erdfeuchtigkeit unter das Mindestmaß, so ist der Kaktus in der Lage, den Wasserfluß umzukehren und Wasser aus dem „Speicher" im Stamm in die Wurzeln zu leiten.

Der ursprüngliche Standort, eine Hilfe bei der Haltung und Pflege?

Was können wir aus dem Studium der wildwachsenden Sukkulenten lernen? Die offenkundigste Lehre ist wohl: Versuchen Sie nie, die natürliche Umgebung zu imitieren! Die Geschichte jener Dame, die die Wetterwarte in Mexico City anrief und ihre Kakteen nur goß, wenn es dort regnete, ist nicht verbürgt – aber es gibt sehr viele Züchter, die die Imitation der Natur übertreiben. Prunkvolle Beete mit großen *Cereus*-Arten, Euphorbien, Ferokakteen und Gasterien im Freien oder Pflanzentröge mit gemischten *Lithops*-Arten, hübsch zwischen Kieseln plaziert, mögen des Liebhabers Ideal vom „Stückchen Wüste" sein, es sind jedoch reine Kunstwerke, die in der Natur kein Gegenstück finden.

Sonnenlicht, das durch Glas fällt, verliert viel von der ultravioletten Strahlung, und auch optimal belüftete Gewächshäuser erreichen nie dieselbe Luftzirkulation wie im Freien. Das alles soll den Pfleger aber nicht entmutigen. Er kann ja den Grundnahrungsbedarf auf andere Weise decken, sollte sich aber immer vor Augen halten, daß sich hierin ein Kaktus kaum von einem Kohlkopf oder einer Gartennelke unterscheidet.

In Europa aufgezogene Kakteensämlinge werden vielleicht nie die Größe und Farbintensität der Stacheln wildwachsender Kakteen erreichen, sie übertreffen diese aber an Wohlgestalt, Seuchenfreiheit, Gesundheit und einem regelmäßigen Blühen. Manche erreichen in der Topfkultur jedoch nie die Blühfähigkeit, andere wiederum versöhnen durch verschwenderische Blütenfülle. Die Veränderungen als Folge der Haltung im Gewächshaus können jedoch erheblich sein (7.3), vor allem bei den gepfropften Pflanzen, so daß man sich bei systematischen Studien nicht auf die im Garten oder Gewächshaus wachsenden Arten stützen kann. Dennoch sollte der Sukkulentenfreund – ohne zu imitieren – wissen, wie seine Pflanzen in freier Natur wachsen, vor allem wieviel Regen sie wann bekommen. Trotz sehr unterschiedlichem Klima und anderen Vegetationszeiten passen sich die meisten größeren südafrikanischen Sukkulenten sehr gut den Bedingungen eines Gewächshauses an. Sie wachsen, wenn man sie gießt, und sie ruhen, wenn man sie trocken hält. Es ist daher auch einleuchtend, daß man sie im Sommer gießt und im Winter ruhen läßt. Aber einige Sukkulenten, vor allem Zwergmesembryanthemaceen, vertragen diese Behandlung nicht. Sie verlieren ihre Eigenart oder gehen sogar ein, wenn man sie zur falschen Zeit gießt (6.2). Da diese Gruppe aber einige der bizarrsten Formen hervorbringt, lohnt sich die extra Mühe, exakt zu wässern.

Seit langem gelten bestimmte amerikanische Kugelkakteen als kaum verpflanzbar. Als Importe in Europa überleben sie selten. Die Aufzucht aus Samen ist aber ebenso unsicher und schwierig. Einige solch schwieriger Sukkulenten finden wir z. B. bei der Gattung *Pediocactus* (16.39). Vor kurzem hat man nachgewiesen, daß diese „schwierigen" Kakteen alle aus Gebieten mit weniger als 250 mm Niederschlag im Jahresdurchschnitt stammen – also echte Wüstenkakteen sind. Ich weiß nicht, ob das gleiche auch für afrikanische Sukkulenten zutrifft, obwohl ich es annehme, wenn ich an die Probleme mit *Welwitschia, Zygophyllum,* einigen Stapelien und Zwergmesembryanthemaceen aus Südafrika denke. Andererseits gibt es Crassulaceen aus dem gleichen Gebiet, die sich sehr gut akklimatisieren – obwohl sie sichtbar Form und Struktur ändern. Unter den Blütenpflanzen gibt es wohl keine Gattung mit größerer Anpassungsfähigkeit als die Crassulaceen, die Wüsten-, Sumpf- und Wasserarten in einer Gattung enthalten.

Vergleichen wir einmal eine freiwachsende mit einer kultivierten Pflanze: Die Sprosse verlängern sich, normalerweise in eine Kugel eingeschlossene Blätter gehen auseinander und bieten der Luft eine größere Oberfläche. Das Ergebnis ist eine vollkommen atypische Pflanze, die aber einen guten Einblick in das Verhältnis zwischen Pflanzenaufbau und Umwelt gibt.

Rechts (3.11): *Carpobrotus* gehört zu den wenigen Mesembryanthemaceen, die einen wirtschaftlichen Nutzen haben: Man befestigt mit ihm Sanddünen (z. B. auch in Italien oder Spanien).

Unten (3.12): Küstenszene an der Buffels Bai im Naturpark am Kap in Südafrika. Eine *Carpobrotus*-Art bedeckt den Boden.

4: Bestäubung und Verbreitung

Von der Blüte zum Samen

Die Begriffe „männlich" und „weiblich", wie sie im alten Schrifttum über Pflanzen verwendet wurden, haben mit der heutigen Bedeutung wenig Ähnlichkeit. Sie wurden damals nur vage analog zum Tierreich für die Pflanzen angewendet. Die Funktion der Staubblätter als männliche und der Samenanlagen als weibliche Organe wurde erst zu Ende des 17. Jahrhunderts entdeckt; und erst mit Hilfe des Mikroskops konnte man weitere Forschungen betreiben. Anders als im Tierreich tragen die Pflanzen meist beide Geschlechter auf einem einzigen Individuum (Hermaphrodit). Die Blüten einer Pflanze dienen in erster Linie der geschlechtlichen Vermehrung. Die Befruchtung erfolgt durch eine Übertragung von Pollenkörnern der Staubblätter zur Narbe. Auf dieser Narbe beginnen die Pollenkörner zu keimen, und ein Pollenschlauch wächst durch den Griffel bis zum Fruchtknoten. Hier verschmilzt der Inhalt des Schlauches mit einer Samenanlage (Befruchtung). Nach der Befruchtung reift aus jeder Samenanlage ein Samen heran. Der Fruchtknoten entwickelt sich zu einer trockenen oder fleischigen Frucht. Die anderen Blütenteile welken normalerweise und fallen ab. Der Samen muß dann verbreitet werden, damit er an einem für das Wachstum geeigneten Platz aufgehen kann.

Oben (4.1): Bei dieser *Opuntia*-Blüte haben die Staubblätter schon sehr viel Pollen ausgeschüttet, die Narben sind aber noch eng geschlossen und noch nicht aufnahmefähig.

Rechts (4.2): Bestäubende Biene auf einer *Opuntia*-Blüte. Der meiste Pollen ist schon verstreut, man beachte aber die gelben Pollenkörnchen auf den grünen Narben und dem Bienenkörper.

Selbst- und Fremdbestäubung

Auf den ersten Blick erscheint es nutzlos, Insekten und andere Blütenbesucher als unbewußte „Bestäuber" anzulocken. Warum keine Selbstbestäubung? Charles Darwin fand als erster eine Antwort auf diese Frage: Wenn man Fuchsien zur Selbstbestäubung zwang, erzeugten sie weniger Samen und schwächere Nachkommen, als wenn der befruchtende Pollen von einer anderen Fuchsie stammte. „Inzuchtdepression" nennt der Züchter die ungünstigen Auswirkungen fortgesetzter Selbstbestäubung. Unter den Sukkulenten gibt es nur sehr wenige Arten, die sich regelmäßig selbst bestäuben: bei einjährigen Pflanzen, wie z. B. *Portulaca* und *Dorotheanthus* kommt es gelegentlich einmal vor, jedoch nicht ausschließlich. Diese Pflanzen wirken nämlich sehr anziehend auf Insekten, und so wird oft Pollen eines anderen Individuums der gleichen Art übertragen. Selbstbestäubung führt oft zu stereotypen, reinrassigen Populationen, die die Fähigkeit, Mutationen zu bilden, d. h. sich weiterzuentwickeln, verloren haben. Als kurzfristiges Mittel zur Vergrößerung einer Population mag die Selbstbestäubung Vorteile haben, auf lange Sicht hinaus ist sie aber eine Sackgasse. Die extremsten Beispiele für Selbstbestäubung bei Sukkulenten finden wir wohl bei *Anacampseros* und *Frailea*. Die kurzlebigste aller Sukkulentenblüten, die Blüte der *Anacampseros*, öffnet sich für nur etwa eine Stunde, produziert aber durch Selbstbestäubung eine Unmenge Samen (12.5). Bei *Frailea* findet die Befruchtung innerhalb der geschlossenen Blüte statt (Kleistogamie), die kleistogamen Früchte sichern eine Massenproduktion von Einzelexemplaren. Gelegentlich bzw. nur kurzzeitig geöffnete Blüten dagegen bilden mit ihrem eigenen Pollen keine Samen, sie kreuzen sich also mit anderen Pflanzen innerhalb derselben Art. Das andere Extrem bilden die zweihäusigen Pflanzen (z. B. *Euphorbia obesa*), d. h. jede einzelne Pflanze ist eingeschlechtig, männliche oder weibliche Organe sind auf verschiedenen Individuen verteilt (diözisch). *Euphorbia obesa* mit den gelben Staubblättern ist männlich, *E. obesa* mit dreifach gelappten Narben weiblich. Auch der Elefantenfuß *Dioscorea* (21.8) ist eine zweihäusige Sukkulente.

Männliche und weibliche Blüten
Hermaphrodite Blüten sind bisexuell oder zwittrig, d. h. in einer Blüte befinden sich Staub- und Fruchtblätter. Fast alle Kakteen sind hermaphrodit.
Eingeschlechtige (dikline) Blüten tragen nur Staub- oder nur Fruchtblätter.
Einhäusige (monözische) Pflanzen besitzen eingeschlechtige Blüten beiderlei Geschlechts auf einem Individuum, z. B. *Kedrostis africana*.
Zweihäusige (diözische) Pflanzen sind getrenntgeschlechtig, z. B. *Euphorbia obesa*, *Sedum rosea*. ♂ = männlich, ♀ = weiblich, ⚥ = bisexuell

4: Bestäubung und Verbreitung

Unten (4.3): *Monanthes muralis* – Blüte (ca. 8 mm Durchmesser) mit großen, gelben, löffelförmigen Honigdrüsen zwischen Kron- und Fruchtblättern. Der in der Sonne funkelnde Nektar der winzigen, traubenförmigen Blüten lockt die Insekten an.

Oben (4.4): Hier saugt ein weißbäuchiger Honigsauger Nektar aus der hängenden Blüte einer *Aloe chabaudii* aus Transvaal in Südafrika. Vögel anlockende Blüten sind meist rot oder gelb gefärbt, robust und sondern reichlich Nektar ab.

Bestäubungsmechanismen
Selbstbestäubung: Pollenübertragung vom Staubblatt zur Narbe ein und derselben Blüte oder zu einer Blüte desselben Individuums.
Selbststerilität: wenn die Bestäubung einer Pflanze mit ihrem eigenen Pollen zu keiner Samenbildung führt.
Klon: Gesamtheit aller vegetativ aus einer Mutterpflanze hervorgegangenen Nachkommen.
Dichogam sind Pflanzen, bei denen Staubblätter und Narbe einer Blüte zu verschiedener Zeit bestäubungsreif werden. Staubblätter zuerst = **Proterandrie** (*Echinopsis* 16.1), Narbe zuerst = **Proterogynie** (*Weingartia lanata*).

Geschlechtsändernde Blüten

Sehr viele zweigeschlechtliche Blüten sind aber so gebaut, daß eine Selbstbestäubung nicht möglich ist (sehr viele Kakteen z. B. besitzen solche Blüten). Wenn die Blüte sich öffnet, ist sie von der Funktion her zuerst männlich (4.2): Die Staubblätter sind voller Pollen, aber die Narbenlappen stehen hoch und trocken über ihnen. Erst wenn der meiste Pollen verstreut ist, öffnen sich die Narben sternförmig und werden aufnahmefähig. Die Blüte ist nun effektiv weiblich. Die Narben bieten den durch Geruch, Farbe und Blütenform angelockten Insekten einen idealen Landeplatz, so daß immer etwas anhaftender Pollen an den Insektenbeinen oder -körpern auf die Narbe gelangt. Welkt die Blüte schließlich, so wird die Narbe durch unterschiedliches Schrumpfen auf die Höhe der Staubblätter gebracht, wo sie noch restlichen Pollen aufnehmen kann. Der eigene Pollen wächst jedoch meist langsamer zu einem Pollenschlauch aus als der fremde, so daß die Möglichkeit einer Selbstbestäubung sehr gering gehalten wird. Sehr viele Pflanzen haben einen solchen Mechanismus entwickelt, so daß die Kreuzung mit anderen Individuen derselben Art gefördert wird, die Samenbildung aber auch dann noch gesichert ist, wenn die Blüte nicht fremdbestäubt wird.

Anlockung der Bestäuber

Ende des 18. Jahrhunderts untersuchte der Spandauer Sprengel als erster, womit Blüten potentielle Bestäuber anlocken. Und er fand den ausgelegten Köder: Pollen im Überfluß und reichlich süßen Nektar (dick- bis dünnflüssiger Blütenhonig). Bei der genauen Untersuchung einer Blüte erkannte er, daß Farbflecke, sog. Saftmale, den Weg zur Nahrungsquelle wiesen. Bei *Pelargonium*-Arten z. B. sitzen solche roten Male auf den Kronblättern (4.5). Bei Blüten, die keinen süßen Nektar produzieren, lockt eine Unmenge Pollen.

Nektar. Der süße, anlockende Nektar wird im Zentrum der Blüte – oftmals aus sehr auffälligen Honigdrüsen – ausgesondert (4.3). Bei einigen Pflanzen finden sich außer den Honigdrüsen in der Blüte noch sog. extraflorale Honigdrüsen außerhalb der Blüte. Solche extrafloralen Honigdrüsen dienen möglicherweise als Lockvogel für die nektarliebenden Ameisen, damit diese vom Nektar der Blüte selbst ferngehalten werden. *Coryphantha*- und *Ferocactus*-Arten können sogar Nektar durch die Areolen absondern.
Der Blütennektar besteht in der Hauptsache aus Rohrzucker. Der reichliche, wäßrige Nektar der *Aloe arborescens* (13.2) – einer Sukkulentenart, die durch Vögel bestäubt wird, enthält 13 % Zucker. Jede Blüte sondert durchschnittlich 54,5 mg Nektar ab. Blüten, die durch Bienen bestäubt werden, produzieren weniger, dafür aber konzentrierteren Nektar.

Düfte. Die verschiedensten süßen Düfte erfreuen den Gärtner und Liebhaber und verwirren denjenigen, der sie beschreiben möchte. Für die Blüten aber, die den Duft als Hauptanreiz für bestäubende Insekten und andere Tiere erzeugen, ist er lebenswichtig (z. B. *Neohenricia*). Düfte sind nicht nur sehr schwer zu beschreiben, die menschliche Nase beurteilt sie oft auch ganz unterschiedlich. *Euphorbia caput-medusae*, für mich im Geruch ranzig und muffig, wird von anderen als der Gipfel an Süße und Reinheit bezeichnet.

Zu den betörendsten Düften bei Sukkulenten, nein, bei Blütenpflanzen überhaupt, gehört der Duft des nur nachts blühenden Rankcereus (4.11), dessen große, weiße Blüten ihm mit Recht den Namen „Königin der Nacht" eingebracht haben. Der Duft ist je nach Art verschieden. Die von Fledermäusen besuchten Arten z. B. duften streng und moschusartig.

Wenn auch die Meinungen über den Duft von Crassulaceen und Euphorbien auseinandergehen, so herrscht doch Einstimmigkeit bei den Stapelien oder Aasblumen (4.7). Diese Pflanzenart hat sich darauf spezialisiert, als Bestäuber Fliegen und Schmeißfliegen anzulocken, und ahmt daher unterschiedlich stark Aas in Form, Aufbau, Farbe und sogar im Geruch nach. Diese Imitation ist so echt, daß Fliegen oft ihre Eier auf der Blütenkrone ablegen, obwohl es hier ja keine Nahrung für die schlüpfenden Larven gibt, die dann verhungern müssen. Obwohl derart „anrüchig", sind die Stapelien beim Sammler

Oben (4.5): Blüten einer sukkulenten Pelargonie, jede ungefähr 8 mm lang. Die zygomorphe Blütenkrone besitzt auf den zwei obersten Kronblättern deutliche, rote Saftmale. Derartige Blüten haben meist nur eine Art von Bestäubern – ein spezialisierteres Insekt.

4: Bestäubung und Verbreitung

wegen ihrer außergewöhnlichen Formen und Vielfalt der 1–30 cm großen Blüten außerordentlich beliebt.

Die Bestäuber

Soweit mir bekannt ist, ist keine einzige Sukkulentenart auf den Wind als Pollenverbreiter (Anemophilie) angewiesen, wie z. B. Gräser, einige Bäume und Palmen. Die meisten Sukkulenten sind vom Besuch der Insekten (Entomophilie) oder Vögel (Ornithophilie) abhängig. Bei den nachtblühenden Kakteen, wie z. B. dem riesigen Kandelaber-Kaktus, übernehmen sogar Fledermäuse (4.6) die Aufgabe der Pollenverbreitung. Bis jetzt gibt es aber sehr wenig Literatur über die Bestäuber der Sukkulenten. Normalerweise ist man ja auch mit dem Suchen und Bestimmen neuer Arten beschäftigt und kümmert sich nicht um anfliegende Insekten oder Vögel. Wer möchte schon den ganzen Tag in der prallen Sonne neben einer *Ceropegia* sitzen und auf die eine winzige Fliege warten, deren „Bestäubungsbesuch" einen ganzen Schwarm gefiederter Samen verursacht?
Obwohl es nur wenige, unzusammenhängende Berichte gibt, können wir oft aufgrund der Blütenfarbe, -form und der Nahrungsquelle den Typ des „Bestäubers" vorhersagen. Beim Studium der Blütenformen afrikanischer Aloen stellte Vogel fest, daß *Aloe ferox* (mit hängenden, roten Blüten) durch Vögel bestäubt wird, *Aloe* (*Guillauminia*) *albiflora* (mit weißen Kelchen) durch Bienen und *Aloe* (*Leptaloe*) *minimal* (mit engröhrigen, leicht abgeschrägten, weißlichen Blüten) durch Schmetterlinge.

Bienen. Die besten Bestäuber von allen Blütenbesuchern sind die Bienen (4.1). Sie sind meist artentreu und auch in der Lage, kompliziert gebaute Blüten, wie z. B. die eines Löwenmäulchens (*Antirrhinum*) oder einer Orchidee zu bestäuben. Man hat das Verhalten der Honigbienen sehr genau erforscht und festgestellt, daß sie Blütenfarben, -muster und -formen erkennen und behalten und diese Informationen auch untereinander austauschen können. Im Frühling, wenn offene Blüten noch selten sind, fliegen Bienen auch nicht ganz so „einträgliche" Blüten an: Im Gewächshaus wird die Biene *Haworthia, Crassula* und *Rebutia* besuchen. Sobald sie aber eine reiche Nahrungsquelle entdeckt hat, fliegt sie zum Stock zurück und informiert durch Tanzbewegungen, die Richtung und Entfernung der Futterquelle angeben, ihre Stockgenossinnen.
Der Farbsinn der Bienen reicht bis ins Ultraviolette, und die Bienen können die einzelnen, unterschiedlichen Wellenlängen der Farben sehr gut unterscheiden. Der Geruchssinn der Bienen übertrifft den des Menschen bei weitem: Bienen können die feinsten Duftnuancen wahrnehmen und unterscheiden. Sie riechen selbst den Duft von Blüten, der von der menschlichen Nase nicht mehr wahrgenommen wird.
In den Halbwüsten, in denen Sukkulenten recht häufig vorkommen, findet man allerdings mehr die solitären als die staatenbildenden Bienen. Solitäre Bienen sind in ihrem Verhalten meist eingeschränkter als die staatenbildenden. Sie ernähren sich oft nur von sehr wenigen verschiedenen Arten – meist jedoch nur einer einzigen –, und ihre Aktivitäten sind daher auf bestimmte Blühzeiten begrenzt. Hierbei findet eine erstaunliche Synchronisation statt: Die zum Öffnen der Knospen eines Kaktus notwendige Temperatur ist auch dieselbe, die die Bienen aktiv werden läßt.

Schmetterlinge und Käfer. Andere Insekten sind weniger „intelligent" und artentreu als die Bienen. Manche fliegen nur rein zufällig eine Blüte an und sind daher für die Fremdbestäubung ohne Bedeutung. Und dann gibt es auch noch die „Pollenräuber", wie Fliegen und Käfer (4.8), die nur zum Fressen kommen und selten bestäuben. Einige höherentwickelte Blütenpflanzen schützen sich vor solchen „Parasiten" durch spezielle, hindernde Einrichtungen im Blütenbau: z. B. sind die Staub-

Rechts (4.6): Eine Fledermaus wird von der weißen Blüte des nur nachts blühenden Säulenkaktus angelockt. Nektar, Pollen und ganze Staubblätter werden gleich gern gefressen. Am Kopf der Fledermaus hängt weißer Pollenstaub.

Unten (4.7): Auf dieser *Stapelia ambigua* sitzen einige Fliegen. Manchmal legen diese Tiere sogar ihre Eier auf den Blüten ab.

4: Bestäubung und Verbreitung

blätter unzugänglich angebracht, oder aber der Nektar befindet sich am Grund einer langen, schmalen Röhre, so daß nur Insekten mit entsprechend langem Rüssel ihn erreichen. Der Rüssel einer Honigbiene mißt bis zu 6 mm, der einer Hummel 8–16 mm, der der Schmetterlinge und Motten bis zu 15 cm und mehr. Schwebfliegen haben dagegen nur einen 2–4 mm langen Rüssel (ein oder zwei Ausnahmen erreichen auch 12 mm Länge).

Vögel. Wie die Schmetterlinge (4.9), so reagieren auch Vögel vor allem auf rotgefärbte Blüten und auf reichlich süßen Nektar. Die röhrenförmigen, roten oder gelben Blüten vieler *Aloe*-Arten (13.10) z. B. sind typische „Vogelblüten" – obwohl sie auch den Bienen gut zugänglich sind. Bietet die Blüte keinen geeigneten Landeplatz für den Vogel, so schwirrt er unter der Blüte umher und streckt den Schnabel nach oben, um den süßen Nektar zu holen. Die afrikanischen Aloen z. B. werden vom Honigsauger (4.4) besucht und bestäubt. Kalifornische Aloen dagegen locken in der Hauptsache Hummeln an.

Form und Funktion einer Blüte

Man kann die Blüten nach den verschiedensten Gesichtspunkten einteilen. Wir wollen mit den einfachen Blüten beginnen, die sich noch nicht auf einen bestimmten „Bestäuber" eingerichtet haben, sondern viele verschiedene Besucher und Bestäuber anlocken. Diese „primitive" Blütenart erzeugt für den Besucher Nahrung im Überfluß, verschwendet auf diese Weise aber auch sehr viel Pollen. Die Blüten sind meist radialsymmetrisch und auffallend. Sie bieten einen bequemen Landeplatz und einen einfachen Zugang zum Futter. Solche einfachen, aber universellen Blüten haben z. B. *Portulaca* (5.3), Mesembryanthemaceen und Kakteen. Sie alle besitzen eine Unmenge pollenerzeugender Staubblätter. Der Säulenkaktus (16.12) hat z. B.

Unten (4.8): Auf dieser einfachen *Ferokaktus*-Blüte sitzen viele Käfer (*Acmaeodera*). Käfer sind jedoch schlechte Bestäuber, da sie wahllos herumkrabbeln.

Unten (4.9): Auf den Blüten von *Sedum spectabile* sucht der Kleine Fuchs (*Vanessa urticae*) sein Futter. Die Pflanze wird gerne zum Anlocken von Schmetterlingen angebaut.

über 3400 Staubblätter in einer Blüte. Aber gerade bei den Kakteen finden wir neben einfachen Blüten auch sehr hochspezialisierte Blütenformen.
Auch die Crassulaceen haben einfache, radialsymmetrische Blüten, die jedoch zu flachen oder kuppelartigen Köpfen zusammengeballt sind, so daß eine einzelne, große, auffallende „Blüte“ entsteht (4.10). Hier können dann große und kleine Insekten leicht landen, und der Nektar läßt sich auch mit dem kürzesten Rüsselchen aus den kleinen Einzelblüten holen. Bei *Sedum acre* bilden zuerst die fünf äußeren, aufrechtstehenden Staubblätter Pollen, dann erst wachsen die inneren fünf Staubblätter heran und nehmen ihren Platz ein, so daß die Blüte länger bestäubt werden kann. Die Narben reifen erst sehr spät heran, aber es gibt immer noch genügend Pollen für die Selbstbestäubung, sollte die Blüte welken, bevor ein Fremdbestäuber dagewesen ist.

Zeitlich begrenztes Blühen. Große, weitgeöffnete Blüten würden den Wasserhaushalt einer Pflanze, die unter der heißen Wüstensonne wächst, sehr stark belasten. Die Blüten der Sukkulenten sind daher meist kurzlebig oder nur einige Stunden am Tag geöffnet – meist nur zu der Zeit, zu der die „richtigen“ Bestäuber auch aktiv sind. 1794 wollte Haworth sogar eine richtige Blumenuhr aus Mesembryanthemaceen, die sich zu verschiedenen Zeiten öffneten, zusammenstellen.
Große Kaktusblüten öffnen sich nur nachts, wenn die Verdunstung geringer ist. Sie werden dann von Nachtschmetterlingen oder Fledermäusen (4.6) bestäubt. Wenn sich der Himmel bewölkt, schließen sehr viele Kakteen und Mesembryanthemaceen, die tagsüber ihre Blüten geöffnet haben, sehr schnell ihre Blüten, da die eventuell eintretende Nässe eines Regens den Pollen verderben würde.
Einige Kakteen- und Mesembryanthemaceen-Arten besitzen reizempfindliche Staubblätter. Berührt man z. B. die Staubfäden einer voll aufgeblühten Opuntien-Blüte, so richten sich diese sofort auf und bilden einen Büschel rund um die Narbe; dann kehren sie langsam wieder in ihre alte Stellung zurück. Das dient zweifellos dazu, die Unterseite eines großen Insektenbesuches gut „einzustäuben“.
Hat eine Bestäubung und Befruchtung erst einmal stattgefunden, besteht für die Blüte kein Grund mehr, offen zu bleiben und wertvolles Wasser zu verlieren. Experi-

mentell konnten wir nachweisen, daß sich die von Hand bestäubten Blüten einer *Mammillaria* zwei Tage früher als die unbestäubten schlossen. Man sollte daher Sukkulentenblüten nur dann bestäuben, wenn man Samen erzeugen will – nichtbestäubte Blüten erfreuen uns länger!

Bestäubungsmechanismen. Zu den spezialisierteren Blütenformen gehören u. a. die zygomorphen Blüten von *Haworthia, Coleus* (9.1) und *Pelargonium* (4.5). Sie sind nur zur vertikalen Ebene symmetrisch und dreidimensional zugeschnitten, um nur einen Bestäuber zuzulassen – meistens eine Biene. Bei *Pelargonium* allerdings konnte man fünf verschiedene Pollenüberträger feststellen. Der süße Nektar befindet sich am Grunde einer langen, engen Röhre, der Eingang zu dieser Röhre ist oft charakteristisch gelappt und gefärbt und leicht zu finden. Oft weisen zusammenlaufende Linien oder Saftmale auf den Eingang zur Futterquelle hin.
Den bestentwickelten Bestäubungsmechanismus der Sukkulenten besitzen die Asclepiadaceen: Stapelien und Ceropegien (*Brachystelma* und *Ceropegia*). Ihr Pollen ist nicht körnig, sondern eine klebrige Masse. Die Pollenmassen jedes Staubblattes sind zu zwei Pollinien vereinigt (19.5,7). Jedes Pollinium ist mit dem des benachbarten Staubblattes jochartig verbunden. Beim Nektarsaugen verfangen sich die Insekten an der klebrigen Masse und ziehen die ganzen Pollinien heraus, die sie dann auf eine andere Blüte übertragen. Neueste Beobachtungen an *Caralluma* zeigten, daß ihre einzigen Besucher winzige Fruchtfliegen (*Drosophila*) waren, die die Pollinien von Blüte zu Blüte übertrugen.
Bei der verwandten Gattung *Ceropegia* entwickelte sich der Blütenkelch über die Staubblätter und die Narbe hinaus und bildete eine lange Röhre mit einer seltsam geformten Spitze, die einer Laterne oder einem Regenschirm ähnelt (4.14). Dieses Gebilde dient als Falle für kleine Fliegen oder Mücken – ähnlich wie beim europäischen Aronstab (*Arum maculatum*). Die Insekten werden durch einen eigenartigen Geruch und grelle Muster auf dem „Schirm“, der oft auch mit Härchen besetzt ist, angelockt. Die Wände dieses

Unten (4.10): *Sedum telephium* besitzt ebenso winzige Blüten wie *Sedum spectabile*. Bei beiden Arten setzen sich diese Einzelblüten aber zu auffallenden Trugdolden zusammen und bieten so einen guten Landeplatz für viele Bestäuber.

Rechts (4.11): Blüten, die sich nachts öffnen, verlieren nicht so viel Wasser wie sich tagsüber öffnende Blüten. Bei den Sukkulenten finden wir viele Nachtblüher mit großen, weißen, stark duftenden Blüten, z. B. den Säulenkaktus.

Schirmes sind jedoch sehr glatt, und das Insekt ist schnell im dicken Bauch des röhrenförmigen Blütenkelchs gefangen. Die glatten Wände und oft auch noch abwärts gebogene Härchen hindern das Tier am Entkommen. Die Röhre ist dunkel, der Bauch aber hell, oft lenken durchsichtige „Fenster“ das einfallende Licht auch noch direkt auf die Pollinien. Im Dunkeln wären die Insekten untätig, im Hellen aber schwirren sie herum und nehmen dabei auch Pollinien auf. Nach ein oder zwei Tagen neigt sich die Blüte, die hinderlichen Haare welken, und die Insekten können wieder aus der Röhre krabbeln. Fliegen und Mücken haben ein sehr kurzes Gedächtnis und sind schon bald wieder „Gefangene“ in einer anderen *Ceropegia*-Blüte und wirken so als Bestäuber.

Zusammengesetzte Blüten. Unter den Sukkulenten nehmen die Compositen und Euphorbien eine Sonderstellung ein: Sie haben keine große Einzelblüte, sondern bilden eine Ansammlung vieler winziger Einzelblüten, die von einer schützenden Hülle umgeben sind, so daß der Eindruck einer einzigen, großen Blüte entsteht (4.12,13). Solch eine zusammengesetzte „Blüte“ hat gegenüber einer Einzelblüte gleicher Größe gewisse biologische Vorteile. Die kleinen Einzelblüten öffnen sich nicht alle auf einmal, sondern nacheinander, so daß die „aktive“ Phase der Blüte verlängert wird. Eine zusammengesetzte Blüte ist mehr oder weniger wetterfest, und die äußeren Deckblätter schützen die reifenden Samen noch zusätzlich. Bei einer großen Einzelblüte ist der Fruchtknoten auf einmal beißenden oder kauenden Insekten ausgeliefert, es können also alle Samen mit einem Schlag vernichtet werden. Bei einem zusammengesetzten Blütenkopf aber ist jeder einzelne Fruchtknoten, bzw. jeder reifende Samen geschützt. Es verwundert daher nicht, daß diese beiden Familien zu den erfolgreichsten Blütenpflanzen überhaupt gehören.

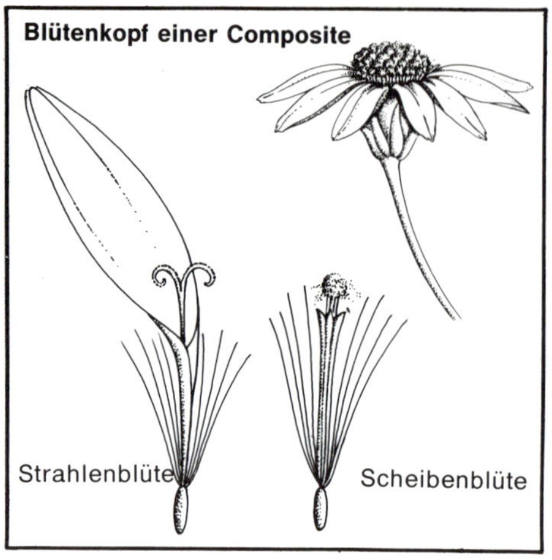

Oben (4.12): Der Blütenstand der Compositen besteht aus zwei verschiedenen Blütenarten: Radialsymmetrischen Scheibenblütchen in der Mitte und zygomorphen Strahlenblütchen außen herum.

Unten (4.13): Eine Compositen-Blüte mit weißen Strahlenblütchen und lila Scheibenblütchen mit gelbem Pollen.

Gleitfallenblüten der Ceropegia

(4.14): Die „Fliegenfallen“ von *Ceropegia woodii* (oben links) und *Ceropegia haygarthii* (oben rechts). Winzige Insekten dringen durch die fünf Schlitze am oberen Ende der Röhre ein und fallen in die Röhre. Der Rückweg ist durch aufrechtstehende Haare oder glatte Wände so lange für die Tiere versperrt, bis die Blüte welkt.

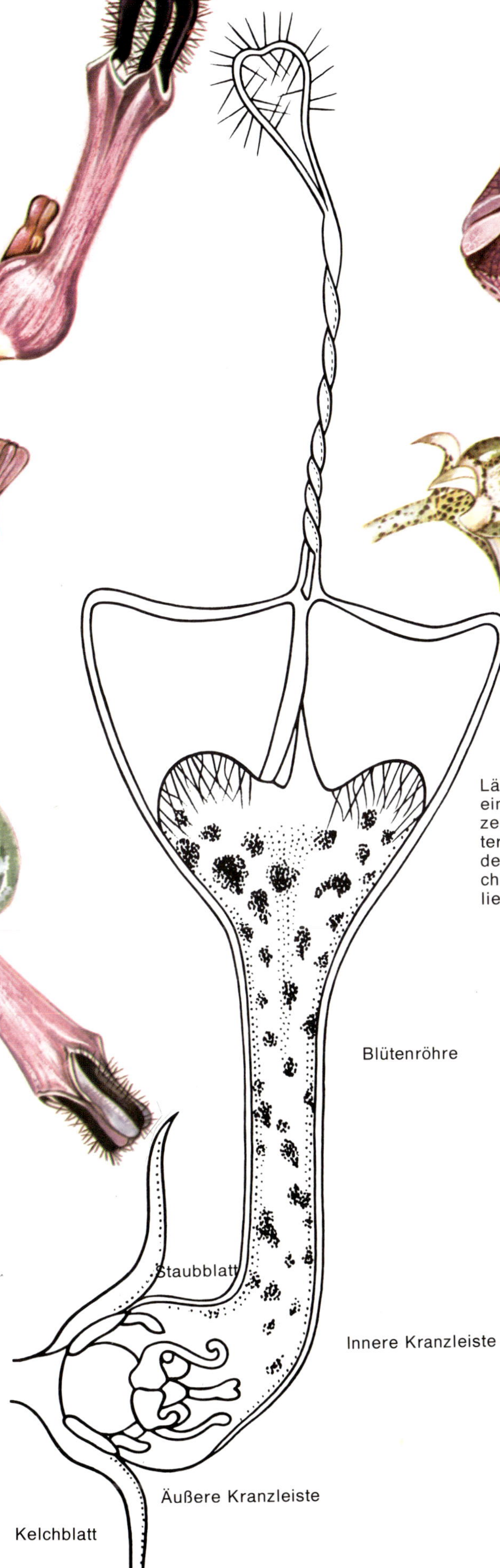

Längsschnitt durch die Blüte einer *Ceropegia haygarthii*. Er zeigt die Lage der Staubblätter und der Narbe am Boden der Blütenröhre. Man vergleiche mit der Blüte der Stapelien (19.6).

4: Bestäubung und Verbreitung

Vermehrung und Ausbreitung

Nach der Bestäubung und Befruchtung muß der reife Samen ausgestreut und verbreitet werden. Er muß einerseits weit genug von der Mutterpflanze entfernt sein, damit sich Mutter- und Tochterpflanze nicht gegenseitig behindern. Andererseits darf die Tochterpflanze aber nicht so weit entfernt stehen, daß eine Fremdbestäubung ausgeschlossen wird. Eine weite Ausbreitung über große Entfernungen ermöglicht die Gründung neuer Populationen, die Art wird immer weiter verbreitet. Die Ausbreitung der Samen oder die vegetative Vermehrung können auf fünf verschiedene Weisen erfolgen: durch den Wind, das Wasser, mechanische Einwirkungen, Tiere oder den Menschen.

Wind. Ein gutes Beispiel für die Verbreitung durch den Wind liefern uns die kugeligen, leicht ablösbaren Brutzwiebeln der Dachwurz (*Sempervivum* 10.19). Sie fallen ab, werden vom Wind umhergerollt und schlagen da Wurzeln, wo die Lebensbedingungen günstig sind. Das ist ein einfacher Weg, Tochterkolonien zu gründen. In ebenen Gebieten können auf diese Weise ungeheure Entfernungen zurückgelegt werden.

Sehr viele Sukkulenten besitzen Samenkapseln, die aufspringen, wenn sie trocken und reif sind. Die Samen werden herausgeschleudert oder vom Wind fortgetragen (Aloen, Agaven 2.20). Damit der Wind eine größere Angriffsfläche hat und die Samen besser forttragen kann, haben diese oft flügel- oder segelartige Auswüchse. Bei *Anacampseros* bleibt, nachdem die Blütenteile abgeworfen worden sind, ein korbähnliches Gebilde zurück, das sich im Wind bewegt und mehrere Samen auf einmal freigibt (4.17). Die beiden Gattungen *Pterocactus* und *Dioscorea* haben auffällig geflügelte Samen, und die großen geflügelten Samen der *Welwitschia* messen diagonal 3 cm.

Auch gefiederte Samen oder Früchte kommen häufig bei Sukkulenten vor: Die „Fallschirmchen" der *Senecio*-Arten segeln auf allen fünf Kontinenten; die gefiederten Samen der Stapelien findet man von Indien bis zum Kap der Guten Hoffnung; *Ceropegia* gelangte von Afrika bis zu den Kanarischen Inseln; *Pachypodium* (18.3–5) und *Adenium* (18.1,2) besitzen Samen mit zwei Fallschirmen, an jedem Ende einen; beide Arten kommen in Ostafrika und auf Sokotra vor. *Pelargonium* (4.15) hat eine besondere Vorrichtung zur Verbreitung ihrer Samen entwickelt: Der lange Griffel in der Blütenmitte teilt sich in fünf elastische Fasern (Grannen), die sich

Oben (4.15): Verbreitung der Samen bei *Pelargonium carnosum*. Der Griffel hat sich gerade gespalten. Jede Granne trägt einen Fallschirm und einen Samen.

Unten (4.16): Die dreilappigen Kapseln der Euphorbien (hier *Euphorbia virosa)* schießen die drei reifen Samen mehrere Meter weit fort.

wie eine Spiralfeder aufrollen und einen Teil des Fruchtknotens mit einem einzigen Samen tragen. Die haarige Spiralfeder hilft sehr bei der Verbreitung durch den Wind. Auf dem Boden gelandet, reagiert die spiralförmige Granne auf jede Veränderung der Feuchtigkeit. Sie windet sich hierhin und dorthin und schraubt den Samen sicher in den Boden.
Ebenso wirksam für die Verbreitung über große Entfernungen hinweg sind winzige, staubartige Samen, wie z. B. die der Crassulaceen. Diese Familie finden wir auf allen fünf Kontinenten, sie hat sogar die Azoren, die Prince Edward-Inseln und die Kerguelen besiedelt. Die winzigen Samen werden oft auch mit den Schaffellen verbreitet, und oft sieht man in Hafengebieten, in denen Wolle verladen wird, Crassulaceen wachsen.

Wasser. Das klassische Beispiel der Samenverbreitung durch Wasser finden wir wieder bei den Mesembryanthemaceen. Einige Gattungen besitzen Kapseln, die sich öffnen, wenn sie trocken und die Samen reif sind. *Carpobrotus* bildet fleischige Beeren. Alle übrigen Gattungen besitzen Kapseln mit vier, fünf oder mehr Schließhäutchen, die sich sternförmig öffnen, wenn sie mit Wasser in Berührung geraten. Wenn die Frucht trocknet, schließt sie sich wieder. Das Ganze kann mehrere Male wiederholt werden. Die geöffnete Kapsel hat ein blütenähnliches Aussehen. An der Basis jedes Schließhäutchens befindet sich ein spezielles, hygroskopisches Gewebe, das sich ausdehnt, wenn man es befeuchtet, und so das Schließhäutchen öffnet. Der Samen wird also zu genau der Zeit freigelassen, zu der es ausreichend Wasser zum Auskeimen gibt, und die Sämlinge können vor der nächsten Trockenperiode anwachsen. Die geöffneten Kapseln sind so gebaut, daß der Regen, der auf das konische Zentrum trifft, den Samen aus den unteren Kammern spült. Der Samen kann bis zu 1,5 m weit von der Mutterpflanze weggeschleudert werden.
Die Kapseln von *Conicosia* öffnen sich nur einmal bei Feuchtigkeit und schließen sich nicht wieder. Die losen Samen werden dann nach und nach wie aus einem Pfefferstreuer geschüttelt. Anschließend bricht die leichte Kapsel ab und rollt über den Boden, wodurch noch weitere Samen über große Entfernungen verschleppt und verbreitet werden. Schließlich zerfällt die Kapsel in einzelne Segmente, von denen jedes aus einer flügelähnlichen Haut besteht, die die Zellkammern trennte. In diesem Häutchen sitzen zwei winzige Taschen, jede mit einem Samen. Diese Samen besitzen eine sehr lange Lebensdauer (bei mir haben sie noch nach fünf Jahren gekeimt!). Drei verschiedene Verbreitungsmechanismen in einer Frucht, das muß ja zum Erfolg führen!

Mechanische Verbreitung. Hierzu gehören u. a. lange Ausläufer oder Stolonen, die die Mutterpflanze aussendet (*Crassula sarmentosa*), und die der Vermehrung dienen. Oder aber die Pflanze selbst kriecht am Boden entlang und wurzelt (*Sedum lineare, Ceropegia woodii*), so daß sich ein Einzelexemplar ausbreitet und nach seinem Absterben Tochterkolonien hinterläßt. Einige Kalanchoen, z. B. *Kalanchoe suarezensis,* stecken ihre langen Blätter in den Boden und entwickeln neue Pflänzchen aus den Blattspitzen. *Kalanchoe daigremontiana* (6.23) und *Kalanchoe tubiflora* entwickeln an ihren Blättern Adventivknospen, die dann abfallen und neue Pflanzen rings um die Mutterpflanze bilden. Einige Agaven-Arten erreichen eine bestimmte lokale Verbreitung durch Brutknospen, die vom Blütenstand abfallen. Durch die eingebauten Wasserspeicher sind die Sukkulenten besonders für eine Massenverbreitung durch losgelöste Teile des Pflanzenkörpers, selbst durch einzelne Blätter, geeignet.
Zurück zu den Samen. Besonders gut ent-

Unten (4.17): Entwicklungsstadien der Frucht von *Anacampseros* von der welken Blüte (links) bis zum Faserkorb (rechts), aus dem der Wind die Samen stoßweise herausbläst.

wickelte „Streumechanismen“ finden wir bei *Euphorbia* und *Dorstenia*. Ist die dreilappige Kapsel einer Euphorbie reif, so zerplatzt sie in drei Teilfrüchte mit je einem Samen. Die bizarren, flachen, grünen Blütenböden der *Dorstenia* sind mit vielen, winzig kleinen, eingeschlechtigen Blüten bedeckt und mit tentakelähnlichen Nebenblättern eingefaßt (4.19). In jeder weiblichen Blüte reift ein Samen heran, der durch unterschiedliche Kontraktion des Blütenbodens weggeschossen wird. Bei diesem Vorgang stülpt der die Samen beherbergende Hohlraum das Innere nach außen, so daß erkennbare Beulen anzeigen, daß kein Samen mehr vorhanden ist. Samen dieser Pflanze zu sammeln, ist nicht ganz einfach: am besten schirmt man die noch nicht reife Frucht durch ein Glas oder einen Perlonstrumpf ab, damit die reifen Samen nicht verlorengehen.

Verbreitung durch Tiere. Ebenso wie viele Blütenpflanzen auf Fremdbestäubung und Pollentransport angewiesen sind, sind auch viele davon abhängig, daß Tiere ihre Samen transportieren. Bei den Kakteen herrscht die fleischige Beere als Frucht vor, von den winzigen Beeren der *Rhipsalis* (4.18) bis zu den grellbunten, apfelsinengroßen Früchten des *Hylocereus*. Manchmal werden die Früchte auch noch auffälliger durch Teilung der Frucht. Die Samen präsentieren sich dann fast wie ein Auflauf, eingebettet in weißem oder buntem Mark. *Opuntia* erzeugt eine eßbare, stachelige „Birne“ (1.7), die den Tieren ebenso wie dem Menschen schmeckt. Als der Feigenkaktus einst in Südafrika eingeführt wurde, fraßen ihn Paviane und Halbaffen, und er wurde auf diese Weise schnell überall verbreitet. In Arizona konnte man über 50 verschiedene Vogelarten feststellen, die die Früchte des riesigen Kandelaber-Kaktus (*Carnegiea*) fressen. Die Samen all dieser Pflanzen sind klein und hartschalig, so daß sie ohne Schaden das Verdauungssystem der Tiere passieren können und dann gleich in dem vorbereiteten „Komposthaufen“, dem Kot der Tiere, auskeimen können. Tatsächlich gibt es einige Samen, die nicht gleich keimen, wenn man sie sofort von der Frucht her einsät; sie müssen zuvor durch das Verdauungssystem eines Tieres gegangen und so schon biologisch vorbehandelt sein. Man muß diese Samen daher erst anfeilen oder chemisch behandeln (z. B. mit Kalilauge. Vorsicht, Kalilauge ist stark ätzend!).
Cissus (15.5) und *Cyphostemma* (2.21), Verwandte der Weinrebe, besitzen große Kerne, die wohl nicht geschluckt, sondern ausgespuckt werden oder aber am Schnabel eines Vogels hängenbleiben, der sie dann irgendwo wieder abwischt und somit verbreitet.
Die winzigen Früchte der *Peperomia*, die an langen, grünen Ähren sitzen (9.2), sind besonders klebrig und werden wahrscheinlich von Vögeln transportiert, an deren Beinen und Flügeln sie sich festkleben. Dies würde jedenfalls die weite Verbreitung dieser Gattung in Südamerika und auf vielen tropischen Inseln erklären.

Verbreitung durch den Menschen. Der Mensch, der den bei weitem verwirrendsten Einfluß auf die natürliche Verbreitung der Pflanzen ausübt, verbreitet diese bewußt und unbewußt auf den verschiedensten Wegen über die ganze Welt. Samen haften an Kleidern, Wagenrädern, Zügen und Flugzeugen und reisen von Ort zu Ort. Sie werden mit Saatgut, Chemikalien, Vogel- und Viehfutter, Gemüse, Pflanzenfasern, Wolle, Fellen, Schutt und Straßenbaumaterial weiterverbreitet.
Der Mensch hat die Verbreitung einiger Pflanzenarten so stark beeinflußt, daß der ursprüngliche Standort heute kaum mehr zu bestimmen ist. Aber wenn wir Pflanzen an neue Standorte bringen und in eine neue Umgebung pflanzen, sichern wir doch zumindest ihr Überleben, wenn einmal ihr ursprünglicher Standort zerstört worden ist.

Rechts (4.18): *Rhipsalis baccifera* ist anscheinend der einzige wilde Kaktus außerhalb der Neuen Welt (hier als tropischer Waldepiphyt in Ghana). Aus den winzigen Blüten werden saftige, weiße Beeren.

Unten (4.19): Längsschnitt durch den abgeplatteten Blütenstand einer *Dorstenia*. Man sieht hier die Blüten und die in Taschen versenkten Früchte.

5: Vermehrung und Entwicklung

Variationen über ein Thema

Die Genetik ist die Wissenschaft von der Vererbung, den Erbänderungen und den Ähnlichkeiten und Unterschieden der Nachkommen. Sie befaßt sich mit den Erbfaktoren (Genen) und der Art und Weise, wie diese von Generation zu Generation weitergegeben werden. Die Erbanlagen oder Gene liegen im Zellkern auf den Chromosomen.

Die Chromosomen

Chromosomen sind fadenförmige Gebilde, die sich im Zellkern jeder Pflanzen- oder Tierzelle befinden und die die Gene tragen. Die Anzahl der Chromosomen pro Zelle ist je nach Art konstant. Chromosomen kann man lichtmikroskopisch sichtbar machen – allerdings sind sie nur im Mitosekern, also in ihrer sog. Transportform, deutlich als gedrungene, wurstförmige Gebilde zu erkennen. Schneiden wir z. B. junge Wurzelspitzen einer Zwiebel ab, färben sie an und quetschen sie, so können wir unter dem Mikroskop diese fädigen Gebilde gut erkennen (5.2). Kakteen z. B. besitzen meist 22 Chromosomen in einem diploiden Kern – 11 vom Vater und 11 von der Mutter, wobei sich immer zwei Chromosomen in Form und Größe entsprechen, also homolog sind. Und auf jedem dieser Chromosomen sind die Erbfaktoren oder Gene „aufgereiht". Im einfachsten Fall steuert ein Gen eine Eigenschaft – z. B. die Blütenform, oder die Blütengröße, oder die Blütenfarbe.

Oft kommt es auch vor, daß sich die Gene rein zufällig oder aber auch durch Umwelteinflüsse ändern, d. h. sie mutieren. Solchen Mutationen, ob Änderungen der Gene oder ganzer Chromosomen, verdanken wir die Vielfalt der heute vorhandenen Pflanzen und Tiere.

Zellteilung

Alle höheren Pflanzen und Tiere nehmen wohl ihren Ursprung aus der Vereinigung zweier verschiedengeschlechtlicher Keimzellen (Gameten), d. h. die Zellen und die Zellkerne verschmelzen miteinander. Dabei kommen immer zwei entsprechende (homologe) Chromosomensätze zusammen, der neue Kern enthält also einen doppelten Chromosomensatz (diploid) – einen von der mütterlichen und einen von der väterlichen Zelle. Diesen diploiden Chromosomensatz erhalten dann auch alle durch Teilungen von Zelle und Kern entstehenden Zellen.

Zellen vermehren sich nur durch Teilung. Diese hängt immer auch mit der Teilung des Zellkernes zusammen. Bei der Kernteilung, die auch Mitose genannt wird, teilen sich die einzelnen Chromosomen in zwei gleiche Tochterchromosomen oder Chromatiden, die dann voneinander getrennt und auf die beiden Tochterzellen verteilt werden. Auf diese Weise erhält jede Tochterzelle den gleichen Chromosomensatz.

Als Vorspiel zur Entwicklung der Fortpflanzungszellen oder Gameten machen die Chromosomen eine besondere Teilung durch – die Meiose oder Reduktionsteilung. Die Gameten dürfen nämlich vor der Verschmelzung nur noch einen haploiden Chromosomensatz haben, da sonst bei der Zellkernverschmelzung die Chromosomensätze wieder verdoppelt würden, was zu einer ungeheuren, unmöglichen Chromosomenzahl pro Zelle führen müßte. Bei dieser Reduktions-Teilung, aus der die (haploiden) Gameten hervorgehen, bleibt es dem Zufall überlassen, welches Chromosom von jedem homologen Paar in einen bestimmten Gameten gelangt. Es kann das ursprünglich vom Vater stammende sein oder aber das mütterliche. So ergeben sich bei der Befruchtung immer wieder Neukombinationen. Diese Neukombination der Chromosomen bedingt natürlich eine Neukombination der Erbfaktoren, zwei Individuen sind nach dem Zufallsgesetz also nie gleich (5.1).

Was uns die Chromosomen erzählen

Betrachten wir Chromosomen unter dem Mikroskop, so betrachten wir gewissermaßen den Bauplan des Lebens. Es würde den Rahmen dieses Buches sprengen, würden wir jetzt genau auf die chemischen und physikalischen Eigenschaften der Chromosomen eingehen. Es müssen hier einige einfache Beispiele genügen, um zu zeigen, wie die Anzahl, die Form und das Paarungsverhalten der Chromosomen dem Evolutionisten und dem Züchter bei ihren Forschungen und Entwicklungen weiterhelfen können.

Die pflanzliche Zelle
Eine Pflanzenzelle besteht aus Zellkern, Zytoplasma und einer zellulosehaltigen Zellwand. Im Zellkern liegen die Chromosomen, auf denen die Erbfaktoren (Gene) aufgereiht sind. **Mitose:** Der Zellkern teilt sich in zwei Tochterkerne mit diploiden Chromosomensätzen. Vor einer Befruchtung findet bei der Bildung der Geschlechtszellen eine Reduktionsteilung (**Meiose**) statt, bei der aus einer diploiden Zelle (die zwei Chromosomensätze enthält) vier haploide Tochterzellen (mit nur je einem Chromosomensatz) entstehen. Bei der Befruchtung entstehen durch Verschmelzung der haploiden Geschlechtszellen wieder diploide Zellen.

Rechts (5.1): Abweichungen bei den Sämlingen einer Population von *Echinocereus reichenbachii.* Dieses Bild demonstriert deutlich, welch ein Unsinn es ist, eine Art anhand einer einzigen Pflanze bestimmen zu wollen.

5: Vermehrung und Entwicklung

5: Vermehrung und Entwicklung

Sehr viele wildwachsende Pflanzen sind polyploid, d. h. sie besitzen ein Mehrfaches des normalen Chromosomensatzes in jeder Zelle. (Der Normalfall ist die Diploidie; Polyploidie ist eine Form der Mutation, eine sog. Genommutation). Manchmal findet man Polyploidie sogar innerhalb ein und derselben Art, z. B. bei *Rhipsalis baccifera* (4.18): mit 22 Chromosomen kommen sie diploid in Brasilien, Paraguay und Bolivien vor, mit 44 Chromosomen tetraploid in Mexiko, Costa Rica, Kamerun, Kenia und Madagaskar und mit 88 Chromosomen octoploid ebenfalls in Madagaskar.
Die großen wasserspeichernden Zellen einiger Mesembryanthemaceen besitzen oft sogar einen 16-fachen Chromosomensatz. Diese Zellen haben jedoch nichts mit der Vermehrung zu tun – die Pflanze erzeugt normale haploide männliche und weibliche Geschlechtszellen. Nicht nur die Anzahl der Chromosomen ist von Art zu Art verschieden, auch die Form der einzelnen Chromosomen ist unterschiedlich. Der Chromosomensatz der Aloineen z. B. besteht in der haploiden Zelle aus 7 Chromosomen (n = 7), vier langen und drei kurzen. Sehr ausgeprägte Größenunterschiede der Chromosomen finden wir z. B. bei den Agavaceen: *Agave* und *Yucca* wurden ursprünglich in zwei getrennte Familien gestellt, bis man darauf kam, daß beide Gattungen den gleichen Chromosomensatz aufweisen: 5 große und 25 kleine Chromosomen je Zelle. Da es unwahrscheinlich ist, daß sich ein solches Merkmal zweimal gleich entwickelt, wurde so die enge Verwandtschaft dieser beiden Gattungen erkannt.
Die Aufgabe der Meiose besteht also darin, die Chromosomenzahl zu reduzieren und das väterliche und mütterliche Erbgut willkürlich zu verteilen. Die gleichmäßige Verteilung der homologen Chromosomen auf die Tochterzellen ist wesentlich für die Produktion gut funktionierender männlicher und weiblicher Geschlechtszellen. Bei einem Bastard enthalten die beiden Chromosomensätze unterschiedliche Gene oder eine unterschiedliche Anordnung der Gene. Im nachfolgenden Durcheinander können viele Pollenkörner oder Eizellen dann nur eine ungerade Anzahl von Chromosomen enthalten oder sind überhaupt nicht funktionstüchtig. Eine solche Unfruchtbarkeit bei Bastarden ist z. B. schon seit langem beim Maultier bekannt. Maultiere können untereinander nicht gepaart werden, bzw. keine Nachkommen erzeugen. Auf diese Weise wird in der Natur

Die Chromosomenzahl
In den Geschlechtszellen, d. h. den Pollenkörnern und den Eizellen, finden wir eine haploide Anzahl von Chromosomen (n).

Z. B.: Aloineen n = 7, Mesembryanthemaceen n = 9, sukkulente Euphorbien n = 10, Kakteen und Stapelien n = 11, Agaven n = 30.
Jede andere Pflanzenzelle enthält einen diploiden Chromosomensatz, von dem je eine Hälfte von jedem Elternteil stammt (2n). Besitzt eine Zelle den drei- oder mehrfachen haploiden Chromosomensatz, so ist sie polyploid. So hat z. B.:

Ruschia impressa	2n = 18 (diploid)
Ruschia nonicompressa	2n = 36 (tetraploid)
Ruschia uncinata	2n = 54 (hexaploid)
Haworthia tessellata	2n = 14, 28, 42 oder 56 (je nach Population)

Zellen mit mehr oder weniger als einem ganzzahligen Vielfachen des haploiden Chromosomensatzes nennt man aneuploid, z. B.
x *Gastrolea nowotnyi* 2n = 20 (7 × 3–1) – (das x kennzeichnet den Bastard).

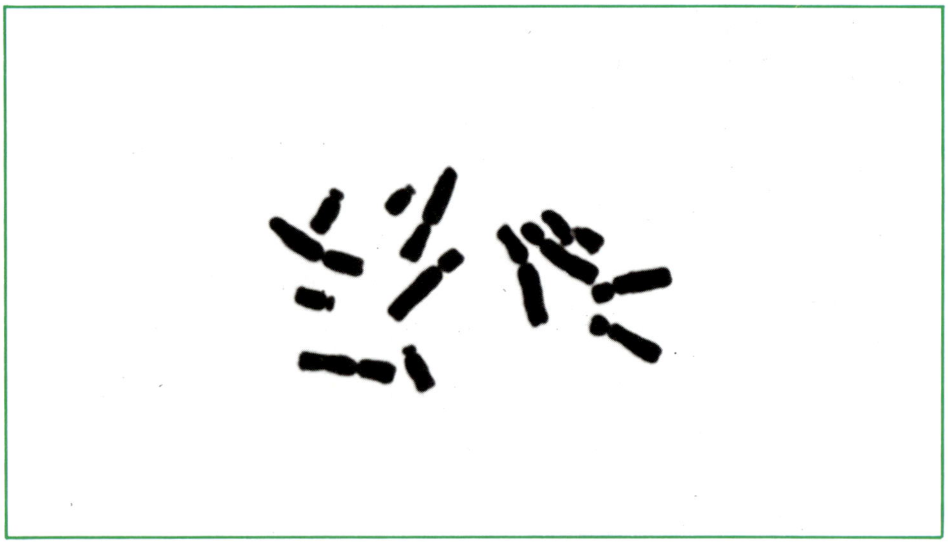

Oben rechts (5.2): Die 14 Chromosomen von *Bulbine aloides* (1900 × vergrößert). Man beachte die Größenunterschiede und den Knick, der jedes Chromosom in zwei Arme teilt (Centromer).

Rechts (5.3): Diese kultivierten *Portulaca grandiflora* zeigen deutlich die Unterschiede in der Blütenfarbe. Interessant auch die Blütenverdoppelung.

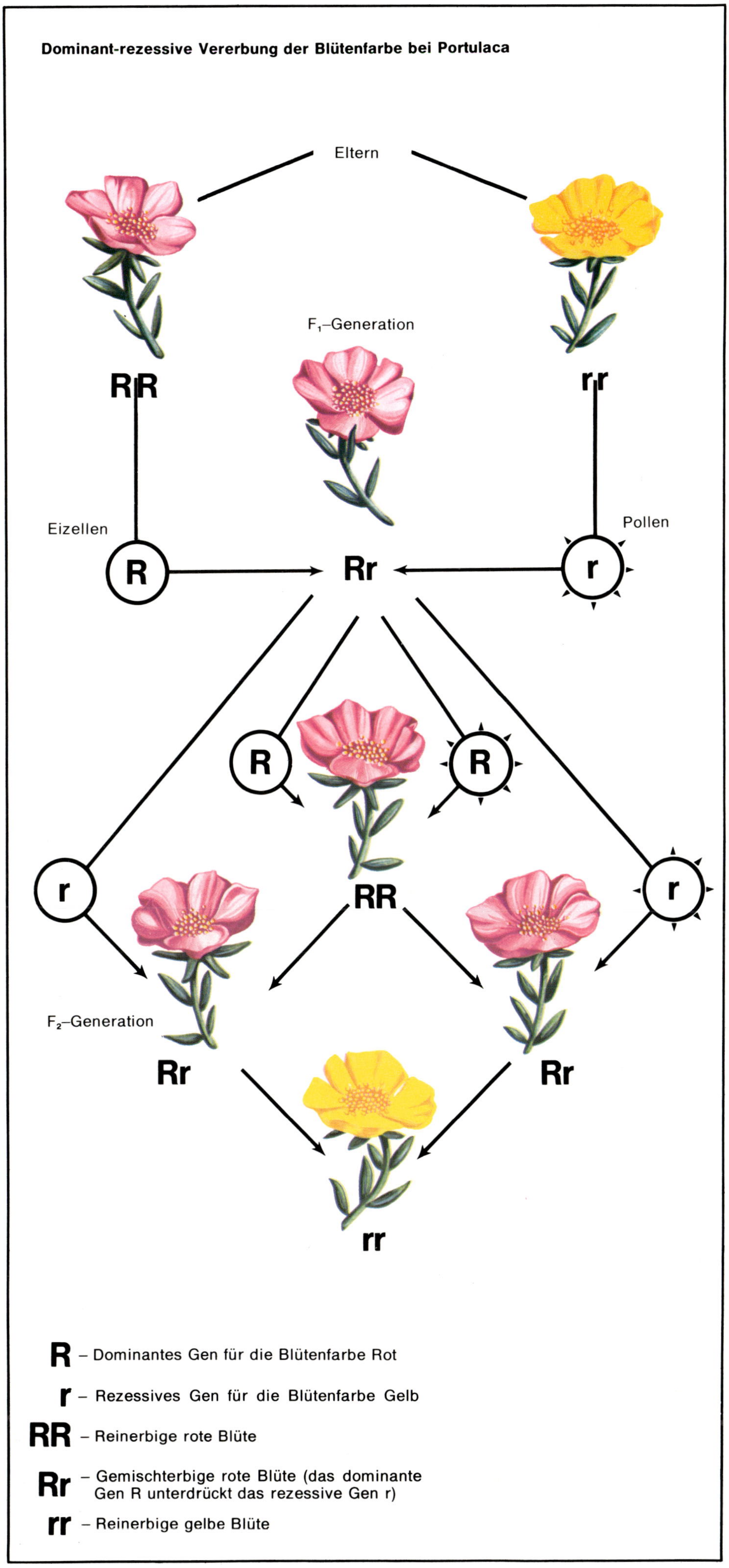

auch die zufällige Kreuzung zwischen verwandten, nebeneinander aufwachsenden Arten verhindert.
Kreuzungen mit Arten, die eine ungerade Chromosomenzahl besitzen, wie z. B. ein triploider Kaktus mit 33 Chromosomen, können bei der Meiose nie eine gerade Anzahl Chromosomenpaare ergeben. Ein Züchter würde seine Zeit verschwenden, wollte er den tetraploiden *Mediocactus coccineus* mit einem diploiden *Epiphyllum* kreuzen und Nachkommen erwarten.

Die Mendelschen Regeln

1865 fand der Brünner Abt Gregor Mendel als erster als Ergebnis seiner Kreuzungsversuche die mathematischen Grundlagen der Vererbung. Wir wollen diese Regeln einmal anhand eines einfachen Beispiels durchgehen: der rot- und gelbblühenden *Portulaca grandiflora* (5.3). Die rote Blütenfarbe wird von dem Gen R gesteuert, die gelbe von dem Gen r. Eine reinerbige (homozygote) rote *Portulaca* besitzt das Genpaar RR, mit zwei R-Genen an den gleichen Stellen auf den korrespondierenden Chromosomen, eines von jedem Elternteil. Eine reinerbige gelbe *Portulaca* besitzt das Genpaar rr. In der roten Pflanze tragen alle Keimzellen das eine Gen R; in der gelben Pflanze tragen alle Keimzellen das eine Gen r. Kreuzen wir nun eine rote mit einer gelben Pflanze (5.4), so haben alle Nachkommen in der ersten Tochtergeneration (F_1-Generation) das Genpaar Rr. Die F_1-Generation trägt lauter rote Blüten, genau wie der rotblühende Elternteil. Das kommt daher, daß das Gen R dominant, das Gen r rezessiv ist, so daß, wenn sich diese beiden Gene in einer Zelle treffen, das dominante Gen R die Wirkung des rezessiven Gens r unterdrückt (dominant-rezessiver Erbgang). Es verhalten sich jedoch nicht alle Genpaare so: Manchmal zeigt die F_1-Generation ein Aussehen, das zwischen dem der beiden Eltern liegt. Man muß jedoch beachten, daß sich bei diesen Hybriden die charakteristischen Merkmale aber nicht wie Tinte und Wasser vermischen: Jedes Gen behält seine Identität, und obwohl es in der einen Generation phänotypisch nicht zu erkennen ist, kann es sich in der nächsten dann wieder zeigen. Dies sieht man, wenn man die roten *Portulaca* der F_1-Generation miteinander kreuzt. Wir haben nun zwei Arten von Gameten: eine Hälfte mit R und eine Hälfte mit r. Durch die Verschmelzung der männlichen und weiblichen Geschlechtszellen erhalten wir nun drei Typen von Nachkommen: RR, Rr und rr. Von diesen blühen RR und Rr rot, die ohne das Gen R blühen gelb. Nach der von Mendel aufgestellten Regel

Links (5.4): Vererbung der Blütenfarbe in einem dominant-rezessiven Erbgang. Beide Mendelschen Regeln sind zu sehen: 1. Uniformitätsregel für alle Mitglieder der F_1-Generation. 2. Spaltungsregel: Aufspaltung der F_2-Generation im Verhältnis 3:1.

erhalten wir ein Verhältnis von roten zu gelben Blüten von 3:1. Alle roten Pflanzen der F_2-Generation sehen phänotypisch gleich aus. Mit einer weiteren Kreuzung können wir dann die Paarung RR von der Paarung Rr trennen.
Ist das Gen R nicht voll dominant über das Gen r, so können wir die einzelnen Typen schon vom Phänotyp her erkennen, wir erhalten dann das Mischungsverhältnis 1 rot: 2 orange: 1 gelb.
Die Mendelschen Regeln lassen sich gleichermaßen auf Tiere und Pflanzen anwenden, wenn auch nicht immer in so einfacher Form, wie in unserem obigen Beispiel. Es können z. B. mehrere Gene nur eine einzige Eigenschaft steuern (Polygenie), so die Zahl der Rippen und den Grad der weißen Fleckung bei *Astrophytum*. Es kann aber auch sein, daß ein Gen mehr als eine einzige Eigenschaft bestimmt (Polyphänie). Betrachten wir zwei Merkmale statt nur einem, dann erhalten wir in der F_2-Generation vier mögliche Kombinationen im Verhältnis 9 : 3 : 3 : 1. (Vorausgesetzt, daß die Gene für die beiden Merkmalspaare auf verschiedenen Chromosomen liegen.)

Die Entwicklung pflanzlichen Lebens

Die Geschichte der Entwicklung pflanzlichen Lebens auf der Erde ist die Geschichte der Eroberung trockenen Landes. Zuerst entwickelte sich pflanzliches Leben unter Wasser (Algen). Im Verlauf der weiteren Entwicklung wurden die Pflanzen zunehmend von einem dauernden Wasserangebot unabhängig – zumindest für einen Teil ihres Lebenszyklus – und konnten so das trockene Land besiedeln. Moose, Farne und Bärlappe wachsen noch heute meist an feuchten, schattigen Orten und benötigen bei der Befruchtung unbedingt Wasser. Zuletzt haben sich dann die Blütenpflanzen entwickelt, die erfolgreichste aller Pflanzengruppen, mit besserer und speziellerer Anpassungsfähigkeit und wirkungsvollerer Vermehrung durch Samen.
Die Kohle erinnert uns noch an einige weniger erfolgreiche pflanzliche Mitbewerber im Überlebenskampf. Sie ist zum großen Teil aus baumgroßen farnartigen Gewächsen entstanden.

Der fehlende Zeuge. Die einzigen unwiderlegbaren Beweise pflanzlichen Lebens vor Urzeiten sind Versteinerungen. Durch sie konnte man den Ursprung der Blütenpflanzen in die Kreidezeit legen, also vor etwa 115–100 Millionen Jahren. Eine starke Zunahme in der späten Kreidezeit machte sie zu den beherrschenden Landpflanzen. Leider findet man Versteinerungen von Blütenpflanzen nur selten – von Sukkulenten überhaupt nicht, da die heißen, trockenen Klimate, in denen Sukkulenten vorkommen, anscheinend keine Versteinerungen hervorgebracht haben. Unter den ersten Blütenpflanzen, die man aus den Versteinerungen erkennen konnte, waren Magnolien und „Kätzchen" tragende Bäume. Man kann jedoch annehmen, daß die Xerophyten und Sukkulenten zu den jüngsten Blütenpflanzen gehören. Das Vorkommen verwandter Sukkulenten auf verschiedenen Kontinenten zeigt aber auch, daß der gemeinsame Ursprung dieser Pflanzen vor dem Auseinanderdriften

Unten: Konvergente Entwicklungen bei Sukkulenten: links (5.5) *Opuntia tephrocactoides* in Südamerika – rechts (5.6) *Euphorbia caput-medusae* in Südafrika.

der kontinentalen Landmassen liegen muß.

Entwicklungsgeschichtliche Richtungen. Auf den Seiten 16/17 haben wir eine Einteilung der Pflanzen in Sukkulenten und Nichtsukkulenten. Hier hat Takhtajan seine Version eines „Pflanzenstammbaumes“ aufgezeichnet – es gibt jedoch noch sehr viele andere Einteilungen des Pflanzenreiches und andere Systeme. Jeder kann z. B. die Mesembryanthemaceen in einer Reihe anordnen, die fortschreitenden Xeromorphismus zeigt: beginnend mit einem belaubten Strauch, wie z. B. *Aptenia,* der kaum sukkulente Merkmale zeigt und der verschiedene Zwischenstufen der Transpirationshemmung und der Oberflächenreduktion durchläuft – strauchiger *Lampranthus* (11.2) und *Ruschia* (11.9), stammloser *Cylindrophyllum* und *Bergeranthus* bis zu der kompaktesten Sukkulentenform von *Pleiospilos* (11.4), *Argyroderma* (11.24) und *Conophytum* (11.26). – Aber nun aus dieser Aufstellung zu schließen, daß sich eine Art aus der anderen entwikkelt hat, wäre völlig falsch. Zum einen sind die Früchte der einzelnen Arten völlig anders aufgebaut, so daß man sie in verschiedene Unterstämme der Familie einordnen muß, zum anderen müssen wir die evolutive Parallelentwicklung bestimmter Anpassungsmerkmale bei nicht verwandten Organismen, die sog. Konvergenz, berücksichtigen.

Sukkulenten zeigen eine solche Konvergenz in besonders hohem Maß: Ein amerikanischer Kaktus kann auf den ersten Blick den afrikanischen Euphorbien, *Pachypodium* oder *Hoodia,* derart ähnlich sehen, daß man den Unterschied erst beim genauen Hinsehen erkennt (5.5,6). – Kein Wunder, daß der Laie sie alle Kakteen nennt! Doch wir wissen, daß sie Welten trennen, was ihre Abstammung betrifft. Ihre Blüten und Früchte beweisen, daß sie verschiedenen Ordnungen angehören. Man könnte viele Beispiele konvergenter Entwicklung anführen. Es scheint so, als seien die Bedingungen in Gebieten mit starker Sonneneinstrahlung und periodischer Dürre so hart, daß nur sehr wenige Lebensformen sie ertragen können, die dann immer wieder kakteenähnliche Gestalt entwickeln.

Ein evolutionärer Trend ist oft sehr schwer festzustellen. Sind die Rippen eines Kaktus das Ergebnis einer Verschmelzung von Höckern, oder waren die Rippen zuerst da und warfen sich dann zu Höckern auf? Wahrscheinlich sind beide Entwicklungsformen aufgetreten, aber das ist nicht sicher. Sicher ist jedoch eines: Die Organe entwickeln sich unabhängig voneinander als Antwort auf verschiedene Umweltreize. Das eine Organ kann sich in hohem Maße spezialisieren, während ein anderes sich lange Zeit kaum verändert. So haben sich bei allen Kakteen die Körperformen außergewöhnlich stark entwickelt und verändert, die Blüten haben sich aber kaum über den Stand einer Magnolien- oder Seerosenblüte hinaus entwickelt und ihre primitive spiralige Anordnung beibehalten. *Pereskia* (16.4) z. B. gehört zu den nicht sehr hochentwickelten Kakteen. Sie wirft jährlich ihre dünnen Blätter ab, ist kaum sukkulent und besitzt wenig spezialisierte Blüten und Früchte. Aber sie hat voll entwickelte Areolen – ein Merkmal hochspezialisierter Kakteen. Manchmal jedoch ist eine Entwicklung deutlich zu erkennen: Es wäre z. B. schwer vorstellbar, daß den stachellosen Astrophyten (16.31) plötzlich da

5: Vermehrung und Entwicklung

Stacheln wachsen, wo vorher keine waren. Viel einfacher ist es, sie als sekundäre Abkömmlinge stacheliger Kakteen zu betrachten, bei denen die Bestachelung verkümmert ist. Diese These wird noch unterstützt durch die feine Bestachelung der Sämlinge – Sämlinge sind meist noch sehr konservativ und zeigen Merkmale, die die erwachsene Pflanze nicht mehr besitzt. Allein durch das Studium heute lebender Pflanzen kann man sich nie ganz sicher über die Abstammung der Sukkulenten sein. Bei einem Stammbaum sehen wir nur die Spitzen der Verzweigungen, nicht die Abzweigungen und den Stamm selbst. Sie werden uns wohl für immer verborgen sein.

Die Entstehung der Arten

Neue Arten entstehen entweder unverhofft oder über lange Zeiten hinweg aus alten, schon vorhandenen. Die plötzliche Entstehung einer neuen Art geht auf eine Änderung der Chromosomen zurück. Nehmen wir einmal an, zwei verwandte, diploide Arten haben die genetische Anordnung AA und BB. Die Nachkommen der F_1-Generation besitzen dann alle die genetische Anordnung AB (siehe Seite 65). Nehmen wir nun an, daß durch irgendeine Beeinflussung der Zellteilung eine Pflanze entsteht, die einen doppelten Chromosomensatz behält: eine Tetraploide mit AABB. Bei der Meiose kann sich nun jedes A-Chromosom mit seinem eigenen A-Partner paaren, jedes B-Chromosom mit einem anderen B-Chromosom. Die Fruchtbarkeit ist hergestellt, und der Ablauf kann sich wiederholen. Der Samen ist reinerbig, und die neue Pflanze von ihren Eltern isoliert, da Rückkreuzung zu sterilen, triploiden AAB oder ABB führen würde. Eine neue Art ist entstanden. Wie aber kommt es zu einer Chromosomenverdoppelung? Im Labor läßt sich dies leicht durch einen Eingriff in die normale Zellteilung herbeiführen: Mit Hilfe von Colchicin, einem giftigen Alkaloid der Herbstzeitlosen *Colchicum*, kann man die Trennung der während der Kernteilung längsgeteilten Chromosomen und die Verteilung der Tochterchromosomen auf entgegengesetzte Zellpole verhindern. Dadurch entstehen nach der Teilung eines Zellkernes keine zwei Zellen, sondern ein tetraploider Zellkern mit vier statt zwei Chromosomensätzen in einer Zelle. So entstand z. B. *Kalanchoe vadensis* bei der Kreuzung von *Kalanchoe blossfeldiana* mit *Kalanchoe grandiflora* durch Verdoppelung der diploiden Chromosomenzahl.

In der Natur können solche tetraploiden Pflanzen durch Genommutationen spontan entstehen.

Eine Pflanzenpopulation kann entweder durch Besiedelung eines neuen Gebietes oder durch Entwicklung von Barrieren innerhalb des Vermehrungsprozesses – wodurch die Möglichkeit des Genaustausches mit anderen Populationen ausgeschlossen wird – ganz oder teilweise isoliert werden.

Die Entwicklung der Sukkulenten

Viele Standorte von Sukkulenten deuten darauf hin, daß sie aktiv bei der Entwicklung mitgewirkt haben. Es sind Gebiete mit Bergen und Tälern, mit starken tages- oder jahreszeitlich abhängigen Schwankungen der Temperatur und des Niederschlages, mit unterschiedlichen Bodentypen und unterschiedlichen Höhenlagen. Anstöße zu einem Wechsel gibt es viele: ungewöhnliche Frost- und Dürreperioden, Hurrikane, Erdbeben und Vulkanausbrüche. In für das Wachstum günstigen Zeiten jedoch können sich viele verschiedene

Rechts (5.7): Dieser riesige Kandelaber-Kaktus in Arizona (*Carnegiea gigantea*) zeigt alle Entwicklungsstadien, vom Sämling bis zur abgestorbenen, adulten Pflanze.

Unten (5.8): Isolierte Inselvorkommen sind oft sehr aktive Entwicklungszentren. Auf den vergleichsweise kleinen Kanarischen Inseln haben sich z. B. 31 verschiedene *Aeonium*-Arten entwickelt.

5: Vermehrung und Entwicklung

Arten ausbreiten und überlappen. In den Überlappungsgebieten aber entstehen massenweise Hybriden. Am Kandelaber-Kaktus in Arizona konnte man feststellen, daß jahreszeitliche Veränderungen die Ausbreitung dieses Kaktus beeinflußten: Schwankende Mindesttemperaturen im Winter bilden den begrenzenden Überlebensfaktor (5.7), und seine westliche Ausbreitung über den Colorado nach Kalifornien schränkt der fehlende Sommerregen ein.

Ein weiteres Evolutionszentrum bilden die Kanarischen Inseln, die auf einem kleinen Gebiet sehr viele verschiedene Lebensbedingungen bieten. Hier gibt es 31 endemische Arten von *Aeonium* (5.8) und unzählige Hybride aus ihnen. Eine ähnlich lebhafte Entwicklung finden wir bei den Kakteen der Anden, bei denen es schwerfällt, die einzelnen Arten voneinander abzugrenzen. Großes Interesse besteht aber auch an der Inselflora. Wie sind die verschiedenen Pflanzen dorthin gekommen, und von wo kamen sie? Wie haben sie sich in der Isolation verändert? Darwin stellte z. B. fest, daß die Inselflora gewöhnlich weit weniger Arten aufweist als das Festland, dafür aber sehr viele endemische Pflanzen besitzt.

Umwelteinflüsse

Was bisher über Genetik und Evolution gesagt wurde, bezog sich in der Hauptsache auf das, was vererbt wird. Es gibt aber auch viele Veränderungen, die durch die Ernährung, das Klima, Krankheiten oder andere Umwelteinflüsse verursacht werden (6.2). Rot gefärbte Blätter z. B. können die Folge von Phosphat-, gelb gefärbte die Folge von Eisenmangel sein. Kümmerpflanzen gehen meist auf schlechte oder falsche Ernährung zurück. Solche Veränderungen (Modifikationen) kommen jedoch nur bei der direkt beeinflußten Pflanze vor und sind nicht vererbbar. Eine derart gestörte Pflanze kann sich ohne weiteres wieder erholen und völlig normal aussehen. Solche Modifikationen kommen auch oft bei einigen importierten Sukkulenten aus milden, feuchten Gebieten vor. Sie sind so frappierend, daß der Liebhaber oft meint, eine neue Art vor sich zu haben.

Unten links (5.9): Mimikryform bei Asclepiadaceen: Die ca. 20 cm große *Hoodia* vor dem natürlichen felsigen Hintergrund in Südwestafrika. Auf kurze Distanz gesehen, wirken diese Pflanzen noch unscheinbarer.

Unten rechts (5.10): Mimikryform bei Mesembryanthemaceen: Ein *Lithops* mit vielen Köpfen im felsigen Gestein Südwestafrikas.

Natürliche Täuschung

Ein Entwicklungsprozeß mit ganz eigener Faszination ist die Mimikry, d.h. die schützende Ähnlichkeit eines Lebewesens mit einem anderen oder mit einem toten Gegenstand, z.B. die Ähnlichkeit einer Pflanze mit einem Stein. Im Tierreich ist die Mimikry sehr weit verbreitet und perfektioniert: Harmlose Schwebfliegen ähneln stechenden Wespen, Schmetterlinge sehen aus wie abgestorbene Blätter.

Aber auch bei den Pflanzen gibt es bekannte Beispiele für Mimikryformen:

Ein gut bekanntes Beispiel bei den europäischen Pflanzen bietet die Taubnessel (*Lamium* spec.), die ihren Namen aufgrund ihrer Ähnlichkeit mit der Brennessel (*Urtica* spec.) erhalten hat, jedoch selbst keine Brennhaare besitzt. Beide Arten kommen im allgemeinen zusammen vor, ein näherer Blick auf die Blüten zeigt uns jedoch, daß sie nicht miteinander verwandt sind. Die besten Beispiele für Mimikry bei den Sukkulenten gibt es bei den Mesembryanthemaceen: Viele der stengellosen Gattungen sind besonders unauffällig und heben sich kaum von ihrer Umgebung ab (5.9,10), *Didymaotus* (11.18) ist kaum von den umherliegenden Granitsteinen zu unterscheiden, und die weiße, überkrustete *Titanopsis* (11.20) paßt sehr gut in die Umgebung von Quarzsplittern. Am anpassungsfähigsten sind aber, wie schon gesagt, die „lebenden Steine" *Lithops* (5.10). Man kann direkt vor ihnen stehen und sieht sie doch nicht. Alle bekannten *Lithops*-Arten harmonieren bis zu einem gewissen Grad mit ihrem Untergrund und ihrer Umgebung. Mir persönlich ist kein Beispiel bekannt, wo sie in starkem Kontrast zu ihrer Umgebung stehen. So vielfältig wie die verschiedenen Standorte sind, so vielfältig sind Farben und Muster der *Lithops*-Arten (11.27,28) – vom einfachen Grau oder Braun bis zu verzwickt gesprenkelten Mustern. Sie passen sich dem weißen Quarz genauso an wie dem rissigen Lehm ausgetrockneter Flußbetten. Wo mehrere Gesteinsarten gleichzeitig vorkommen, sind sie auf die Stellen beschränkt, denen sie am besten angepaßt sind.

Die Liebhaber präsentieren ihre *Lithops* oft in „natürlicher" Umgebung, d.h. sie pflanzen sie in große Tröge und geben sich Mühe, Kieselsteine dazwischen zu legen. die den Blättern so ähnlich wie möglich sehen. Aber so kommen die „lebenden Steine" in der Natur überhaupt nicht vor. Hier ist eine unregelmäßige Tarnung viel gebräuchlicher und zweckmäßiger: Graue Lithops mit braunen Sprenkeln z.B. kann man zwischen grauem Schiefer oder Quarz und braunem Granitgeröll finden, also zwischen zwei ganz verschiedenen Gesteinsarten.

Bevor wir jedoch voreilige Schlüsse über die Schutzfunktionen der Musterung z.B. der *Lithops* ziehen, müssen wir erst noch eine Reihe von Fragen beantworten:

Sehen weidende Tiere ihre Umwelt ähnlich wie wir? Lassen sie sich ebenso leicht täuschen? Haben *Lithops* noch andere abschreckende Einrichtungen, wie z.B. einen ungenießbaren Saft, um ihre Ausrottung zu verhindern?

Es gibt außer den verschiedenen *Lithops*-Arten aber auch noch andere Sukkulenten, die sich gut ihrer Umgebung anpassen können: In Südwestafrika bin ich fast über die großen, robusten *Hoodia* gestolpert, ohne sie als solche zu erkennen, da ihre grauen Stämme mit den schwärzlichen Höckern so sehr den umgebenden Felsen ähneln, daß man sie kaum unterscheiden kann (5.9). In Amerika nennt man bestimmte *Ariocarpus*-Arten (16.33) „lebende Felsen", da sie große Ähnlichkeit mit den sie umgebenden Gesteinsbrocken besitzen. Die winzigen weißen Gewächse einiger *Anacampseros*-Arten (12.3) unterscheiden sich kaum von Vogelexkrementen und sind so vor dem Gefressenwerden geschützt.

Die Zucht neuer Sukkulenten

Ein Züchter kann in seinem Leben Hybriden hervorbringen, zu denen die Natur Jahrtausende bräuchte. Der Mensch kann Entwicklungen beschleunigen, er kann Pflanzen weit auseinanderliegender Gebiete miteinander kreuzen, ja er kann sogar neue Quellen erschließen, indem er die Chromosomen mit Chemikalien, Strahlen und anderen ausgeklügelten Labortechniken verändert. Solche Zuchtmethoden sind heutzutage bei der Getreide- und anderer Nutzpflanzenzucht gang und gäbe, mit Sukkulenten hat man in dieser Richtung aber bisher kaum gearbeitet. Sehr viele Liebhaber sind sogar gegen das Züchten von Neuheiten und gegen die Beeinflussung des Erbgutes. Gibt es denn nicht schon genug Arten? Hat man denn überhaupt schon alle beschrieben und gefunden? Mit all diesen Fragen mögen die Skeptiker Recht haben, aber überall im Gartenbau wird heutzutage schon gezielt gezüchtet. Hybriden werden „produziert“, die sich den verschiedenen Klimaten ohne weiteres anpassen können.

Aber trotz allem sollten wir mit allen Mitteln versuchen, die wilden Sukkulentenarten zu erhalten, ob an ihrem natürlichen Standort, im botanischen Garten oder im Gewächshaus der verschiedenen Liebhaber und Spezialisten. In privaten, rein unter ästhetischen Gesichtspunkten angelegten Sukkulenten-„Sammlungen“ bieten Hybriden jedoch weit mehr als einige in der Natur vorkommende Arten (8.3, 10.2). Attraktive Neuheiten wie Zwergaloen oder Astrophyten wirken weitaus schöner auf den ersten Blick als einfache wilde Arten und bieten außerdem noch den Vorteil, daß sie die Nachfrage nach noch mehr importierten Arten verringern und so dazu beitragen, den natürlichen Bestand zu erhalten.

Die bisher spektakulärsten Ergebnisse in der Sukkulentenzucht gibt es bei den sog. Phyllokakteen, deren Vorfahren meist epiphytischen, tropischen Waldkakteen der Gattungen *Nopalxochia, Epiphyllum, Heliocereus* u. a. angehören. Nicht zuletzt bemerkenswert ist die Tatsache, wie leicht sich die Arten der verschiedenen Gattungen untereinander kreuzen lassen und daß die Hybriden bis zu einem gewissen Grad noch fruchtbar bleiben – ein Phänomen, das bisher nur bei den Orchideen auftrat. Phyllokakteen sehen eigentlich kaum wie Kakteen aus: Die flachen, grünen, fast unbewehrten Triebe (nicht Blätter!) erinnern kaum an einen Kaktus. In der kurzen Blütezeit im Frühsommer sind die Phyllokakteen jedoch ohne Konkurrenz (5.11,12, 8.4): Die großen, trichterförmigen Blüten sind einfach gebaut, weiß mit einem Hauch Rosa, Orange oder Magenta, oft belebt durch einen Stich ins Stahlblaue – ein Erbe von *Heliocereus speciosus*. Zweifelsohne besitzen die Phyllokakteen mit die schönsten Sukkulentenblüten. Auch bei den Aloen und der Gattung *Sempervivum* können die Züchter schon einige Erfolge verzeichnen.

Wie bereits erwähnt, können die angehenden Hybriden-Züchter sehr viel davon profitieren, wenn sie den genetischen Hintergrund der Pflanzen, mit denen sie arbeiten, gut kennen und begreifen. So sahen wir z. B. am Beispiel der *Portulaca* (Seite 65), daß die Unterscheidungsmerkmale der Nachkommen erst in der zweiten Generation, der F_2-Generation, auftauchen, denn alle Mitglieder der F_1-Generation sahen sich ja im Phänotyp vollkommen ähnlich. Es ist daher immer gut, eine zweite Generation heranzuzüchten (falls das möglich ist), um die vielen verschiedenen Möglichkeiten eines Zuchtprogrammes kennen- und begreifen zu lernen. Man sollte daher möglichst viele Pflanzen der F_2-Generation hochziehen, wohingegen man von den Pflanzen der F_1-Generation nur wenige benötigt, da sie sowieso alle gleich aussehen.

Phyllokakteen besitzen die schönsten Blüten der Kakteen überhaupt. Sie sind intergenerische Hybriden aus meist tropischen Kletterpflanzen oder epiphytischen Arten aus zumindest fünf verschiedenen Gattungen. Rechts (5.11): „Eden“, unten (5.12): „Carl von Nicolai“.

5: Vermehrung und Entwicklung

6: Haltung und Pflege

Sukkulentenpflege

Über die Haltung und Pflege von Sukkulenten gibt es genügend Literatur: spezielle Lehrbücher, populäre Handbücher und Zeitschriften (z. B. die Monatszeitschrift „Kakteen und andere Sukkulenten", die die Deutsche Kakteengesellschaft herausgibt). Man kann natürlich behaupten, Sukkulentenpflege sei eine Kunst und könne nicht gelehrt werden. Selbst erfahrene Sukkulentenhalter und -pfleger lernen ständig dazu, und wenn mir einer erzählt, er hätte noch nie eine Pflanze verloren, so würde ich ihm nicht glauben. In einigen Büchern wird bis in alle Einzelheiten beschrieben, wie man Sukkulenten halten soll und wie nicht. Vergleicht man jedoch einige Bücher miteinander, so stößt man immer wieder auf Widersprüche, da viel von dem, was da niedergeschrieben wurde, mehr auf persönlichen Annahmen als auf wissenschaftlich bewiesenen Tatsachen beruht. Leider befaßte sich die Wissenschaft bisher sehr wenig mit Sukkulenten. Die meisten Ratschläge für Haltung und Pflege im Gewächshaus wurden analog aus der Arbeit mit nichtsukkulenten Pflanzen abgeleitet. In den 30er Jahren leistete die John Innes Horticultural Institution in Merton bei London Pionierarbeit auf dem Gebiet der Gewächshauskonstruktion und der Zusammensetzung von Standardkompost. Aber solch ein Erdgemisch für einjährige Treibhausmesophyten ist wohl kaum das Richtige für Sukkulenten, die zwei oder mehr Jahre ohne Umtopfen auskommen, und ein für Gurken entwickeltes Insektizid wird man wohl kaum bei *Crassula oder Lithops* anwenden können. Obwohl wir sehr viel dem technischen Fortschritt verdanken – vom Kunststoffsack über Systemgifte bis zu den neuen Methoden der Samenaufbewahrung und der Gewebekultur – müssen diese allgemeinen Techniken erst den Bedürfnissen der Sukkulenten angepaßt werden.

Zurück zur Natur

Die bisherigen Kapitel haben gezeigt, daß wir viel über die Haltung und Pflege von Sukkulenten lernen können, wenn wir uns mit ihren natürlichen Standorten beschäftigen, vor allem aber mit dem Klimawechsel feucht und trocken, heiß und kalt, der das Wachstum und die Ruhe der Pflanze festlegt. Auch wenn wir bei einigen Sukkulenten – meistens den Bewohnern der feuchten Tropen – die Wachstumsphase das ganze Jahr über aufrechterhalten können, brauchen die meisten jedoch einmal im Jahr eine Ruheperiode. Sie blühen nicht, wenn man diese Ruhezeit nicht einhält, d. h. das Wässern zu Beginn des Winters, wenn weniger Licht und niedere Temperaturen das Wachstum einschränken, nicht absetzt. In den meisten Fällen werden mit dem Abbruch des Wässerns zu Beginn der kalten Jahreszeit die Pflanzen zur „Ruhe" gebracht – selbst wenn die Jahreszeiten denen in ihrer Heimat entgegengesetzt sind. Einige Sukkulenten widersetzen sich jedoch den Versuchen, ihren normalen Jahresrhythmus zu ändern: z. B. *Conophytum,* einige *Gibbaeum*-Arten und einige Zwergmesembryanthemaceen. Die *Aeonium*-Arten der Kanarischen Inseln ruhen meist in unseren nördlichen Sommern – gleichgültig, wie reichlich man sie wässert – und wachsen im Spätherbst. Das Beste ist es, die Pflanzen ganz in Fensternähe aufzustellen, wo es am hellsten ist, und vorsichtig nur so lange zu wässern, wie die Pflanze ihren Wasserbedarf durch Wachsen und Blühen erkennen läßt. Viele Pflanzen sind abhängig von der relativen Länge von Tag und Nacht (Photoperiodismus). Sie blühen nur, wenn die Tageslänge entweder eingeschränkt oder verlängert wird. „Kurztagspflanzen" blühen meist nur dann, wenn die tägliche Dunkelperiode eine gewisse Zeit erreicht oder überschreitet – einfaches Abdecken genügt. „Langtagspflanzen" werden in ihrer Blüte gefördert, wenn die Tageslichtdauer mit Hilfe künstlichen Lichts verlängert wird. Gute Kurztagspflanzen sind *Kalanchoe blossfeldiana* und der Weihnachtskaktus *Schlumbergera.* Zu den Langtagspflanzen gehören u. a. *Sedum spectabile* und *Sedum telephium.* Damit *Echeveria harmsii* blüht, müssen auf einige kurze Tage lange folgen. Bei *Kalanchoe tubiflora, Kalanchoe integra* und *Aloe bulbillifera* ist es umgekehrt, hier müssen auf einige lange Tage kurze folgen. Einige Sukkulenten sind berüchtigt schlechte Blüher in Kultur, auch wenn sie vollentwickelt sind, z. B. *Mitrophyllum* (11.11). Aus einem natürlichen Impuls heraus neigt man dazu, die Tagesdauer zu verlängern. Meist läge jedoch eine Blühchance darin, die Tageslänge zu verkürzen, d. h. nur einige Stunden täglich die Lampen einzuschalten und dann ganz abzudunkeln.

Es wird nie möglich sein, den natürlichen Standort der Sukkulenten im Garten oder Gewächshaus nachzuahmen. Die Sonneneinstrahlung in den Wüstengebieten ist ganz anders als bei uns, die Jahreszeiten sind nicht gleich, und auch die beste Ventilation ersetzt nicht den ewig fächelnden

Rechts (6.1): Eine der berühmtesten südeuropäischen Freianlagen – La Mortola in Italien. Sie wurde 1867 von Thomas Hanbury gegründet und ist seit jeher reich an den verschiedensten Sukkulenten.

6: Haltung und Pflege

6: Haltung und Pflege

Wind in den weiten Ebenen. Und dann kommen ja die importierten Sukkulenten aus den unterschiedlichsten Gebieten. Der Pfleger kann aber meist nur eine allgemeine Umgebung schaffen, die der Mehrheit seiner Pflanzen angepaßt ist. Er muß also entweder auf Außenseiter verzichten oder sie gesondert halten. Ihm kommt allerdings zugute, daß die Bedingungen in einem kleinen Gewächshaus sehr unterschiedlich sind: Neben so offensichtlichen Unterschieden wie dem Anteil von Schatten in Glas- oder Bodenhöhe gibt es tages- und jahreszeitliche Zyklen und Schwankungen von Temperatur und Luftfeuchtigkeit. Die Luftfeuchtigkeit am Rand des Gewächshauses, vor allem aber in der Nähe der Ventilatoren ist weitaus geringer als die in der Mitte des Gewächshauses, wo die Luftzirkulation nicht so stark ist. Der erfahrene Liebhaber wird daher seine Pflanzen ständig umstellen und mit der Zeit erkennen, was er ganz oben auf das Brett stellen kann, wo es am heißesten ist, und was nicht. Da Licht ein begrenzender Wachstumsfaktor ist, wird es einen ständigen Wettstreit um den „Platz an der Sonne" geben. Die wenigen Arten, die auch im Halbschatten wachsen, wie z. B. einige Aloineae und epiphytische Kakteen, werden tiefer gestellt. Sämlingsaufzuchten können auch direkt auf dem Boden stehen, allerdings sind sie hier nicht so gut zu beobachten und können leicht vergessen werden. Tropische Waldepiphyten brauchen eine besondere Behandlung: angereicherte Erde, Halbschatten, mehr Wasser und mehr Wärme.

Wässern — wann und wieviel?

Wenn irgend etwas über Erfolg oder Mißerfolg bei der Haltung und Pflege von Sukkulenten entscheidet, ist es das Wässern. Viele träumen von der magischen Formel des Wieviel und Wann und erwarten eine einfache Gleichung, die von Topfgröße, Alter der Pflanze und womöglich der Mondphase abhängt. Eine solche Formel gibt es nicht! Erfolgreich ist nur der Liebhaber, der seine Pflanzen kennt und aufgrund ihres Aussehens, des Zustandes der Blumentopferde und der Wettervorhersage weiß, was er zu tun hat. Ein Trieb oder eine Knolle, die gerade grüne Blätter treiben, wollen offenbar wachsen und verlangen nach Wasser. Blüten und Früchte bilden meistens – wenn auch nicht immer – den Höhepunkt der Vegetationszeit und sind ein Zeichen für den Beginn der Ruheperiode. Ist man im Zweifel, sollte man lieber nicht wässern! Oft muß die Pflanze den ersten Schritt tun, der einem dann zeigt, was nötig ist: Trockenheit oder Feuchtigkeit.
Die meisten Sukkulenten kann man an den europäischen Alltag gewöhnen: Wachstum im Sommer, Ruhe im Winter. Solange die Pflanzen gesunde Wurzeln und einen hellen, warmen und gut belüfteten Standort haben, kann man sie während der Sommermonate immer völlig durchtränken, wenn die Erde richtig ausgetrocknet ist. Tränken Sie die Erde vollständig, das Anfeuchten nur der Oberfläche begünstigt sonst nur das Wurzeltreiben in dieser Region. Im Herbst sollte man das Wässern langsam reduzieren. Danach brauchen nur die dünnerblättrigen und weniger xerophytischen Arten noch hin und wieder gegossen zu werden, um übermäßiges Welken und Abfallen der Blätter zu verhindern. Stark sukkulente Arten kann man bis zum Frühling fast oder ganz trocken halten. An milden, schönen Wintertagen empfiehlt es sich – vor allem in elektrisch geheizten Gewächshäusern und zentralgeheizten Räumen –, die Luft anzufeuchten. Kleine Töpfe mit schmalem Erdrand gießt man am besten mit einer Gießkanne mit langer, schlanker Tülle. Das Gießen von oben mit hartem bzw. kalkreichem Leitungswasser hinterläßt oft unansehnliche

Rechts (6.2): *Lithops salicola*. Rechts: Gut gewachsen, wie sie in der Natur vorkommt. Links: Überernährt.

Unten rechts (6.3): Diese Crassulaceen sterben zeitweise bis zum Boden ab. Eine trockene Ruheperiode ist äußerst wichtig.

Links oben (6.4): Diese Kakteen aus Colorado brauchen ein kühle, trockene Überwinterung. Links unten (6.5): Vier Wochen nach dem ersten Wässern im Frühling sind sie wieder ganz prall.

6: Haltung und Pflege

graue Spuren auf Trieben und Blättern. Manche Liebhaber bevorzugen deshalb Regenwasser. Dieses sollte aber abgedunkelt gespeichert werden, damit es algenfrei bleibt, und frei von Schmutz sein. Wenn möglich, sollte man immer von unten wässern. Am besten ist es, wenn die Töpfe in einer Wanne stehen, aus der man das Wasser wieder ablaufen lassen kann, sobald die Erde oben im Topf feucht wird. Bei einer kleinen Sammlung kann man jeden Topf einzeln eintauchen. Beachten Sie jedoch, daß diese Technik die Erde schnell entkräftet, da gelöste Nährstoffe weggespült werden. Falls die Sammlung so groß ist, daß ein jährliches Umtopfen nicht praktikabel erscheint, sollte man sich einen Plan für die genaue Zuteilung von Flüssignahrung anfertigen.
Einige Zwergkakteen schrumpfen in der winterlichen Ruhezeit beträchtlich – an ihrem natürlichen Standort zum Teil sogar bis unter die Erdoberfläche. Der Unterschied zwischen den ruhenden Pflanzen und den Pflanzen nach dem ersten Wässern im Frühling ist oft erstaunlich (6.4,5). Das Schrumpfen ist ein ganz normaler Vorgang, wir sollten die Pflanzen also nicht außerhalb der Jahreszeit gießen – zusammengeschrumpfte Pflanzen erholen sich sehr schnell wieder!

Sukkulentenhaltung im Gewächshaus

Ein sonniges Fensterbrett, an dem sonst alle anderen Pflanzen „verbrennen", ist oft der Anfang einer Sukkulentensammlung. Viele Sukkulenten vertragen erstaunlich gut die äußerst unnatürlichen Bedingungen der direkten Sonneneinstrahlung, der Trockenheit und eines außergewöhnlichen Mikroklimas, wie es für ein zentralbeheiztes Wohnzimmer typisch ist.
Oft wird jedoch der Fehler gemacht, einen „Wüsten"-Kaktus über der Heizung „überwintern" zu wollen. Dieser Kaktus verbringt seine Ruhezeit aber lieber kühl und trocken. Für den Platz über der Heizung eignen sich tropische Euphorbien (*Euphorbia milii* 20.6 z. B.), Sanseverien und *Peperomia*-Arten weitaus besser. Auf einem Fensterbrett ohne direkte Sonneneinstrahlung hat man noch weniger Möglichkeiten, Sukkulenten zu halten. Wenn man den Frost abhält, gedeihen hier *Gasteria*- und *Haworthia*-Arten. Die meisten anderen Sukkulenten zeigen nach geraumer Zeit jedoch ein kränkliches und untypisches Aussehen. Solche „schattigen" Fensterbänke leisten jedoch gute Dienste beim Überwintern eingetopfter Sukkulenten, die den Sommer über im Freien standen. Manche Liebhaber halten ihre Sukkulenten sogar immer bei künstlichem Licht, um vom direkten Sonnenlicht vollkommen unabhängig zu sein. Einige aus Samen gezogene Kakteen kann man sogar zum Blühen bringen, ohne daß sie jemals Sonnenlicht bekommen haben.

Wie man vor Kälte schützt. In Gegenden mit weniger strengen Wintern genügt ein ungeheizter Überbau für die winterfesten Sukkulentenarten der Kakteen, Agaven und Echeverien. In einigen Ländern, in denen die Winter sehr kalt sind, sind die Heizkosten für ein Gewächshaus so erschreckend hoch, daß die Liebhaber zu anderen Mitteln greifen, ihre Pflanzen vor der drohenden Kälte zu schützen. Erfinderische Liebhaber graben die Pflanzen im Herbst aus ihren ungeheizten Gewächshäusern aus und lagern sie trocken, in Papier eingewickelt, den Winter über im frostfreien Keller. Die meisten Sukkulenten überstehen diese robuste Behandlung ohne nachteilige Folgen.
Man kann ein Gewächshaus selbst bauen (6.6) oder aber fertig kaufen. Es kann frei stehen oder irgendwo angebaut sein; entweder ganz oder teilweise verglast, jede nur denkbare Größe, Form und Konstruktion haben. Wichtig ist nur, daß es in der kalten Jahreszeit die Pflanzen genügend schützt! Ein Kunststoffzelt in einer Ecke des Gewächshauses direkt über der Heizquelle ist eine Möglichkeit, besonders heikle Pfleglinge vor extremer Kälte zu schützen, eine andere, die Schätze im Winter in die Wohnung zu nehmen. Wegen dieser wenigen, besonders empfindlichen Exemplare das ganze Gewächshaus extrem zu heizen, würde eine sehr kostspielige Angelegenheit werden. Mein 7,5 m großes Gewächshaus mit Metallrahmen (6.7) ist durch Glastrennwände dreigeteilt: Die allgemeine Sammlung befindet sich in einem kühlen Raum, in dem nur der Frost ferngehalten wird. Der mittlere Teil ist wärmer. Hier vermehre ich meine Pflanzen

Rechts (6.6): Dieses Gewächshaus hat ein Dach aus Plastik, das im Sommer geöffnet werden kann, damit die Luftzirkulation größer wird.

Unten (6.7): Hier ein Ausschnitt aus dem kühleren Teil des Gewächshauses des Autors. Die quadratischen Plastiktöpfe sind platzsparender, weniger empfindlich und unauffälliger.

6: Haltung und Pflege

und halte empfindliche tropische Sukkulenten. Der dritte Raum ist bis auf die Wärme, die vom mittleren Raum ausstrahlt, ungeheizt. Obwohl hier die Temperatur unter 0 °C absinken kann, steht hier eine bunte Sammlung, zumeist Kakteen, die nach einer Ruhezeit von Oktober bis März immer üppig blühen. Im ersten, kühlen Teil des Gewächshauses strebe ich als Mindesttemperatur im Winter + 4 °C an. Im warmen Mittelteil liegt die Untergrenze bei + 10 °C. Der Teil, in dem ich vermehre, ist auf + 21 °C eingestellt, die Stellage darüber ist für Melokakteen und Discokakteen reserviert.
Es ist ratsam, für den Notfall (Stromausfall, extrem tiefe Temperaturen etc.) eine zweite Heizquelle bereit zu haben. Ich habe in meinen beiden beheizten Abteilungen je einen elektrischen Heizlüfter stehen, der in besonders kalten Zeiten durch einen Petroleumofen unterstützt oder bei Stromausfall sogar ersetzt wird. Die elektrische Heizung ist thermostatgesteuert und schaltet sich ab, wenn der Petroleumofen ausreichend Wärme erzeugt.

Licht und Luft. Bei der Auswahl oder dem Bau eines Gewächshauses sollten wir vor allem auf genügend Lichtdurchlässigkeit und ausreichende Belüftung achten! Sehr viele Liebhaber bevorzugen Metallrahmen, die sehr schmal sind und wenig Licht abhalten. Es macht sich darüber hinaus bezahlt, mehr Ventilatoren zu installieren, als ursprünglich vorgesehen sind. Das beste Mittel gegen glühende Hitze im Sommer ist immer noch Durchzug! Plastikscheiben sind leicht und gut zu verarbeiten und lassen mehr UV-Licht durch als Glas (6.6), aber Kunststoff ist teuer und muß öfter erneuert werden, da er mit der Zeit die Farbe verliert, lichtundurchlässig und spröde wird.
Viele Amateure decken im Winter zumindest einen Teil ihres Gewächshauses mit Kunststoff ab. Diese „Doppelverglasung“ verringert den Wärmeverlust erheblich, hat jedoch den Nachteil, daß sich zwischen den beiden „Verglasungen“ Kondenswasser ansammelt und somit das sowieso spärliche Licht dieser Jahreszeit noch verringert wird. Ein Gewächshaus mit Doppelglasscheiben ist zwar in der Anschaffung sehr teuer, macht sich jedoch aufgrund der niedrigeren Heizkosten in ein paar Jahren bezahlt.

Haltung und Pflege. Die einen halten sich Sukkulenten zu Studienzwecken, andere nur zum rein privaten Vergnügen, und wieder andere spezialisieren sich für Ausstellungen. Je nach Pflanzenangebot, Zeitaufwand und finanziellen Mitteln unterscheiden sich die verschiedenen Sammlungen sehr stark voneinander. Auch wer nicht allzuviel Freizeit besitzt, kann mit erstaunlich wenig Aufwand eine große, abwechslungsreiche Sammlung halten: Gewässert wird mit einer Schlauchleitung, umgetopft, wenn es gar nicht mehr anders geht. Automatische Klappen regulieren grob die Temperatur, und einmal im Jahr wird ausgiebig mit Systemgift behandelt, um die schlimmsten Schädlinge fernzuhalten. Viele Amateure entwickeln sich mit der Zeit zu Experten für die unterschiedlichsten Sukkulentenarten, mitunter sogar für die heikelsten und eigenwilligsten Gruppen: Zwergmesembryanthemaceen, Stapelien und strunkförmige, tropische Sukkulenten. Wer seine Pflanzen ausstellen will, hat mit großer Konkurrenz zu kämpfen. Er muß seine Pfleglinge sorgfältig hegen und pflegen: Sie müssen individuell gegossen und mindestens einmal im Jahr umgetopft werden. Unansehnliche oder mißgestaltete Exemplare müssen ausgesondert werden. Ein guter Sukkulentenpfleger wird auch niemals seine Stellagen überladen oder zuviele davon aufstellen, da sonst den Pflanzen darunter zuviel Licht weggenommen würde.

Freilandkulturen

Gut haben es natürlich diejenigen Sukkulentenfreunde, deren heimatliches Klima die Sukkulentenhaltung ohne ein geheiztes Gewächshaus erlaubt, also z. B. Liebhaber, die im Süden Europas, in den

Rechts (6.8): Diese herrliche Monocotyledonen-Sammlung befindet sich ebenfalls in La Mortola. Vorn kleine Aloen, dahinter große, graue Agaven. Im Hintergrund Yuccas und rechts eine *Dasylirion* mit gefiederten Blattspitzen.

Unten (6.9): Zylindrische *Opuntia*-Arten und Säulenkakteen bei einem Liebhaber auf Mallorca. Gelegentlich auftretende Fröste engen die Auswahl ein.

USA, Südafrika, Australien und auf der Nordinsel Neuseelands wohnen. In vielen der genannten Gebiete treten zwar hin und wieder auch Fröste auf, diese sind aber so gering, daß die meisten robusteren Sukkulenten trotzdem ungeschützt im Freien gedeihen. In den Gebieten, in denen die Sommer heiß und trocken sind, wie z. B. in Kalifornien, eignen sich Sukkulenten als Gartenpflanzen weitaus besser als Mesophyten, die ständig bewässert werden müssen. Die skulpturähnliche Wirkung der starren Agavenblätter, die wie Orgelpfeifen aufragenden Pfeiler des Säulenkaktus, das sanfte, fleischige Blattwerk der Zwergmesembryanthemaceen bilden eine einzigartige Bepflanzung.

Sukkulentengärten. Sukkulenten lassen sich auf die verschiedenste Weise im Garten anpflanzen. Leicht abfallendes Gelände oder erhöhte Beete sind der ideale Standort für eine allgemeine Sammlung. Unter großzügig verteilten Felsen können die Wurzeln Halt und Feuchtigkeit finden (6.10). Die Erde sollte porös und nahrhaft sein – Sand allein besitzt keinen Nährwert – und mit einer Kies- oder Schotterschicht bedeckt, damit die Pflanzen nicht direkt auf dem feuchten Boden liegen und eventuell zu faulen anfangen. Wir sollten unseren Sukkulentengarten möglichst unkrautfrei halten, damit die Eigenart der „Wüstenpflanzen" auf einem sauberen Untergrund voll zur Geltung kommt. Andere, nicht so sukkulente Pflanzen, wie z. B. *Yucca, Nolina* und *Dasylirion*, passen ebenfalls gut in diese Gärten (6.8).
In kleinerem Rahmen kann man Sukkulenten einzeln oder in Gruppen an Stellen anpflanzen, die für andere Pflanzen zu sonnig und warm sind. Man kann aber auch Terrassen und Innenhöfe durch dekorativ bepflanzte Pflanzentröge verschönern. Obwohl Sukkulenten Trockenheit gut vertragen, ist es doch vorteilhafter, in heißen Sommern die Anlagen hin und wieder zu wässern.

Bodendecker und Ampelpflanzen. Sehr viele Sukkulenten eignen sich auch gut als Bodendecker. Sie werden daher gerne zur Abdeckung kahler Flächen, auf denen kein Gras gedeiht, verwendet. Man könnte eine lange Liste der vielfältigsten Bodendecker anfertigen: die verschiedensten buschigen Mesembryanthemaceen mit den unterschiedlichsten Blattformen und Blütenfarben, weißblättriges Kreuzkraut wie *Senecio serpens* oder *Senecio kleiniaeformis*, das wirkungsvoll mit dem dunkleren Blattwerk von *Sedum stahlii* oder *Sedum spurium* kontrastiert, und auch die verschiedenen *Echeveria*-Arten mit ihren schönen Rosetten; Echeverien sind in Form und Blüte außerordentlich vielfältig.
Eine weitere Möglichkeit, Sukkulenten zur Bepflanzung zu verwenden, bietet sich in hängenden Ampeln und Körben an (6.16), bei denen falsches Wässern für Mesophyten das Ende bedeuten kann. Es gibt sehr viele sukkulente Arten, die hängend besonders dekorativ wirken und auch gut gedeihen, da diese Pflanzweise ihrem natürlichen Standort – Kliffen und Steilhängen – sehr oft sehr nahekommt. Pflanzen, die sich als „Hänger" sehr gut eignen, sind z. B. *Aporocactus flagelliformis, Sedum morganianum* samt Hybriden, *Ceropegia woodii* und Verwandte, *Crassula rupestris, Senecio rowleyanus* und alle ca. 60 *Rhipsalis*-Arten.

Lichtbedürfnisse. Für den, der sich auf Sukkulenten spezialisieren will, eröffnet sich ein weites Aufgabengebiet, und er muß sich intensiv mit den Bedürfnissen der einzelnen Arten befassen: Wie muß der Boden beschaffen sein? Welches Maß an Feuchtigkeit braucht die Pflanze? Welche Lichtbedürfnisse müssen erfüllt werden? Verträgt die Pflanze pralle Sonne, oder muß sie im Halbschatten stehen? Empfindliche Sukkulenten z. B., die keine pralle Sonne vertragen, aber auch nicht zu feucht stehen dürfen, pflanzt man am besten in den Schutz trockenheitsliebender Sträucher. Oder aber man baut sich ein Gewächshaus, das mit Schilfmatten oder etwas Ähnlichem bedeckt ist, damit das starke Sonnenlicht gebrochen wird. Diese Abdeckung hat noch den Vorteil, daß sie im Winter auch starken Frost abhält.

Rechts (6.10): Ein Hauch von Exotik, die Gärten von Eze am Mittelmeer. Frostfreiheit, hohe Lichtintensität und Seewinde ermöglichen üppiges Wachstum.

Unten (6.11): Tausende von Kakteen in einer kalifornischen Gärtnerei. Mit gelben Stacheln: *Echinocactus grusonii*. Links ein Beet prächtige *Agave victoriae-reginae*.

6: Haltung und Pflege

Sukkulentengärten in kalten Regionen

In den kalten Gebieten, in denen ein Gewächshaus unumgänglich ist, reizt es den Sammler natürlich auch hin und wieder, Sukkulenten ungeschützt das ganze Jahr über im Freien zu halten, und zwar nicht nur die besonders winterharten Arten, sondern auch exotische und kakteenähnliche Arten. Die winterfesten Sukkulenten wie Mauerpfeffer, Hauswurz-Arten und Lewisien findet man in unseren Breitengraden eher in Steingärten und bei Liebhabern alpiner Pflanzen als bei den echten Sukkulentenfreunden. Ich selbst habe jedes Jahr überzählige Sukkulenten ins Freie gepflanzt, um ihre Widerstandsfähigkeit zu testen (6.12–14). Für die ins Freie gepflanzten Sukkulenten legt man am besten abfallende Beete an einer hellen Südwand an. Über grobem, wasserdurchlässigem Material sollte eine besonders luftdurchlässige Erdschicht liegen. Um die Sukkulenten besser vom feuchten Untergrund abzuschirmen, verteilt man am besten möglichst viele Stein- oder Felsbrokken über dem Beet. Nebel und Dunst sind größere Feinde als niedrige Temperaturen (6.14). Von besonders seltenen und wertvollen Exemplaren sollte man auf jeden Fall ein Doppel im Gewächshaus pflegen. Wir sollten uns in unseren Bemühungen, Sukkulenten im Freien anzupflanzen nicht abbringen lassen, auch wenn nach einem strengen Winter hier und da einige Pflanzen ersetzt werden müssen. Bei meinen Freilandversuchen erwiesen sich unter den Kakteen *Opuntia robusta, Opuntia rastrera* (6.12), *Opuntia polyacantha* und *Opuntia humifusa* als die robustesten Arten. Kugelkakteen überdauern selten mehr als fünf Jahre, wobei *Lobivia (Chamacereus) silvestrii* (6.13) und *Echinocereus viridiflorus* sich am besten halten. Auch unter den mexikanischen Agaven gibt es einige besonders winterfeste Arten: *Agave parryi, Agave lophanta* und – mit etwas Glück – *Agave americana.* Wir sollten bei diesen Pflanzen auf jeden Fall eine Wasseransammlung in der Blattkrone vermeiden, die Pflanze beginnt sonst zu faulen. Von den Mesembryanthemaceen halte ich *Ruschia uncinata* (6.12, 11.9) für die robusteste Art, von den Aloen *Aloe aristata* (13.9). Sehr zu empfehlen sind auch die roten und weißen Formen von *Crassula sarcocaulis* (6.12). Als Bodendecker eignen sich einjährige *Portulaca-* (5.3, 12.1) und *Dorotheanthus*-Arten (11.10). Zu diesen echten Sukkulenten kann man die Grenzfälle gesellen wie *Yucca, Cordyline australis,* einige *Dasylirion*-Arten, sowie die stacheligen *Colletia, Eryngium, Acanthus* und andere, die gut in den allgemeinen Sukkulentengarten passen. Meine Auswahl ist natürlich persönlich gefärbt, Experimenten stehen jedoch Tür und Tor offen.

Viele der größeren und robusteren Sukkulenten kann man im Sommer in Töpfen oder Pflanztrögen ins Freie stellen oder aber den ganzen Sommer über ins Beet einpflanzen. Die größten und stacheligsten Exemplare läßt man am besten im Topf, da sie auf diese Weise am besten zu handhaben sind. Kleinere, stachellose Arten kann man ohne weiteres in den Garten auspflanzen, sie müssen jedoch vor dem ersten Frost unbedingt wieder herausgenommen werden. Man kann die Pflanzen jetzt entweder wieder in Töpfe pflanzen und ins Gewächshaus stellen, oder aber man lagert sie am Boden des Gewächshauses, bedeckt die Wurzeln mit etwas Erde und kann die Pflanzen dann im späten Frühjahr wieder ins Freiland pflanzen. Das Hauptproblem neben dem Transport sehr großer Pflanzen ist die Gefahr, daß Krankheiten, Schädlinge und Unkräuter ins Gewächshaus eingeschleppt werden. Um die ausgepflanzten Sukkulenten brauchen wir uns kaum zu kümmern, im allgemeinen versorgen sich diese Pflanzen selbst.

Erde und Erdmischungen

Heute sind ungeheuer viele verschiedene Erdmischungen speziell für Sukkulenten auf dem Markt. In einem Buch werden allein für Kakteen 25 verschiedene Mischungen angegeben. Alle entstammen anscheinend der Eingebung des Autors, weil keine praktischen Erfahrungen mitgeteilt werden, und keine einzige ähnelt auch nur der Erde, in der ich Kakteen an ihrem natürlichen Standort wachsen sah. Der Anfänger wird ein solches Buch verzweifelt aus den Händen legen und sich einem weniger anspruchsvollen Hobby zuwenden.

In der Praxis verwenden die meisten Sukkulentenliebhaber jedoch nur eine einzige Erdmischung, deren Zusammensetzung sich für Epiphyten (die ein angereichertes Gemisch brauchen) und Arten mit empfindlichen Wurzeln (hier fügt man der Erdmischung noch Feinkies hinzu) nur gering ändert. Der Grundbedarf an Stickstoff, Kalium, Phosphor und geringen Mengen anderer Mineralien (Spurenelemente) ist bei den Sukkulenten etwa der gleiche wie bei anderen Pflanzen auch. Man muß nur drei Dinge bei der Zusammensetzung der Erdmischung beachten:
1. Der Boden muß porös und gut wasserdurchlässig sein, damit die Wurzeln frei atmen können. 2. Es müssen die gelösten Nährstoffe im richtigen Verhältnis bereitgestellt werden. 3. Die Pflanze muß einen guten Halt haben.

Wir haben heute die Wahl zwischen zwei mehr oder weniger künstlichen Mischungen: der herkömmlichen Mischung auf Lehmbasis und einem nährstoffarmen Gemisch, dem künstlich Nährstoffe zugesetzt sind – eine sogenannte erdlose Mischung. Beide Mischungen haben sich als gleichermaßen erfolgreich erwiesen. Unter den Mischungen auf Lehmbasis ist das Rezept von John Innes seit mehr als 40 Jahren unübertroffen: 7 Teile guter Lehm werden mit 2 Teilen grobem Sand (um die Durchlässigkeit zu erhöhen) und 3 Teilen Torf (damit das Gemisch humos wird und die Feuchtigkeit hält) vermischt. Die nötigen Nährstoffe liefert ein Grunddünger (Stick-

Rechts oben (6.12): *Opuntia rastrera,* weiß- und rotblühende *Crassula sarcocaulis,* rosafarbene *Ruschia uncinata,* rechts *Agave lecheguilla.*

Rechts unten (6.13): *Lobivia (Chamaecereus) silvestrii,* eine sehr winterfeste Sukkulente, die auch den Winter über, geschützt stehend, im Freien bleiben kann.

Unten (6.14): Schnee schützt vor sehr tiefen Temperaturen. Gefährlich werden nur die Wasseransammlungen in den Blattachseln, die zu Fäulnis führen.

Drei Aufnahmen aus dem Garten des Autors.

6: Haltung und Pflege

stoff, Phosphor und Kalium), der auch genügend Kalk enthält, um sicherzustellen, daß die Mischung neutral ist, aber etwas zur sauren Seite tendiert (pH-Wert über 6,5).
Für die Samenaufzucht gibt es wieder eigene Mischungen. Für zu bewurzelnde Stecklinge nimmt man gewöhnlich eine Mischung aus gleichen Teilen durchgesiebtem Torf und grobem Sand. Alle Mischungsbestandteile sollten auf jeden Fall sterilisiert sein, damit unerwünschte Krankheitskeime und Schädlinge abgetötet werden.
Die Mischungen von John Innes wurden in erster Linie für nicht-sukkulente Gewächshauspflanzen entwickelt. Vorsichtige Sukkulentenliebhaber mischen etwas Kies oder Styroporkügelchen bei, um die Durchlässigkeit zu erhöhen. Solche fertigen Kakteenerden gibt es heute fast überall zu kaufen. Die größte Schwierigkeit bei der eigenen Herstellung von Kakteenerde bereitet der Lehm, ein undefinierbarer Bestandteil, der von Ort zu Ort verschieden ist, und in guter Qualität sehr schwer zu bekommen ist. Ein weiteres Problem bietet der Torf: Er ist nur sehr schwer anzufeuchten, wenn er einmal trocken geworden ist. Eine Mischung aus Laubhumus und Sand, wie sie von einigen Liebhabern gerne verwendet wird, kann die notwendigen Nährstoffe haben, variiert aber sehr stark in ihren Nährstoffanteilen. Solch eine Mischung muß vor der Verwendung auf jeden Fall gut sterilisiert werden! Aufgrund all dieser Schwierigkeiten sind viele Pfleger zu lehmlosen Gemischen übergegangen, von denen es auch wieder eine ganze Menge verschiedene Mischungen gibt. Die von der Universität Kalifornien entwickelte Mischung enthält grobkörnigen Sand, Torfmoos und verschiedene zugesetzte Nährstoffe. Die „Levington-Mischung" beruht auf einer Torfbasis ohne Sand sowie ausreichend zugesetzten Nährstoffen (für 6–8 Wochen normalen Wachstums). Bei beiden Mischungen müssen beim Wässern gelöste Nährstoffe zugegeben werden, die für Sukkulenten viel Pottasche (Kaliumkarbonat) und wenig Stickstoff enthalten sollten. Im Handel erhältliche Tomatendünger sind sehr brauchbar und können auch zur Ergänzung der Lehmmischungen verwendet werden. Niemals ruhende oder zu bewurzelnde Stecklinge düngen und auch nicht versuchen, ein schwach entwickeltes Exemplar durch hohe Düngergaben im Wachstum zu beschleunigen.

Der richtige Behälter

Einen Kaktus in einen kleinen Topf zu pflanzen, bedeutet eine drastische Veränderung seiner normalen Lebensweise, bei der die Wurzeln sich ausbreiten und in Felsspalten Halt und Feuchtigkeit suchen. Poröse Tontöpfe trocknen leicht aus, wenn sie in der heißen Sonne stehen, die Wurzelspitzen sterben dann ab. Bei Kunststofftöpfen passiert das nicht, hier besteht jedoch die Gefahr, daß sich Wasser ansammelt. Damit die porösen Tontöpfe, Schalen oder Pflanztröge nicht so schnell austrocknen können, stellt man sie am besten auf Schotter oder gräbt sie halb ein. Es lohnt sich, im Gewächshaus mindestens ein Beet anzulegen, in dem die Pflanzen in der offenen Erde wachsen und ihre Wurzeln ausbreiten können. Große Säu-

Rechts (6.15): Dekorative Behälter tragen viel zur Präsentation von Ausstellungsstücken bei. Hier *Sarcocaulon burmannii* in einem hübschen Keramiktopf.

Unten (6.16): Diese alte *Haworthia batesiana* wurde ausgetopft, umgedreht, mit Plastikbändern umbunden und wie ein Korb aufgehängt.

lenkakteen z. B. blühen im Beet viel üppiger als in einer Schale oder einem Topf. Die Beete müssen aber ständig gepflegt werden, damit einzelne Pflanzen nicht zu groß werden und andere dann unterdrükken. Zwischen den einzelnen Pflanzen sollten immer Lücken sein, damit sich jede einzelne Pflanze genügend ausbreiten kann und damit man auch eventuell vorhandenes Unkraut leicht entfernen kann.
Bei der Sukkulentenhaltung im Haus stehen die Pflanzen meistens in Schalen oder großen Pflanztrögen – funktionell oder schmuckvoll, und oft teurer als die Pflanzen selbst (6.15). Bei dauerhafter Bepflanzung sollte der Behälter mindestens 6–8 cm tief sein und Tonscherben enthalten, damit sich kein Wasser ansammeln kann, bzw. das angesammelte Wasser nicht direkt mit der Pflanze in Berührung kommt.

Anzucht aus Samen

Wer sich nur erwachsene Pflanzen zulegt, versäumt viel von der Freude an Sukkulenten. Er lernt nie den herrlichen Augenblick kennen, den die erste Blüte an einer selbst aus dem Samen gezogenen Pflanze bietet. Sämlinge unterscheiden sich auch oft stark von der erwachsenen Pflanze und haben einen eigenen Charme, der sich mit dem Alter verliert.
Zur Aufzucht von Sämlingen braucht man keine aufwendigen Geräte. Viele der ersten Anzuchtversuche beginnen auf einem sonnigen Fensterbrett in der warmen Jahreszeit. In Gärtnereien oder größeren Kaufhäusern kann man sich für wenig Geld Kakteenanzuchtbehälter (Mini-Gewächshäuser) aus Plastik kaufen, die eine hohe Luftfeuchtigkeit und genügend Lichteinfall gewährleisten. Es sind die unterschiedlichsten Vermehrungskästen auf dem Markt. Wer geschickt ist, baut sich aber selbst einen (6.18). Hierzu genügt schon eine Plastik- oder Aluschale, eine genügend große Plastiktüte, ein dicker Baumwollfaden, der genügend Wasser aufziehen und weiterleiten kann und einige Wasserbehälter.
Die Keimung der Sukkulenten unterscheidet sich kaum von der der Mesophyten. Sehr wichtig sind Feuchtigkeit, Tageslicht und Wärme. Die Sämlinge müssen dann ganz langsam an ihre Umwelt gewöhnt werden. In der Natur haben nur die Säm-

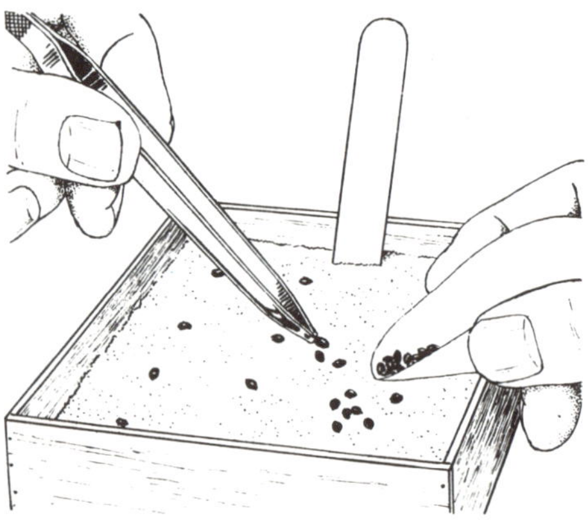

(6.17): **Anzucht aus Samen.** Zuerst beschriften wir den Anzuchtkasten genau, dann wird der Samen dünn ausgesät (staubfeinen Samen zuvor mit Sand vermischen).

Feine Samen müssen nicht bedeckt sein. Größere Samen bedecken wir mit genausoviel Erde, wie sie dick sind. Sand gibt den Sämlingen später besseren Halt.

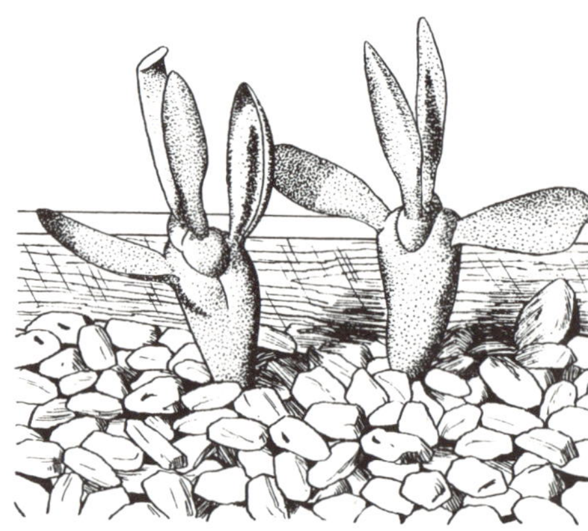

Diese Sämlinge von *Euphorbia gorgonis* sind nun groß genug zum Verpflanzen. Wir haben diese Samen einzeln ausgelegt, so daß genügend Platz zum Wachsen blieb.

linge, die in der Regenzeit im Schutz von Felsen oder anderen Pflanzen hochkommen, eine Überlebenschance. Je nach Größe des Samens sind seine Nahrungsvorräte mehr oder weniger schnell erschöpft. Wenn Sie also auf einem nährstoffarmen Boden säen, müssen Sie das Wachstum genau überwachen, um zu sehen, wann der Sämling Dünger braucht oder in einen nahrhafteren Boden umgepflanzt werden muß.

Zum Auskeimen braucht man eine Temperatur von mindestens 15°C und maximal 25°C. Das Frühjahr ist die beste Zeit zur Aussaat (6.17). Man hält die Sämlinge möglichst warm und gießt auch den ersten Winter über. Verwendet man zur Anzucht eine Torf-Sandmischung, so sollte man diese vorher durchsieben: Der feinkörnige Teil kommt dann über dem groben, der für die Drainage sorgt, zu liegen. Sehr kleine Samen bedeckt man fast gar nicht mit Erde, größere werden je nach ihrem Durchmesser in gleicher Höhe mit Erde bedeckt. Durchgesiebter Kies gibt den Sämlingen später festen Halt. Es ist ein häufiger Fehler, zu dicht zu säen. Es ist schwierig, aus diesem Wald winziger Pflanzen heraus zu pikieren. Lieber sehr dünn aussäen, damit die ersten Triebe sich gut entwickeln können, bevor die Pflanze aus Platzmangel umgesetzt werden muß. Ist unser Mini-Gewächshaus direkter Sonneneinstrahlung ausgesetzt, so decken wir es vorsichtshalber mit Papier o. ä. ab. Mit fortschreitendem Wachstum der Sämlinge heben wir das bedeckende Glas etwas an und reduzieren den Schatten. Wachsen die Sämlinge in die Höhe und werden blaß, ist das ein Zeichen für zu wenig Licht und Luft.

Stapelien-Samen keimen unter günstigen Bedingungen schon innerhalb zwei bis vier Tagen. Was nach zwei Wochen noch nicht draußen ist, kann man abschreiben. Andere Samen brauchen länger oder kommen unregelmäßig (*Othonna* z. B.). Manche kei-

Unten links (6.18): Ein ganz einfacher Vermehrungskasten. Die Samenschale steht in einer Plastiktüte auf der Heizung. Die Erde wird durch einen Baumwolldocht automatisch gewässert.

Unten (6.19): Zwei Wochen alte Sämlinge von *Conicosia* mit je zwei fleischigen Keimblättern, auf deren Spitze noch die Samenschale steckt.

men im Sommer besser als im Frühjahr. Bei den Langsamkeimern muß man Geduld haben und darf die Samenschale nicht zu früh wegstellen.
Lassen Sie sie stattdessen in der Sonne trocknen, lockern Sie die Oberschicht auf und wässern sie. Unregelmäßiges Keimen ist in der Natur von Vorteil: Kämen alle Sämlinge auf einmal, würden bei ungünstigen Bedingungen auch alle auf einmal absterben. Viele mechanische und chemische Einrichtungen verzögern das Auskeimen des Samens. *Opuntia*-Samen z. B. haben eine dicke, wasserdichte Schale und keimen normalerweise erst, wenn sie einen strengen Winter hinter sich haben. Einige Liebhaber empfehlen daher, *Opuntia*-Samen vor dem Aussäen einige Tage in den Kühlschrank zu legen. Fehlschläge sind manchmal auf alte oder nicht wachstumsfähige Samen zurückzuführen. Wenn Sie im Zweifel sind, ob die Samen noch keimfähig sind, dann schneiden Sie einen davon auf – falls er nicht zu winzig dazu ist. Keimfähiger Samen sollte innen prall und weiß sein. Ist er geschrumpft oder verfärbt, dann keimt er in den allermeisten Fällen nicht mehr. Ein anderer Samentest ist, den Samen in Wasser zu legen. Gute Samen sinken meistens, die anderen sollten wir nicht mehr verwenden. Von den eigenen Pflanzen frisch geerntete Samen keimen meist besser als gekaufte, da diese oft schon überaltert sind.

Vegetative Vermehrung

Obwohl einige Sukkulenten sich nur durch Samen vermehren lassen (*Ariocarpus, Astrophytum, Frithia, Euphorbia obesa*), eignen sich doch die meisten mehr oder weniger gut zur vegetativen Vermehrung durch Teilung (6.20), Brutzwiebeln, Wurzelschößlinge, Stecklinge (6.21), Adventivknospen oder Pfropfung. Da Sukkulenten ja ihren eigenen Wasserspeicher besitzen, leiden sie weniger als die meisten anderen Pflanzen unter der zeitweiligen Unterbrechung der Wasseraufnahme. Vegetativ vermehrte Pflanzen haben gegenüber Sämlingen einen Startvorsprung und besitzen außerdem genau die gleichen Gene wie die Mutterpflanze – sie sind mit dieser also vollkommen identisch. Für sterile oder nicht reinerbige Hybriden sind diese vegetativen Vermehrungsarten der einzige Weg zur Beibehaltung der Kreuzung.
Zur vegetativen Vermehrung benötigen wir für den Anfang eine „Stecklings-Mischung": gesiebten Sand und Torf zu gleichen Teilen. Wir stellen die neuen Stecklinge an einem warmen, schattigen Platz im Gewächshaus auf. Vor dem Einpflanzen sollte man den Steckling luftig und hell liegen lassen, bis die Schnittwunde sich mit einer Schutzschicht (Wundkallus) geschlossen hat. Würde man den frischen Steckling direkt in die feuchte Erde setzen, finge er wahrscheinlich zu faulen an. Je nach Größe der Schnittfläche reichen im Sommer meistens drei oder vier Tage zum Trocknen, etwas länger schadet nicht. Ein leichtes Anwelken veranlaßt einige Arten sogar, Wurzeln zu treiben. Im Herbst oder Winter ist es besser, die Stecklinge bis zum Frühjahr liegen zu lassen und dann erst einzupflanzen. Geduld zahlt sich auf jeden Fall aus. Viele Sukkulentenhalter empfehlen auch, die Schnittfläche in ein hormonales Wurzelpulver zu tauchen, damit sich

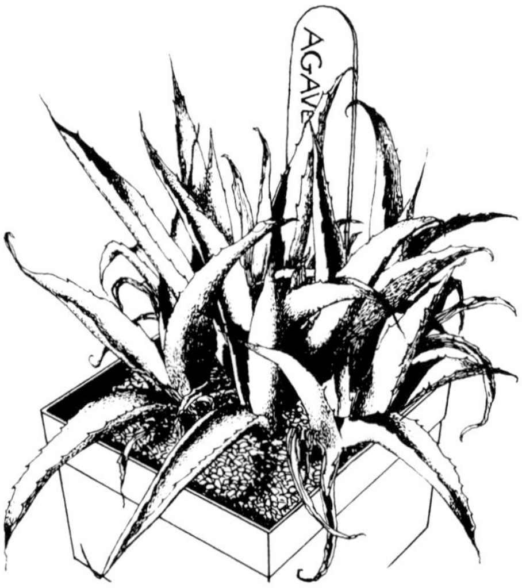

(6.20) **Umtopfen.** Diese vernachlässigte Agave muß unbedingt umgetopft werden. Die beste Zeit zum Umtopfen ist zu Beginn der Wachstumsperiode, bei trockener Erde.

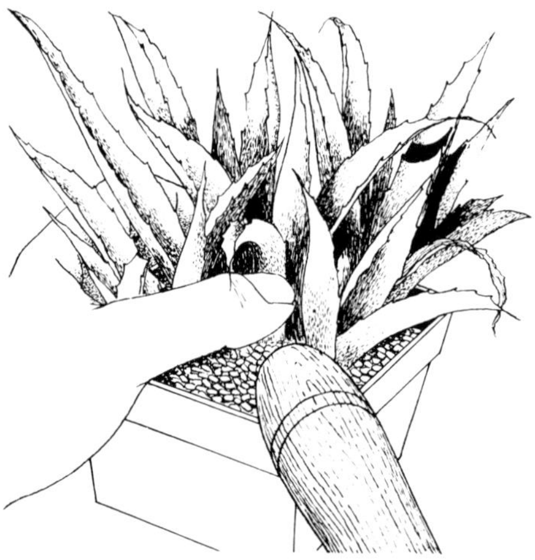

Wir schlagen mit dem Pflanzenheber leicht gegen den Topf oder mit dem Rand des umgedrehten Topfes auf die Tischkante. Dabei die Pflanze vorsichtig anheben.

Unkräuter, alte Erde und abgestorbene Wurzeln entfernen. Gegebenenfalls einige Seitentriebe zur Vermehrung abnehmen. Verwelkte Blätter abschneiden.

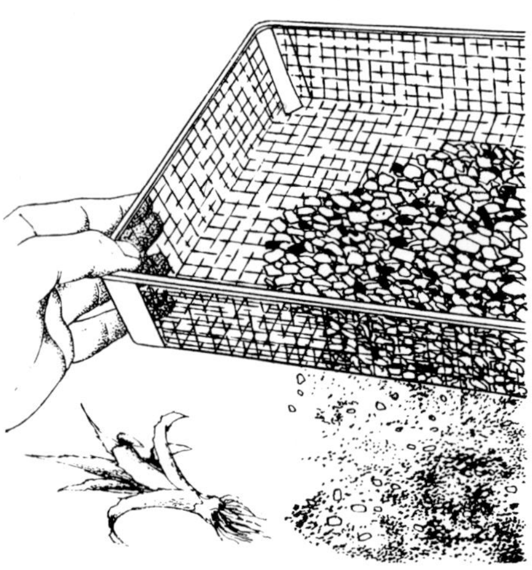

Frische Topferde durchsieben und den grobkörnigen Teil als Drainagematerial zuunterst in einen sauberen Topf schütten. Die Erde sollte etwas feucht sein.

Die Wurzeln gleichmäßig ausbreiten und die feine Erde einfüllen. Den Topf gelegentlich aufstoßen und die Erde mit den Fingern leicht andrücken – am Topfrand beginnen.

Das Ergebnis: Eine Agave, die man zeigen kann, und Reservepflanzen zum Verschenken. Nicht das Namensschild vergessen, damit man immer weiß, um welche Art es sich handelt.

Stecklinge
(6.21): Einige Beispiele, wie man mit Stecklingen vermehrt. Oft wird durch diesen Beschnitt zugleich die Gestalt der Pflanze verbessert, das Wachstum gefördert und ein buschiges Aussehen erreicht.

Die roten Linien zeigen, wo wir abschneiden sollten.

1. Dieser Kugelkaktus wird zur vegetativen Vermehrung in zwei Teile geschnitten.

2. Der obere Teil kann für sich wieder Wurzeln treiben.

3. Aus dem übriggebliebenen Stumpf wachsen Ableger hervor.

4. Die Ableger entfernen wir und lassen sie Wurzeln treiben.

Stecklings-Bewurzelung

Dieser hohe Steckling wird von einem Stab gestützt. Er ruht auf der Oberfläche der Erde und bewurzelt sich schnell.

Pflanzt man ihn tiefer ein, besteht die Gefahr, daß er fault.

Links (6.22): Den angetrockneten Stammsteckling pflanzen wir in einen zu $^{3}/_{4}$ mit Erde und $^{1}/_{4}$ mit Sand und Torf gefüllten Topf.

Unten (6.23): *Kalanchoe daigremontiana* läßt sich sehr leicht vermehren: Sie bildet an den Blatträndern Adventivknospen, die abfallen und Tochterpflanzen bilden.

der Steckling schneller bewurzelt. Wenn man den Steckling einpflanzt, darf die Basis nicht zu tief eingegraben werden. Einen kopflastigen Steckling (6.22) unterstützt man am besten mit einem Stab oder einem Stein, so daß nur der unterste Teil des Stecklings mit der Erde in Berührung kommt, der Steckling aber nicht umkippt. Die Fähigkeit, Wurzeln zu treiben, ist von Art zu Art verschieden. Tauchen bei der einen oder anderen Art Schwierigkeiten bei der vegetativen Vermehrung auf, dann muß man mit verschieden großen und zu verschiedenen Jahreszeiten genommenen Stecklingen experimentieren. *Euphorbia*-Arten sind z. B. schwieriger zu handhaben als die meisten Kakteen. Man muß bei diesen Arten auf jeden Fall den austretenden milchigen Saft vollkommen abwaschen und den Steckling in Ruhe einen Wundverschluß bilden lassen, bevor man ihn in die Erde setzt.

Bei fast allen Crassulaceen bilden sich aus den einzelnen Blättern neue Pflanzen, desgleichen bei den Haworthien-Arten mit den weichen Blättern und den meisten Gasterien. Bei Aloen und Mesembryanthemaceen gelingt eine Stecklingsanzucht aus den Blättern fast nie. Jedoch, jedes abgebrochene Stück einer Sukkulente lohnt den Versuch zur Vermehrung! Eine der vielen Freuden dieser Liebhaberei ist das Experimentieren – neue Wege zu seltenen Exemplaren finden.

Pfropfung

Die Technik, eine Pflanze auf den Wurzeln einer anderen anwachsen zu lassen, ist schon seit Aristoteles bekannt. Pfropfen ist eine nützliche Methode, das Wachstum und die Blühfähigkeit langsam wachsender Arten zu beschleunigen, wurzelempfindliche Raritäten oder eine Cristat-Form zu erhalten und eine Pflanze zu retten, die z. B. durch Fäulnis beinahe verloren gewesen wäre (6.24). Pfropfung besteht darin, die Schnittfläche eines kräftigen Wurzelsy-

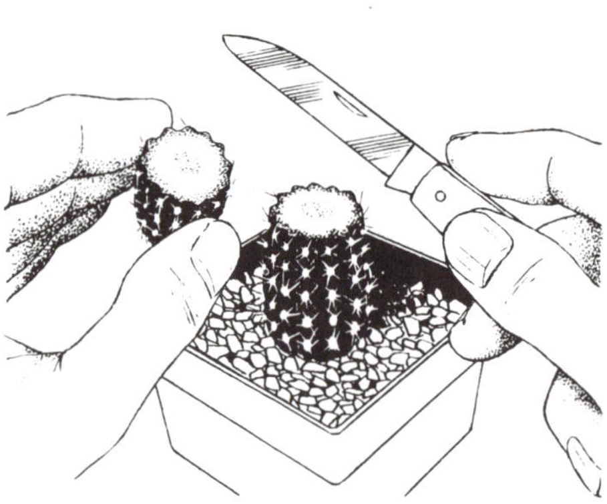

(6.24) **Pfropfen.** Die Unterlage (hier *Echinopsis*) wird glatt mit einem scharfen Messer abgeschnitten. Der Schnitt muß sauber und vollsaftig aussehen und darf nicht einfallen.

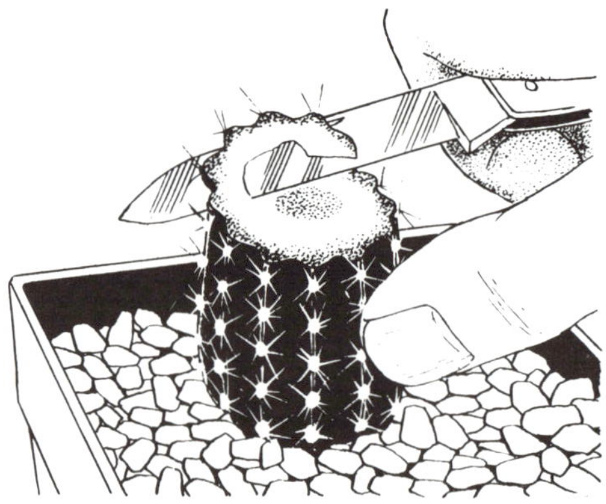

Nun wird die Unterlage abgeschrägt, damit der weiche Kern nicht zusammenfällt und später vielleicht den Kontakt mit dem Pfröpfling unterbricht.

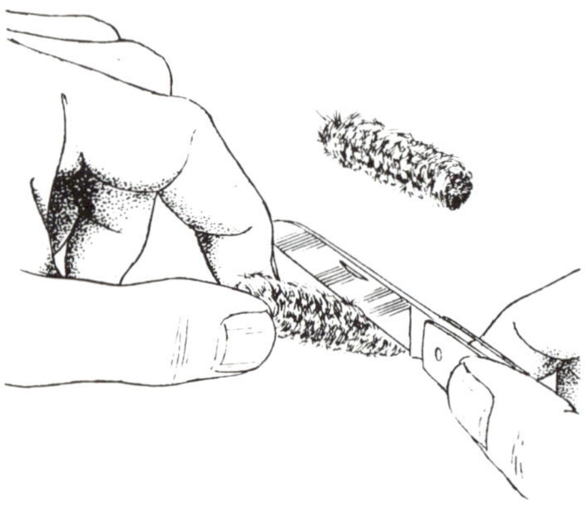

Der Pfröpfling, in diesem Fall *Wilcoxia schmollii,* wird schräg angeschnitten, damit eine größere Schnittfläche entsteht, die besser auf der Unterlage aufliegt.

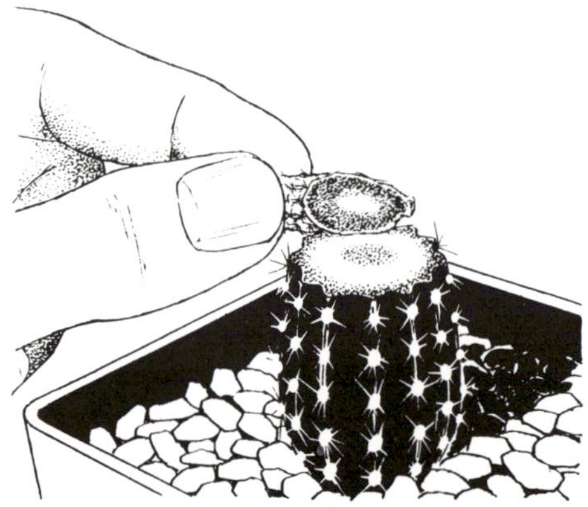

Nun werden Unterlage und Pfröpfling aufeinandergesetzt. Beide Leitbündelringe sollten möglichst übereinanderliegen. Schnittflächen zusammenbringen, bevor sie trocknen.

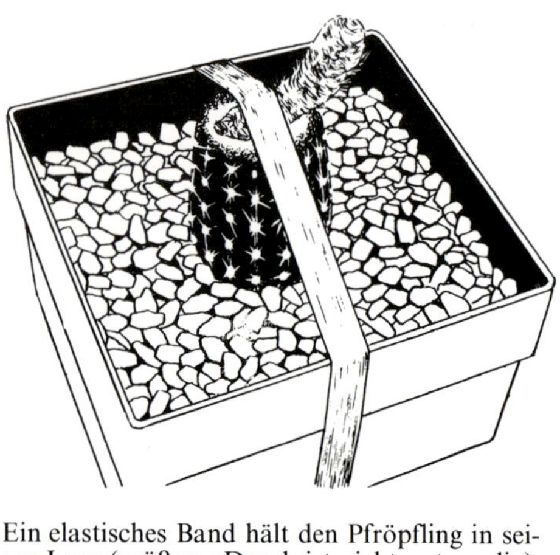

Ein elastisches Band hält den Pfröpfling in seiner Lage (größerer Druck ist nicht notwendig). Den Topf stellen wir nun eine Woche warm, erdfeucht und halbschattig auf.

Längsschnitt *Wilcoxia* auf *Echinopsis* ein Jahr nach der Pfropfung. Seitentriebe sind gewachsen, und das Gefäßsystem durch die Verbindungsstelle arbeitet tadellos.

stems (die Unterlage) in engsten Kontakt mit der abgeschnittenen Basis der erwünschten Pflanze (dem Pfröpfling) zu bringen und die organische Verbindung zwischen den beiden Teilen zu fördern. In Gärtnereien wird sehr viel gepfropft, um Neuheiten in kürzestmöglicher Zeit auf den Markt zu bringen. Bei Sukkulenten pfropft man hauptsächlich Kakteen, die sich meistens schnell verbinden. Aber auch Euphorbien, *Pachypodium*-Arten (6.25), Crassulaceen und Stapelien eignen sich gut zum Pfropfen. Unterlage und Pfröpfling oder Pfropfreis müssen jedoch mehr oder weniger nahe verwandt sein. Bei den Kakteen werden in Europa verschiedene *Echinopsis*-, *Cereus*- und *Harrisia*-Arten als Unterlagen bevorzugt. In den wärmeren Ländern dienen die zarteren *Pereskiopsis*-, *Hylocereus*- und *Myrtillocactus*-Arten als Unterlage. Die Knollen der *Ceropegia*-Arten sind eine gute Unterlage für die empfindlichen Stapelien. Selbst kleine Sämlinge kann man schon pfropfen. So kann man z. B. seltene Kakteen-Mutanten, die kein Chlorophyll besitzen (6.27), aufpfropfen und erhalten. Würde man dies nicht tun, so würden die Sämlinge nach kurzer Zeit, d. h. sobald die Nahrungsreserven verbraucht sind, absterben, da sie nicht in der Lage sind, eigene Nahrung aufzubauen. Auf einer grünen Unterlage halten sich diese Mutanten jedoch – solange das grüne Gewebe sie nährt. Verkorkt das Gewebe, so muß man den Pfröpfling auf eine neue Unterlage bringen.

Obwohl das Pfropfen für Gärtner und Liebhaber eine große Hilfe ist, sonst schwierig zu kultivierende Pflanzen in einer Sammlung normal mitzuziehen, kann dadurch das Aussehen einer Pflanze sehr verändert werden. Wenn die Unterlage

Unten (6.25): Die saftigen Triebe von *Pachypodium* wie auch die der verwandten Gattung *Adenium* (Mitte) eignen sich gut als Pfröpflinge.

stark treibt, verändert sich der Habitus, besonders bei Kleinpflanzen, sehr stark, und sie erscheinen unnatürlich aufgetrieben. Für systematisch-morphologische Zwecke sind sie daher wenig geeignet. Eine gut wachsende Pflanze auf eigenen Beinen sollte bei der Bewertung immer den Vorrang vor einer Pfropfung haben.

Schädlingsbekämpfung

Seit es systemische Pestizide gibt, sind Sukkulentensammlungen im Gewächshaus weniger durch Schädlinge bedroht. Solche Systemgifte werden durch die Pflanzenoberfläche – besonders leicht über Wurzeln oder Blätter – aufgenommen und, je nach ihrer chemischen Natur, in der Pflanze transportiert. Der dabei auftretende Verdünnungseffekt verhindert meist eine Wirkung gegen beißende Insekten, reicht aber zur Abtötung der saugenden. Metasystox z. B. sammelt sich in den apikalen (oberen) Pflanzenteilen und ist deshalb sehr wirksam gegen die meist an den Triebspitzen saugenden Blattläuse, nicht aber gegen Schildläuse. Nematizide (gegen Fadenwürmer wirksame Gifte, gleichzeitig Insektizide), die als Granulat in den Boden gegeben werden, sind z. B. Carbofuran und Adlicarb (= Temik).
Fungizide (Gifte gegen Pilzbefall) gibt es heute sehr viel auf dem Markt, z. B. Thiabendazol, Furidazol und Benomyl. Diese drei Gifte haben ein breites Wirkungsspektrum und wirken auch gegen *Fusarium*- und *Verticillium*-Arten – Pilze, die die Pflanzen über die Wurzel befallen. Gerade die Fungizide leiten eine neue Entwicklung ein und sind speziell bei Sukkulenten vielversprechend, falls sie den Fäulnisbefall verringern können, der in vielen Fällen spontan und ohne ersichtlichen Grund eintritt. Sukkulenten sind besonders anfällig gegen Fäulnis. Sobald sich leicht braune oder schwarze Flecken an einer Pflanze zeigen, sollten die befallenen Stellen mit einem scharfen Messer bis auf das gesunde Gewebe zurückgeschnitten und die Pflanze trocken, hell und luftig gehalten werden, bis die Schnittflächen verheilt sind. Bewährt hat sich auch, die Schnittflächen mit Holzkohle oder Fungiziden einzustäuben. Bei der Schädlingsbekämpfung sollten wir uns auf jeden Fall nach der jeweiligen Anwendungsvorschrift richten! Einige der wirksamsten Gifte sind zugleich auch die gefährlichsten. Wir müssen unbedingt darauf achten, nicht direkt mit dem Gift in Berührung zu kommen, offene Wunden gut zu verschließen, die Dämpfe nicht ein-

Unten (6.26): Heute weniger bedrohlich als vor der Einführung der Insektizide: die Schildlaus. Hier sitzt dieses ca. 2 mm lange und mit einer weißen Schutzschicht aus Wachs umgebene Tier auf einer Opuntie.

zuatmen, Gefäße, in denen wir eventuell Giftpulver aufgelöst haben, sehr gut auszuwaschen und das Gift selbst sicher unterzubringen und zu verschließen.

Als Regel kann auch noch gelten, daß man nicht über längere Zeit ein Produkt verwenden sollte, da die Möglichkeit der Bildung resistenter Stämme beim Schädling besteht und die Mittel in ihrer Wirkung nachlassen können. Obwohl die Chemie in den letzten Jahren sehr viel neue und wirksame Schädlingsgifte entwickelt und auf den Markt gebracht hat, sollte der Liebhaber auch die probaten Mittel nicht vergessen: der Druck zwischen Daumen und Zeigefinger, um eine Laus zu zerdrükken, Chinosol zur Beizung von Samen, das Einstreichen der Pflanzen mit Schmierseife gegen Läuse und die alten Kontaktgifte wie z. B. Nikotin. Alles in allem hat der Kakteenfreund mit Schädlingen weniger Ärger als der Liebhaber vieler anderer Pflanzen. Es ist etwas Wahres daran, daß ein Kakteenfreund die erste Hälfte seines Lebens versucht, die Pflanze zum Wachsen zu bringen, und in der zweiten, sie zu bremsen. Zu dichter Bestand wird schnell zu einem Problem, gleichgültig, wie groß das Gewächshaus ist. Man kann zu zusätzlichen Stellagen und Ampeln übergehen, doch es kommt der Punkt, wo die Pflanzen nicht mehr zugänglich sind, zu viel Schatten haben und vernachlässigt werden. Viele Sukkulenten reagieren auf jährliches Umtopfen mit üppigem Wachstum und Blüten, sehen aber auch nach Jahren im gleichen Topf nicht viel schlechter aus. Es macht jedoch keinen Spaß, „Mumien“ zu pflegen. Der Liebhaber muß stark bleiben und Neuzugänge ablehnen, es sei denn, er trennt sich von anderen Pflanzen, um Platz zu schaffen.

Die meisten Sukkulenten blühen nur einmal im Jahr, können allerdings bei schlechter Witterung oder schlechtem Wuchs ganz mit der Blüte aussetzen. Wichtig ist es, die Ruhezeiten genau einzuhalten. Eine ständig zum Wachsen gezwungene Pflanze kann u. U. ein riesiges Exemplar werden, das jedoch nie blüht (6.2). Fehlende Sonne ist eine der häufigsten Ursachen für mangelnde Blühfähigkeit. Der beste Rat für den Anfänger, der gutblühende Sukkulenten sucht, ist, im Frühsommer beim Gärtner sich Pflanzen mit Knospen oder Blüten auszusuchen.

Unten (6.27): *Gymnocalycium mihanovichii* f. *rubra* braucht eine grüne Unterlage, um weiterleben und – wachsen zu können. Sehr viele dieser Varietäten kommen aus Japan.

7: Erhaltung

Was bringt die Zukunft?

Die Sorge über schwindende Populationen wildwachsender Pflanzen ist nichts Neues. Obwohl das Tierreich den Löwenanteil der öffentlichen Unterstützung hat, hängt das Schicksal dieser Tiere letztlich jedoch vom Überleben der Pflanzen ab. Aber während fast niemand dem Klagen eines leidenden Tieres widerstehen kann, wird doch wenig darauf geachtet, wenn Pflanzen still und unbeachtet verschwinden oder sterben.

Flora auf dem Rückzug

Schon in den 30er Jahren wurde voll Mißbilligung geschrieben, daß einige Sukkulentenarten an ihren ursprünglichen Standorten nicht mehr so leicht zu finden seien wie früher und daß einige Arten, die in älterer Literatur abgebildet sind, seither nie wieder aufgefunden wurden. Das klassische Beispiel bietet ein wundervoller Band mit handkolorierten Stichen von in Afrika gemalten Stapelien, der 1796 verlegt wurde. Der Autor, der Botaniker Francis Masson, kam als erster an das Kap, um für den Königlichen Botanischen Garten in Kew Sukkulenten zu sammeln. Masson führte nicht nur wohlbehalten viele, bei Sammlern noch jetzt beliebte Sukkulenten ein – was zu den damaligen Zeiten der langen, langsamen Schiffsreisen gar nicht so einfach war –, sondern er beschrieb und zeichnete auch 41 Stapelien, von denen bis auf fünf Arten alle für die Wissenschaft neu waren.
Doch schon um 1900 war die Hälfte dieser Pflanzen in Kultur schon wieder unbekannt, und in den inzwischen urbanisierten und kultivierten Gebieten, in denen sie zuerst gefunden worden waren, zeigten sich keine Exemplare mehr.
Den intensiven Freilanduntersuchungen von Harry Hall und seinen Mitarbeitern ist es zu verdanken, daß alle verlorengeglaubten Stapelien nach und nach wiederentdeckt wurden, oft nicht weit von ihrem ursprünglichen Standort entfernt. Bis auf eine Ausnahme hat man heute alle beschriebenen Stapelien-Arten wildwachsend wiedergefunden.
Dies ist dennoch kein Anlaß, die für andere Pflanzen drohende Gefahr herunterzuspielen. Was in Südafrika geschah, geschieht heute in den meisten Heimatländern der Sukkulenten. In Ostafrika ist die Situation noch besorgniserregender. Und wieder gehören die Stapelien zu den ersten Opfern: Zum einen sind sie bei Weidetieren sehr begehrt, zum andern sind die Sämlinge auf den Schatten anderer Pflanzen angewiesen. Von den drei in Abbildung 7.2 gezeigten Arten – Exemplare einer Privatsammlung aus dem Jahre 1963 – ist eine wahrscheinlich ausgestorben, eine andere nicht mehr aufzufinden, und nur die dritte Art findet man noch vereinzelt in der Natur. In Kultur sind alle drei Arten sehr schwierig zu halten und müssen ständig im Auge behalten werden.

Lebensrettung mit ungewissem Ausgang

Wenn auch die Liste ausgestorbener Sukkulenten noch erfreulich kurz ist, so gibt es doch viele Arten, deren Existenz am „seidenen Faden hängt". *Saphesia flaccida,* ein Mitglied der Mesembryanthemaceen, mit einem langen, dicken Strunk und einer einzigartigen Struktur der Früchte, wurde bereits 1804 in Kultur gehalten. 130 Jahre lang waren von dieser Art nur ein schönes Farbbild von Jacquins und ein getrocknetes Exemplar im Herbarium in Kew bekannt. 1934 fand man dann einige wildwachsende Pflanzen im Kalabas Kral bei Kapstadt. Bis 1950 konnte der Konservator Herre nur noch ein wildwachsendes Exemplar finden. Das ganze Gebiet, in dem diese Sukkulentenart beheimatet ist, verschwindet zusehends unter dem Pflug.
Xerosicyos pubescens ist ein eigenartiges Mitglied der Gurkengewächse, das sich von den anderen Mitgliedern dieser Familie stark unterscheidet. Von dieser Art war eine einzige männliche Pflanze im Botanischen Garten in Tananarive auf Madagaskar bekannt, die jedoch inzwischen auch ausgestorben ist. Der nicht ganz genau zu lokalisierende Standort dieser Art lag vermutlich in dem Teil Madagaskars, der jetzt vollständig kultiviert ist.
Es gibt etliche Sukkulenten, die man häufiger in Kultur als in der Natur findet. *Aloe variegata* z.B. ist auf den Fensterbänken der nördlichen Halbkugel außergewöhnlich oft zu finden, in ihrer südafrikanischen Heimat jedoch im Rückzug begriffen. Dieser Rückgang der wildwachsenden Pflanzen ist wohl auf das Übersammeln, um die steigende Nachfrage der Händler zu befriedigen, zurückzuführen. Sammler werden häufig für die Ausrottung seltener Arten verantwortlich gemacht, aber sie sind nur eines der vielen Übel – ein ernstes, aber nicht das schlimmste. Selbst der größte Plünderer läßt meistens einige Exemplare zurück, die zu groß oder zu alt sind, ihm nicht gefallen oder nicht zugänglich sind. Weidende Tiere, Planierraupen und Unkrautvertilgungsmittel machen keine solchen Unterschiede.
Üppig blühende Zwergsukkulenten haben am meisten unter dem Ansturm auf ihre natürlichen Standorte gelitten, da ihre Beliebtheit in Amerika, Europa und Japan ständig stieg. 1968 durchforschte ich mit zwei anderen Botanikern die Gegend, in

Rechts (7.1): Das Hester Malan-Schutzgebiet bei Springbok in Südafrika. Zu der reichen heimischen Flora kommen immer wieder gefährdete Pflanzen aus dem Namakwaland hinzu.

7: Erhaltung

der *Mammillaria louisae* beheimatet ist (in der Nähe von Socorro in Niederkalifornien). Obwohl diese Art hier einst reichlich vorkam, fanden wir nicht einmal ein Dutzend Exemplare. Eine zweite Forschungsreise im Jahr 1974 bestätigte den Rückgang dieser Art. Was in diesem Fall so sehr verwundert und enttäuscht, ist die Tatsache, daß *Mammillaria louisae* eine der am leichtesten aus Samen zu ziehenden Kakteen ist. Bereits zweijährige Pflanzen blühen und bilden reichlich Samen aus (7.3), so daß absolut kein Grund besteht, wildwachsende Populationen zu plündern.
Ein weiterer, wichtiger Grund, der zum Rückgang wildwachsender Sukkulenten führte, ist das weidende Vieh: Die Zucht von Ziegen in Südafrika hat fast überall tiefgreifende Auswirkungen auf die Vegetation. Die Kartei der „Vergehen" von Ziegen an der Pflanzenwelt würde Bände füllen. Das einzigartige *Talinum guadalupense* (15.4) wurde auf Guadalupe, 400 km südlich von San Diego, vollkommen abgegrast und ist nur noch auf Felseninseln anzutreffen, auf denen keine Ziegen weiden. Ziegen sind nicht wählerisch, sie lassen kaum eine Pflanze aus. Viele Sukkulenten verdanken ihr Überleben dem Schutz kleiner Sträucher, werden jedoch diese abgefressen oder vernichtet, kann nichts mehr überleben – reine Wüste breitet sich aus.
Es ließe sich eine lange Liste der Faktoren aufstellen, die für den Rückgang der Vegetation verantwortlich sind: sich ausdehnende Städte, die Landwirtschaft, Bergbau, Straßenbau, Luftverschmutzung, Überweiden, Absammeln und vieles mehr. Wir können dem nicht Einhalt gebieten, ebensowenig, wie wir ein „Betreten verboten"-Schild an einem Naturschutzpark anbringen können, um nomadisierende Stämme in Ostafrika fernzuhalten, deren Leben davon abhängt, neue Weidegründe zu finden.

Ist Abhilfe möglich?

Gesetze, die das Sammeln unter Kontrolle halten, sind eine Möglichkeit, Sukkulenten vor dem Aussterben zu bewahren. In Afrika und Nordamerika wurden solche Gesetze schon eingeführt. Doch auch dies hat seine Nachteile. Die wahren Naturfreunde leiden jetzt unter den Geschäftemachern; Botaniker und Gärtnereien müssen Papierkriege führen, um die Gesetze einzuhalten. Das Aussterben seltener Pflanzen wird eher beschleunigt, wenn man die Ausfuhr gesetzlich beschränkt. Inzwischen wird trotz der Ausfuhrgesetze weitergegraben, denn die betroffenen Gebiete sind so groß, daß sie nicht ausreichend überwacht werden können.
Naturschutzgebiete sind die beste Lösung: Sie erhalten Teile der Standorte, in denen gefährdete Arten vorkommen, und sie schützen auch die Sträucher, die den kleineren Sukkulenten und den Sämlingen

7: Erhaltung

Rechts (7.2): Zum Tode verurteilte Sukkulenten: *Whitesloanea crassa* (links), *Pseudolithos cubiformis* (Mitte), *Pseudolithos migiurtinus* (restliche drei Pflanzen), noch an einigen natürlichen Standorten zu finden.

Unten rechts (7.3): *Mammillaria louisae* an ihrem natürlichen Standort und in Kultur, wo sie gut gedeiht und auch blüht. Trotzdem sollte man diese Pflanze nicht ausgraben.

Unten (7.4): Wildwachsende *Lampranthus,* ein Mitglied der Mesembryanthemaceen-Familie, im Hester Malan Pflanzenreservat.

7: Erhaltung

Schutz bieten. Leider sind Naturschutzparks für Pflanzen sehr viel seltener als für Tiere. Einer dieser Pflanzenschutzparks ist das Hester Malan Wild Flower Reservat in Südafrika (7.1), das ca. 48,5 km² herrliches, weitgehend unberührtes Land mit sehr vielen endemischen Arten umfaßt. Von Zeit zu Zeit werden diese ergänzt, um die gesamte Flora des Namakwalandes zu erhalten. Es sind aber weitaus mehr solcher Reservate nötig, um die aussterbenden Arten am Leben zu erhalten. Unglücklicherweise sind jedoch die Schwierigkeiten, ein solches Reservat einzurichten und zu unterhalten, viel zu groß. Wir müssen uns zwei wichtige Fragen stellen: Welche Pflanzen sind am gefährdetsten? Und wo? Die betreffenden Gebiete sind riesig, und das Sammeln erstreckt sich zumeist auf die Straßen- und Wegränder. Wer einmal die bekannten Standorte überflogen hat, kennt die Lücken zwischen dem Ende einer Straße und dem Beginn der nächsten. Wandern ist anstrengend in dem unwegsamen Gebiet, und endlose, unüberschaubare Gebiete erstrecken sich bis zum Horizont.

Verhaltensregeln

1968 begann man, alle gefährdeten Pflanzen zu erfassen. Detaillierte Informationsblätter über etwa 120 Arten wurden 1970 und 1971 als Band 5 der „Roten Liste" veröffentlicht. Doch die Zahl der gefährdeten Arten übersteigt 20000, und man erkannte bald, daß dieses Vorgehen zu langsam war und viele Arten ausgestorben sein würden, bevor die Liste vervollständigt und die eigentliche Arbeit in Angriff genommen war. 1974 errichtete die Internationale Union zur Erhaltung der Natur (IUCN) daher ein Komitee für bedrohte Pflanzen. Jetzt sammeln regionale und spezialisierte Gruppen Informationen; botanische Gärten leisten Hilfe, indem sie bedrohte Arten halten und pflegen. Neben genauen Angaben für die „Rote Liste" arbeitet man an regionalen Listen gefährdeter Pflanzen. Die Listen für Nordafrika und Arabien sind schon fast vollständig. Eine der spezialisierten Gruppen ist die Internationale Organisation für Sukkulenten (IOS), die sich seit 1973 mit den Problemen der Sukkulenten befaßt. Diese Gruppe hat in dieser Zeit u. a. ein Register spezieller Sukkulentensammlungen in Großbritannien und einige Verhaltensregeln im Umgang mit den gefährdeten Pflanzen herausgebracht (7.5).

Weil diese Verhaltensregeln sich an alle Naturfreunde richten, die in irgendeiner Form an Sukkulenten interessiert sind, seien es Botaniker, gewerbliche Züchter, Angestellte botanischer Gärten oder private

Verhaltensregeln

In freier Natur

Beschädigen Sie die natürlichen Populationen so wenig wie möglich. Denken Sie daran, daß es innerhalb einer Art lokale Rassen mit genetischen Unterschieden geben kann – die Population auf dem einen Hügel ist vielleicht nicht genau die gleiche wie auf dem nächsten.

Beachten Sie die nationalen und lokalen Sammelbestimmungen:

– Prüfen Sie, ob lokale Gesetze über das Entfernen und Exportieren von Pflanzen vorhanden sind.

– Wenn eine Erlaubnis nötig ist, sammeln Sie nicht ohne sie.

– Wenn die Erlaubnis vorschreibt, wie viele Pflanzen oder was sonst an Pflanzenmaterial gesammelt werden darf, halten Sie sich daran.

– Vergewissern Sie sich, daß die Pflanzen, die Sie sammeln möchten, nicht zu den gefährdeten Arten gehören.

– Es ist höflich und in Ihrem Interesse, wenn Sie in dem Land, in dem Sie sammeln wollen, mit der dortigen Gesellschaft für Sukkulentenfreunde sprechen.

– Wenn Sie eine Erlaubnis bekommen haben, sammeln Sie unauffällig, und lassen Sie bei den Einheimischen nicht den Eindruck aufkommen, daß die Pflanzen einen Handelswert haben.

– Wenn möglich, sammeln Sie Samen, Stecklinge oder Ableger und lassen Sie die Mutterpflanze stehen. Wenn Sie die ganze Pflanze nehmen müssen, begnügen Sie sich mit kleinen Exemplaren.

– Bedenken Sie, daß sich erwachsene Pflanzen selten gut versetzen lassen und beim Transport oft beschädigt werden. Aber nicht nur das, an ihrem natürlichen Standort werden sie gebraucht, damit sie Samen für die Arterhaltung produzieren können.

Machen Sie sich so viele Notizen wie möglich über die Örtlichkeiten, Höhenlage, Art der Vegetation und Bodenbeschaffenheit, Klima und Datum des Sammelns. Schätzen Sie die Anzahl der Einzelexemplare und das Ausmaß der Population. Beobachten Sie die Samenbildung und die Häufigkeit von Sämlingen. Halten Sie mögliche Bedrohungen fest, z. B. Bebauung, Abweiden oder die Nähe einer Straße oder einer Stadt. Wenn Sie die Population oder eine bestimmte Art für besonders gefährdet halten, verschaffen Sie sich einen besonders sorgfältigen Überblick

Rechts (7.5): Eine solitär wachsende *Aloe* in der Wüste von Namibia, wo Aloen seit Jahrtausenden ungestört wachsen konnten. Doch heute sind auch diese Arten stark gefährdet.

und geben Sie Ihre Erkenntnisse und Beobachtungen an die IOS oder die entsprechende lokale Sukkulentengesellschaft weiter. Machen Sie Fotografien und Zeichnungen und/oder bewahren Sie charakteristisches, möglichst ergiebiges Material auf, um ein Herbarium anlegen zu können.

In der Gärtnerei

Versuchen Sie, Ihr gärtnerisches Geschick, „schwierige" Pflanzen erfolgreich zu vermehren: Vermehren Sie, vermehren Sie, vermehren Sie! Vermehren Sie vegetativ oder aus Samen!

– Bieten Sie keine nicht selbst vermehrten wildwachsenden Pflanzen an oder verkaufen Sie sie.

– Das Handeln mit importierten Pflanzen bedarf keiner gärtnerischen Fähigkeiten, ermutigt vielmehr nur zum Plündern natürlicher Populationen.

– Machen Sie es wie die vielen erfolgreichen Züchter, die ihre Pflanzen aus Samen oder als Stecklinge ziehen.

– Kaufen Sie nichts von einem Händler, der Ihrer Meinung nach gegen Sammel- und Exportgesetze verstößt oder der keine Daten gemäß diesem Verhaltenskodex liefern kann.

– Versuchen Sie, seltene Arten zu vermehren und geben Sie überzähliges Material an die IOS oder einer lokalen Sukkulentengesellschaft.

– Halten Sie von den seltenen Arten mehr als nur einen unabhängigen Nachkommen – auch bei selbstbefruchtenden Arten – für die Samenproduktion.

– Machen Sie sich genaue Aufzeichnungen über die Herkunft aller Arten, vor allem all derjenigen mit bekanntem Ursprung, und seien Sie genau beim Beschriften.

– Halten Sie sich vor Augen, daß der beste Weg, eine Art in Kultur zu erhalten, der ist, ihr eine weite Verbreitung zu verschaffen.

– Wenn Ihre Gärtnerei im Heimatland einer Art liegt, die Sie verkaufen, verkaufen Sie keine Pflanzen, die in der Natur gesammelt und in der Gärtnerei kultiviert wurden, bevor diese nicht vermehrt worden sind.

Beim Liebhaber

Machen Sie nicht die Größe oder Seltenheit einer Pflanze, sondern gute Haltung und Pflege zu Ihrem Maßstab.

– Unterstützen Sie niemanden, der mit nicht vermehrten Importen handelt, ohne sich an die Empfehlungen dieses Kodex zu halten.

– Berichten Sie der IOS über alle Ihnen wichtig erscheinenden Vorfälle im Zusammenhang mit wildwachsenden Pflanzen, die Ihrer Meinung nach nationale oder internationale Abmachungen verletzen oder natürlichen Populationen einer Art nennenswerten Schaden zugefügt haben.

– Achten Sie auf gut geführte Unterlagen und vorbildliches Beschriften, vor allem dann, wenn Sie sich auf eine bestimmte Gruppe spezialisieren.

– Versuchen Sie, seltene Arten zu vermehren und unterstützen Sie deren Überleben dadurch, daß Sie Material (mit verfügbaren Herkunftsdaten) an andere Liebhaber weitergeben.

Ausstellen und Bewerten

Wer Ausstellungslisten zusammenstellt, sollte verdeutlichen, daß Pflanzen, die als schwer zu kultivieren gelten, höher bewertet werden als seltene Exemplare.

Juroren sollten Pflanzen, die offensichtlich importiert sind, nicht den Vorzug vor gut gezogenen Sämlingen geben.

7: Erhaltung

Liebhaber, drucken wir diese Regeln hier ungekürzt ab.

Viele Sukkulentenfreunde wollen gefährdete Arten schützen und fragen: „Wie kann ich helfen?“ Diese Verhaltensregeln sollen ihm Antwort geben. Keineswegs sollen sie private Sammler abschrecken. Vielmehr sind gut erfaßte Sammlungen für die Erhaltung einzelner Arten von größter Bedeutung. Alles, was den Massenexport aus den Ursprungsländern der Sukkulenten bremst, ist zu begrüßen. Wenn Pflanzen überhaupt außer Landes dürfen – verschiedene Länder haben inzwischen strenge Gesetze für den Ex- und Import von gefährdeten Pflanzen erlassen –, sollten sie nur dorthin kommen, wo sie zu Studienzwecken verwendet werden oder wo man sie erhält und pflegt und versucht, sie zu vermehren.

Ich erinnere mich, um ein Beispiel zu nennen, an einen denkwürdigen Besuch des Kongotals in Südafrika im Jahre 1971, als ich zu den Glücklichen gehörte, die eine der seltenen und vielgesuchten *Haworthia graminifolia* sahen und an ihrem natürlichen Standort fotografieren konnten (7.7). Die Pflanzen wachsen nur an einer Seite des Berges, umgeben von Grasbüscheln, denen sie, wenn sie nicht blühen, so sehr ähneln, daß die einzige Möglichkeit, sie zu erkennen, darin besteht, ein Stück Gras auszustechen und nach den dicken, dahlienähnlichen Wurzeln zu suchen. Ein kleines Exemplar von dieser *Haworthia graminifolia* habe ich ausgegraben und mit nach Hause in mein Gewächshaus genommen. Hier wuchs und gedieh diese Pflanze sehr gut und blüht jährlich. Dank beharrlicher Bestäubung jeder einzelnen Blüte mit der Hand, erhielt ich bis zu 100 Samen im Jahr, so daß der Fortbestand dieser Art jetzt auch gesichert ist. Mein Gewissen ist beruhigt, daß ich mir die Freiheit genommen habe, wildwachsende Exemplare auszugraben und mit nach England zu nehmen. Aber nicht immer gewöhnen sich importierte Pflanzen so gut ein, so daß dieses schlechte Beispiel nicht Mode machen sollte.

Beim Sammeln von außergewöhnlichen und speziellen Sukkulentenarten sollte der Nachdruck auf der Vermehrung dieser Arten im Gewächshaus liegen. Eine einzige seltene Pflanze zu besitzen und sie nicht zu vermehren, ist falscher Stolz, denn irgendwann wird auch diese Pflanze eingehen. Hat man jedoch Ableger gemacht und eventuell auch welche davon verschenkt, so kann dann sicher jemand Ersatz für die abgestorbene Mutterpflanze anbieten. „Wenn du eine Pflanze behalten willst, dann gib sie fort“ ist ein alter Wahlspruch, der seit Generationen unter den Gärtnern weitergegeben und auch befolgt wird. Noch wichtiger ist die Zukunft einer ganzen Sammlung, worüber der Liebhaber meist jedoch gar nicht nachdenkt. Findet er keinen würdigen Nachfolger oder vermacht er seine Sammlung nicht einem botanischen Garten, so kann in wenigen Monaten das Werk seines Lebens verloren sein, die Pflanzen vertrocknet oder verfault, erfroren oder durch pralle Sonne verbrannt.

Arterhaltung — ein aussichtsloser Kampf?

Vielen mag es als Gipfel der Torheit erscheinen, Zeit und Geld aufzubringen, um stachelige Kakteen zu erhalten, vor allem, wenn ihre Kenntnisse sich auf den Feigenkaktus beschränken, der die australischen Farmer so viel kostet. Aber die Sache hat zwei Seiten: Es gibt auch nützliche Feigenkakteen, und zu den wenigen Sukkulenten, deren Nutzen dem Menschen bis jetzt bekannt sind, kommen Hunderte andere, deren Nutzen man nie erforscht hat. Wer weiß, welche guten Eigenschaften kommende Generationen an ihnen entdecken werden? Solange wir Pflanzen nicht beliebig schaffen können, sollten wir es uns zweimal überlegen, bevor wie eine Art so ohne weiteres aussterben lassen.

Rechts (7.6): Riesige Kandelaber-Kakteen (*Carnegiea gigantea*) zwischen Frühlingsblumen im Saguaro National Park in Südarizona.

Unten (7.7): *Haworthia graminifolia* an ihrem natürlichen Standort in Südafrika und blühend in Kultur. Diese Rarität kann man in Kultur leicht durch handbestäubte Samen vermehren.

8: Systematik

Das Spiel mit den Namen

Nur einige wenige Sukkulenten haben Trivialnamen, die oft sehr unterschiedlich verwendet werden. So kann die „Schwiegermutterzunge" eine Sanseverie, Gasterie oder irgendeine andere Pflanze mit langen, zungenähnlichen Blättern sein. Eiskraut kann *Mesembryanthemum,* manchmal auch *Sedum* bedeuten – aber auch andere Pflanzen mit glatten Blättern können so bezeichnet werden. Es gibt daher keinen Ersatz für die wissenschaftlichen Namen, die für die Botanik in der ganzen Welt gleich sind. Es gibt hier ausgezeichnete Lehrbücher, die dem Anfänger wie auch dem fortgeschrittenen Botaniker helfen, die wissenschaftlichen Namen zu verstehen und anzuwenden.

Namensgebung

Der Botaniker Carl von Linné führte Mitte des 18. Jahrhunderts die binäre Nomenklatur ein, d. h. Tiere und Pflanzen wurden mit einem aus zwei Teilen bestehenden, wissenschaftlichen Namen bezeichnet, dem Gattungs- und einem nachfolgenden Artnamen. Danach folgt der Name des Autors, d. h. desjenigen, der die Art als erster beschrieben hat. Betrachten wir uns einmal ein Beispiel:

Haworthia limifolia Marl.

Ein Botaniker, der diesen Namen zum ersten Mal sieht, kann folgendes daraus ablesen:
1. Es handelt sich um eine Artbezeichnung.
2. Die Art gehört zur Gattung *Haworthia,* so benannt nach A.H. Haworth (8.2), einem berühmten englischen Botaniker (1768–1833). Die Gattung *Haworthia* gehört zu den Liliengewächsen (Liliaceae), deren allgemeines Äußeres einem Botaniker bekannt ist.
3. Der Artname *limifolia* (lat. lima = Feile, folium = Blatt) beschreibt die feilenartigen Blätter dieser Art.
4. Die Abkürzung Marl. bezieht sich auf Rudolph Marloth, einen berühmten südafrikanischen Botaniker (1855–1931). Sein Name gibt einen Hinweis auf das Land und das ungefähre Datum, an dem dieser Artname zuerst veröffentlicht wurde.
Normalerweise läßt man den Namen des Autors weg. Er ist nur für wissenschaftliche Studien von Bedeutung, wenn man unterscheiden muß zwischen *Haworthia limifolia* Marl. und *Haworthia limifolia* anderer Botaniker oder der Züchtung einer Gärtnerei („hort."), bei der zwei oder mehr verschiedene Arten unter dem einen Namen zusammengefaßt sind.

Klassifikation
Taxonomie (oder Systematik) Lehre von der Einteilung, der Klassifikation.
Nomenklatur Namengebung von Pflanzen und Tieren
Taxon (pl.Taxa) Allgemeine Bezeichnung einer systematischen Kategorie
Species oder Art, Grundeinheit des Systems, von ihr werden alle anderen Rangstufen abgeleitet.
Cultivar angebaute, gezüchtete Sorte, wird oft mit Varietät verwechselt.

Bezeichnungen wie „Familie", „Varietät" und „Form" haben in der Botanik eine besondere Bedeutung. Man vermeidet diese Ausdrücke am besten, wenn lediglich ein unverbindlicher Ausdruck wie „Sorte" oder „Rasse" gebraucht wird.
Also: „Eine Pflanze der *Sedum*-Familie" bedeutet irgendein Mitglied der Crassulaceen – nicht nur der Gattung *Sedum.*

Das binäre System hat einen Nachteil: Eine Pflanze kann erst dann exakt benannt werden, wenn sie klassifiziert worden ist. Ändert sich die Klassifikation, ändert sich auch der Name.

Die Nomenklatur

Die Vergabe neuer Namen an wildwachsende Pflanzen wird durch den „Internationalen Kodex der botanischen Nomenklatur" geregelt. In diesem Kodex werden Empfehlungen zur Benennung neuer Pflanzen gegeben, Namensänderungen aufgeführt und Fehler bereinigt, die bei früheren Benennungen aufgetreten sind. Dieser Kodex wird freiwillig von allen wissenschaftlich arbeitenden Botanikern befolgt (oder sollte es!); Namen, die nicht diesem Kodex entsprechen, werden nicht allgemein anerkannt.

8: Systematik

Oben links (8.1): Adrian Hardy Haworth (1768–1833), der Erstbeschreiber vieler neuer Arten, eine davon die Gattung *Haworthia*.

Oben (8.2): Zum Gedenken an A. H. Haworth. Für eine Privatsammlung wären diese in einem botanischen Garten notwendigen „Grabsteine" zu groß.

Jeder kann eine neue Art veröffentlichen, es bedarf lediglich einer Beschreibung in Latein und die Nennung eines Originalexemplares (Holotypus), auf das sich die Erstbeschreibung dieser neuen Art gründet. Die Veröffentlichung muß gedruckt in einem Buch oder einer der Öffentlichkeit zugänglichen Zeitschrift erfolgen. Zusätzliche Illustrationen, eine Beschreibung in einer zweiten, lebenden Sprache und Hinweise, inwieweit diese neue Art von ihren Verwandten abweicht, sind sehr nützlich – aber nicht notwendig.

Bevor man sich mit der Nomenklatur befaßt, sollte man sich mit dem Kodex auseinandersetzen. Kein Jahr vergeht ohne entsetzliche Stümperei bei der Benennung neuer Arten, begangen von wohlmeinenden Amateuren, die z. T. völlig ahnungslos sind, daß die Benennung der Pflanzen irgendwelchen Regeln folgt. Was so bestürzt, ist die Tatsache, daß andere Liebhaber nicht wissen können, was richtige oder falsche Namen sind, und daß diese Fehlbenennungen für alle Zeiten bestehen und in künftige Monographien eingehen werden.

Die Benennung von Gartenpflanzen

Bei den Gartenpflanzen gilt als Grundeinheit die Gartenvarietät oder das Cultivar (cv.), als „Evangelium" der „Internationale Kodex der Nomenklatur kultivierter Pflanzen". Ein Cultivar ist definiert als „eine Sorte gezüchteter Pflanzen, die eindeutig durch bestimmte Merkmale (morphologische, physiologische, cytologische, chemische u. a.) charakterisiert ist und bei der Vermehrung diese abweichenden Merkmale behält". Cultivare können ihren Ursprung in Kultur oder freier Natur haben, als Mutanten oder Hybriden (8.3,4). Viele sind unveränderliche Klone (siehe Seite 84), ganz im Gegensatz zu den variablen Arten. Die Cristaten, monströs veränderte Sukkulenten, sind fast ausschließlich Beispiele solcher Klone. Typographisch unterscheiden sich die Namen der Cultivare von denen der Arten durch einfache (nicht doppelte) Anführungszeichen oder durch ein vorangestelltes „cv.“. Anders als die Artnamen beginnen sie mit großen Buchstaben und werden nicht kursiv gesetzt. In der Vergangenheit gab man den Cultivaren oft botanische Namen, obwohl man sie nur in Gärten, nie in freier Natur, fand. Diese Namen können, wenn sie vor 1959 gegeben wurden, beibehalten werden, aber sie werden wie Cultivare geschrieben, also *Echeveria* ‚Hoveyi‘ anstatt *Echeveria hoveyi* Rose. So kann man auf den ersten Blick den Namen einer wildwachsenden Pflanze von dem einer kultivierten Gartenpflanze unterscheiden.

Benennung der Hybriden

Da es wildwachsende und kultivierte Hybriden gibt, kommen ihre Namen in beiden Kodizes vor. Der Name einer Hybride kann sich aus dem der beiden Elternteile zusammensetzen, also z. B.: *Echeveria derenbergii* X *setosa* oder, wenn man sie für bedeutend genug hält, bekommen sie einen latinisierten Artnamen, in unserem Beispiel also: *Echeveria* X *derosa* von Roeder (hier steht dann der Name des Erstbeschreibers dahinter). Das „X“ vor dem Artnamen deutet auf den Hybridstatus hin. Dieser kollektive Artname umfaßt alle Abkömmlinge dieser Kreuzung sowie die Rückkreuzungen mit einem Elternteil. Ein besonderer Klon, der wegen seines kräftigen Aussehens aus der ersten Generation der Sämlinge ausgesucht wurde, ist in Gärten unter dem Namen ‚Worfield Wunder‘ weit verbreitet.

Hybriden können oft zwei Gattungen miteinander verbinden, dann nämlich, wenn ein neuer Gattungsname geprägt wird, weil das Produkt keiner der beiden Elterngattungen exakt zugeordnet werden kann. Der neue Gattungsname setzt sich aus denen der beiden Eltern zusammen: X *Seleniphyllum* deckt also alle Hybriden der Gattungen *Selenicereus* und *Epiphyllum* ab. X *Seleniphyllum cooperi* umfaßt alle Kreuzungen zwischen *Selenicereus grandiflorus* und *Epiphyllum crenatum*. X *Seleniphyllum* ‚Pfersdorffii‘ (= *Seleniphyllum cooperi* ‚Pfersdorffii‘) ist ein besonderer Klon dieser Generation.

Oft wird statt „Cultivar“ auch der Ausdruck „Varietät“ verwendet. Dies ist aber falsch. Der Ausdruck „Varietät“ sollte auf die botanische Systematik beschränkt bleiben, in der er soviel ausdrückt wie „Unterart“.

Die Klassifikation der Pflanzen

Der Mensch neigt zum Klassifizieren, dazu, die Dinge um sich herum in ein System einzuordnen. Die Vielfalt der Natur läßt sich nur durch ein System in der Art der „Schachtel in der Schachtel“ erklären. Dadurch erkennen wir die Logik im Aufbau der verschiedenen Kategorien, die der Systematiker geschaffen und in absteigender Linie angeordnet hat. Sehen wir dies am Beispiel von *Lithops salicola* an.

Klassifikation
(Am Beispiel von *Lithops salicola* L.Bol.)

	Endsilbe der taxonomischen Bezeichnung	
Reich (Regnum)	Pflanzen	
Abteilung (Division)	Blütenpflanzen	phyta
Ordnung (Ordo)	Caryophyllales	ales
Familie (Familia)	Mesembryanthemaceae	aceae
Unterfamilie (Subfamilia)	Ruschioideae	oideae
Stamm (Tribus)	Ruschieae	eae
Unterstamm (Subtribus)	Lithopinae	inae
Gattung (Genus)	*Lithops*	
Untergattung (Subgenus)	Leucolithops	
Art (Species)	*Lithops salicola* L.Bol. (Der Autor ist Louisa Bolus)	

Lithops salicola L.Bol.

Unten (8.3): Hybriden verwischen Grenzen und schaffen Klassifikationsprobleme. Hier die Kreuzung zweier Lobivien-Arten (eine davon *Lobivia silvestrii* (6.13).

Unten rechts (8.4): *Epiphyllum*-Arten sind verschiedener Abstammung, manchmal ist nicht einmal die Gattung erfaßt. Oben: Deutsche Kaiserin X Conway's Giant.

Bei einigen Kategorien wurde die Endsilbe standardisiert, so daß man anhand dieser sogleich die Rangordnung erkennen kann. Die Meinungen darüber, inwieweit diese Einheiten auch in der Natur vorkommen, gehen auseinander. Man kann für genauere Analysen diese Kategorien auch noch weiter unterteilen: eine Untergattung kann noch aufgeteilt werden in Sektionen und Untersektionen, die Art kann noch aufgegliedert werden in Unterarten (ssp.), Varietäten (var.) und Formen (f.). Bei *Haworthia limifolia* z. B. gibt es eine Varietät *stolonifera* f. *major:* eine großblättrige Form, die Stolonen (langstielige Ausläufer) bildet und sich von der Grundform *Haworthia limifolia* var. *limifolia* f. *limifolia* unterscheidet.

Da man die Einheiten unserer Klassifikation nicht ganz exakt bestimmen kann, spalten sich die Botaniker in zwei Lager: in die „Splitterer", die viele kleine, sauber getrennte Einheiten bevorzugen, und in die „Pauschalisten", die für wenige, großzügig umrissene Gruppen sind. Müßte man sich für eine der beiden Gruppen entscheiden, so könnte man seinen Entschluß wohl keinesfalls logisch begründen.

Die Sukkulenten gehören zu denjenigen Pflanzen, die besonders stark unterteilt sind. Während der konservative Systematiker *Notocactus* in einem weitgefaßten Sinn anerkennt, unterteilen die Radikalen diese Gattung aufgrund kleiner Unterschiede bei den Blüten, Früchten und Samen in *Brasilicactus, Eriocactus* und *Wigginsia* (*Malacocarpus*). In professionellen Kreisen bemüht man sich inzwischen um eine Mäßigung und Verschmelzung dieser Aufsplitterungen, aber die Fehler der Vergangenheit zu korrigieren, bedeutet oft, weitere Namensänderungen vorzunehmen. Im vorliegenden Buch habe ich mich um ein gemäßigtes Vorgehen bei der Klassifikation bemüht, wo immer das möglich war, und die Alternative in Klammern gesetzt, wo ich es für notwendig hielt. Für den Liebhaber ist es besonders verwirrend, mit solchen Mehrdeutigkeiten konfrontiert zu werden: Er bestellt verschiedene Pflanzen nach dem Katalog und sitzt zum Schluß entweder vor unidentifizierbaren Sämlingen oder trifft unter verschiedenen Namen auf die gleiche Pflanze. Auch Bücher lösen oft Verwirrung aus, je nachdem, welcher Quelle sie folgen. Man fragt mit Recht: Warum gibt es soviele Namen? Und welcher ist nun der richtige? Leider gibt es auf diese Fragen keine erschöpfende Antwort, und es würde zu weit führen, hier all die Faktoren aufzuführen, die bei dieser oder jener Pflanze zu einer Namensänderung geführt haben.

8: Systematik

Ein Borzicactus — viele Namen

Namensänderungen können aufgrund der Taxonomie oder der Nomenklatur erfolgen: zwei ganz verschiedene Grundlagen. Erstere ist rein persönlich und subjektiv, letztere richtet sich nach dem Kodex.
Taxonomische Änderungen sind das Ergebnis neuerer Forschungen und zusätzlich gewonnener Informationen. Was früher zu einer Gruppe gestellt wurde, teilt man heute vielleicht in zwei oder drei auf. Was man früher für drei unabhängige Einheiten ansah, hat sich heute als so vielfältig miteinander verbunden herausgestellt, daß man eine Zusammenlegung verlangt. Diese neuen Änderungen der Klassifikation sind im Beispiel rechts mit „T" gekennzeichnet.
Nomenklatorische Änderungen resultieren aus der strikten Anwendung der beiden Kodizes. Der gleiche Doppelname kann z. B. unabhängig voneinander zwei unterschiedlichen Arten gegeben worden sein. Oder ein und dieselbe Art wurde unabhängig zweimal verschieden benannt. Beides hat chaotische Folgen und muß korrigiert werden. 1973 benannte Lavranos z. B. eine Aloenart *Aloe pulchra.* Er übersah aber dabei, daß dieser Artname schon vergeben worden war. Die Aloe Lavranos mußte daher neu benannt werden. Man einigte sich dann auf den Namen *Aloe bella.* Änderungen nach der Nomenklatur sind im folgenden Beispiel mit „N" bezeichnet.
Ritter bezeichnete 1962 einen sehr schönen Kaktus mit goldenen Stacheln (8.5) *Winteria aureispina,* die einzige Art einer neuen Gattung, die zu Ehren seiner Schwester, Hildegard Winter, Frau eines deutschen Kakteengärtners, getauft wurde. Unglücklicherweise übersah auch Ritter, daß der Name *Wintera* bereits allgemein gebräuchlich für einen nicht verwandten Strauch verwendet wurde. Die Unterscheidung nur in einem Buchstaben (*Winteria – Wintera*) hätte zu Verwechslungen geführt. Nach dem Kodex bleibt der alte Name *Wintera* (1784) also, und *Winteria* Ritt. mußte neu benannt werden. Zwei Personen taten das 1966 unabhängig voneinander: Backeberg nannte sie *Winterocereus* und Ritter selbst *Hildewintera.* Ritters Neubenennung erschien gedruckt vier Monate vor dem Buch Backebergs – seine Namensgebung hatte somit den Vorrang. 1974 stellte Buxbaum fest, daß *Hildewintera* nicht von *Loxanthocereus* zu unterscheiden war, und 1975 faßte ich selbst beide Arten in der Gattung *Borzicactus* zusammen. Man kann diese etwas verwirrende Namensänderung wie folgt zusammenfassen:

1 *Winteria aureispina* Ritter, Januar 1962
2 *Hildewintera aureispina* (Ritter) Ritter, Januar 1966 (N)
3 *Winterocereus aureispinus* (Ritter) Backeberg, Mai 1966 (N)
4 *Loxanthocereus aureispinus* (Ritter) Buxbaum, April 1974 (T)
5 *Borzicactus aureispinus* (Ritter) Rowley, Mai 1975 (T)

Der Autorenname in Klammer ist der des Erstveröffentlichers dieser Art, der zweite Name der des Veröffentlichers des veränderten Doppelnamens.
Von den obigen Namen verstoßen 1 und 2 gegen den Kodex und sind ungültig. 3, 4 und 5 aber sind gültig und können alle drei verwendet werden.
Bei der Antwort nach dem richtigen Namen muß man also die Quelle und den Grund für die Namensänderung prüfen. Eine taxonomische Änderung ist Ansichtssache, eine korrekte nomenklatorische Änderung wird meist von allen Botanikern anerkannt. Man fügt sich daher am besten, auch wenn ein vertrauter Doppelname verlorengeht.

Rechts (8.5): *Borzicactus aureispinus,* ein hübscher Kaktus mit vielen Namen. Dieser neuartige Behälter soll den natürlichen Standort nachahmen.

Unten (8.6): *Dudleya brittonii* aus Niederkalifornien versteckt in ihrem Namen gleich zwei berühmte amerikanische Botaniker: W. R. Dudley von der Standford Universität und N. L. Britton vom Bot. Garten New York.

Teil II
Die Familien der Sukkulenten

Wie schon im Vorwort gesagt, wollen wir hier nicht versuchen, alle ca. 10000 bisher bekannten Sukkulentenarten zu beschreiben. Unser Interesse beschränkt sich auf die großen Gattungen und Familien, ihre Beziehungen zueinander und zu nicht-sukkulenten Verwandten. Im zweiten Teil dieses Buches haben wir zehn Sukkulenten-Familien ausgewählt (fünf Blatt- und fünf Stammsukkulenten), die wir genauer betrachten und besprechen wollen. Die Anzahl der Arten pro Familie schwankt beträchtlich: von ca. 2000 Arten in den drei größten Familien bis zu einer Handvoll, von denen auch nur ein Teil sukkulent ist. Alle übrigen Arten sind in Kapitel 9, 15 und 21 zusammengefaßt.

Wohl wissend, daß einige Gattungen und Familien sowohl zu den Blatt- als auch zu den Stammsukkulenten gehören oder auch zu den Caudiciformes, habe ich im folgenden die Familien grob in Blatt-, Stamm- und „Strunk"-Sukkulenten eingeteilt. Auch die beiden Schlüssel auf Seite 114 und Seite 174 sind nur grob aufgebaut – der Botaniker wird sich darüber wundern –, da ich bestimmte Gattungen und selten anzutreffende Sukkulenten einfachheitshalber weggelassen habe. Sonst würde das Schema zu kompliziert werden und kleineren Gruppen mehr Bedeutung als in Wirklichkeit zukommen. Dieser zweite Teil ist mehr für den Anfänger, nicht für den fortgeschrittenen Botaniker gedacht. Es soll nochmals betont werden, daß der einzig richtige Weg, Pflanzenfamilien zu

unterscheiden, der anhand der Eingruppierung von Blüten und Früchten ist. Unglücklicherweise blühen einige Sukkulenten in Kultur nur schwer oder gar nicht – hier ist also eine Sackgasse bei der Bestimmung. Wir sollten aber nicht verzweifeln, wenn unsere ersten Bestimmungsversuche zu nichts führen. Mit der Zeit werden unsere Augen immer geschulter, und der beharrliche Sukkulentenfreund wird bald auf den ersten Blick eine Haworthie von einer Aloe oder Agave unterscheiden

können. Wenn dieser zweite Teil des Buches bewirkt, daß wir unsere Pflanzen genauer betrachten und erforschen, so hat er seinen Zweck schon erfüllt.

Links: *Echinocactus grusonii* (hinten) und *Ferocactus acanthodes* (vorn).

Unten: *Euphorbia caput-medusae*. Anhand der Blüten kann man erkennen, daß diese Pflanze keine Kaktee oder eine nahe Verwandte dieser Familie ist.

Blattsukkulenten

Die Blattsukkulenten, bei denen das wasserspeichernde Gewebe in den fleischigsaftigen Blättern konzentriert ist (1.3), sind ein natürlicher Ausgangspunkt für einen Überblick über alle Sukkulenten, da sie mit ihren weniger ausgefallenen Formen in Aussehen und Aufbau ihren Vorfahren, den Mesophyten, am nächsten kommen. In den beiden größten Familien, den Crassulaceen und den Mesembryanthemaceen, trifft man allerdings auf die ganze Palette der Spezialisierung – von relativ dünnblättrigen „konventionellen" kleinen Sträuchern (*Kalanchoe-*, *Aptenia-* und *Mesembryanthemum*-Arten) bis zu extremen Xerophyten, bei denen auf den ersten Blick überhaupt nicht zu erkennen ist, daß der Pflanzenkörper aus Blättern besteht (*Crassula columnaris* 2.7, *Conophytum* 11.26).

Neben den fünf Familien, die wir für eine eingehendere Behandlung ausgewählt haben, besitzen auch die Vertreter vieler anderer Familien mehr oder weniger viel fleischiges Gewebe. Sieben der für den Sammler interessantesten Familien führen wir weiter unten kurz auf. Wie schon in der Einführung erwähnt, werden bestimmte Familien überhaupt nicht behandelt: Bromeliaceen, weil sie mehr etwas für den Spezialitätenliebhaber von Epiphyten sind, Halophyten, weil niemand sie halten und pflegen will, und Zygophyllaceen, weil niemand sie halten kann.

Um einen Überblick zu erhalten, sollte sich der Leser nochmals das Schaubild auf den Seiten 16 und 17 betrachten, auf dem alle Blütenpflanzen-Familien in einem voneinander abhängigen Schema aufgezeichnet sind.

Commelinaceae

Die Commelinaceen umfassen etwa 38 Gattungen mit 500 Arten, zu denen u.a. *Tradescantia, Rhoeo* und *Zebrina* gehören. Auffallend sind die knotigen, gegliederten Stengel. Bei *Tradescantia navicularis,* einer schönen Kleinpflanze aus Nordperu, ist die Sukkulenz am weitesten entwickelt. Durch die Ausbildung von massivem, durchsichtigem Speichergewebe unter der Epidermis ist die Oberseite der kielförmigen Blätter stark aufgebläht. *Tradescantia navicularis* läßt sich leicht auf einer sonnigen Fensterbank oder in einem frostfreien Gewächshaus halten. Gut gedüngt und gewässert, entwickelt sie lange, zickzackförmige, kriechende Stengel. Bei einsetzender Trockenheit sterben die Stengel ab, hinterlassen aber an den Knoten feste „Knospen", die leicht wurzeln und zur Vermehrung dienen. Oft findet man auch noch andere *Tradescantia*-Arten in den Sammlungen der Liebhaber: z. B. *Cyanotis somaliensis,* die sehr hübsch aussieht mit ihren weißen, behaarten, fleischigen Blättern und den blauen Blüten.

Compositae

Diese Korbblütler-Familie besitzt ca. 900 Gattungen mit über 13000 Arten und ist wohl die größte aller Pflanzenfamilien überhaupt. Dank ihres hochwirksamen Bestäubungs- und Verbreitungsmechanismus (siehe Kapitel 4 und 15) ist diese Familie sehr weit und sehr stark verbreitet. An ihren von Nebenblättern kelchartig umgebenen Blütenkörbchen sind die Mitglieder dieser Familie fast immer gleich zu erkennen. Der Wuchs dieser Pflanzen ist allerdings sehr unterschiedlich und erstreckt sich von kleinen einjährigen bis hinauf zu baumgroßen mehrjährigen Pflanzen und umfaßt alle drei

Links (9.1): *Coleus pentheri,* eine sukkulentblättrige Verwandte der beliebten Ziernessel, verträgt ein sehr trockenes Klima. Interessant die zygomorphen blauen Blüten – Blau ist eine Farbe, die bei Sukkulenten selten vorkommt.

Oben rechts (9.2): *Peperomia*-Arten (v.l.n.r.): *Peperomia nivalis, Peperomia dolabriformis* (hinten), *Peperomia galioides* (vorn), *Peperomia columella* und eine Art aus Honolulu.

Übernächste Seite (9.3): Blattsukkulenten in einem Park in Barcelona: *Crassula arborescens* und *Agave americana* f. *medio-picta.*

Sukkulentenarten: Blatt-, Stamm- und „Strunk"-Sukkulenten. Ihre Verbreitung ist weltweit, wenngleich die Blattsukkulenten mit den Gattungen *Senecio* (einschließlich *Kleinia* und *Notonia*) und *Othonna* auf Südafrika begrenzt sind. Von der Gattung *Senecio* führt Jacobsen (1975) allein 60 verschiedene Arten auf. *Senecio*-Arten werden gern wegen der vielfältigen Blatt- und Wuchsformen gehalten. Besonders schön blüht z. B. *Senecio medley-woodii;* andere Arten werden besonders gern wegen ihres süßlichen Geruchs in Kultur gehalten. Mit Ausnahme der überall vorkommenden *Othonna capensis* (*crassifolia*), findet man *Othonna*-Arten relativ selten in Kultur. *Othonna capensis* wächst sehr schnell, wenn man sie gießt, fühlt sich jedoch bei „Hungerration" in praller Sonne wohler.

Cucurbitaceae

Die Familie der Gurkengewächse umfaßt ca. 110 Gattungen mit 640 Arten, unter denen auch einige „strunksukkulente" Pflanzen (Caudiciformes) und eine seltene Gattung mit vier Arten kletternder Blattsukkulenten, die es nur auf Madagaskar gibt, zu finden sind: Die kletternden Blattsukkulenten der Gattung *Xerosicyos.* Sie haben elliptische bis runde Blätter und kleine, getrenntgeschlechtliche Blüten, wie unsere Gurken und Kürbisse. Die Pflanzen können durch Stecklinge vermehrt werden. Im Winter brauchen *Xerosicyos*-Arten eine Mindesttemperatur von 10°C.

Gesneriaceae

Zu dieser Familie gehört z. B. die Gattung *Streptocarpus,* eine Gewächshauszierpflanze, die man wohl nicht mehr vorstellen muß. *Streptocarpus rexii* und *Streptocarpus*-Hybriden sind ein Schmuck für jedes Haus. Weniger bekannt ist die Art *Streptocarpus saxorum* aus Tansania, eine sukkulente Pflanze, die in warmem und ziemlich feuchtem Klima wächst. Aus einer kräftig-fleischigen Blattrosette wachsen langstielige, prachtvolle blaßmauvefarbene Blüten. Die Gesneriaceen umfassen über 120 Gattungen und 2000 Arten – hauptsächlich tropische und subtropische.

Labiatae

Zu dieser großen Lippenblütler-Familie mit etwa 180 Gattungen und 3500 Arten gehören z. B. viele beliebte aromatische Kräuter und Gartenzierpflanzen. Die Vertreter der Gattungen *Coleus* und *Plectranthus,* die extreme Trockenheit vertragen können, sind bis in die Wüstenregionen des südlichen und tropischen Afrikas vorgedrungen. *Coleus pentheri* (9.1) ist eine gerngesehene Ergänzung für die Sukkulentensammlung, vor allem wegen ihrer blauen Blüten; sie gleicht aber überhaupt nicht den von Floristen so geschätzten Ziernesseln (*Coleus scutellarioides* cv.). Das Juwel unter den verschiedenen fleischigen und die Trockenheit bevorzugenden *Plectranthus*-Arten ist *Plectranthus prostratus* mit ihren violetten Blüten. Aber Vorsicht! Die Pflanze sät sich stark aus und kann in kurzer Zeit das ganze Gewächshaus überwuchern. Alle Labiatae lassen sich leicht durch Stecklinge vermehren.

Peperomiaceae

Zu den Pfefferkrautgewächsen gehören nur vier Gattungen, von denen *Peperomia* mit rund 1000 Arten die weitaus größte ist. *Peperomia*-Arten sind vor allem im tropischen Südamerika zu Hause, haben sich aber schon weit verbreitet. Viele Arten wachsen auch als Epiphyten. Für unsere Fensterbank kommen einige robuste, langlebige Pflanzen mit ledrigen Blättern in Frage. *Peperomia dolabriformis* besitzt eigenartig beilförmige Blätter mit einem durchsichtigen Streifen („Fenster") entlang des oberen Randes; die Blätter von *Peperomia asperula* sind mit Papillen bedeckt. Sehr schön sind auch die Zwergpflanzen *Peperomia galioides* und *Peperomia columella,* die am Ende ihrer schwanzähnlichen Ähren winzige Blüten tragen.

Urticaceae

Zur Familie der Nesselgewächse gehört u. a. *Pilea serpyllacea* aus Peru. In ihrem Äußeren ähnelt diese Pflanze einer *Peperomia.* Auffallend ist das durchsichtige „Fenster" auf der Unterseite der winzigen Blätter. Die Pflanze ist sehr empfindlich und braucht sehr viel Wärme. Mit ihren ca. 400 Arten ist *Pilea* die größte Gattung dieser Familie (45 Gattungen, 550 Arten).

9: Blattsukkulenten

Blattsukkulenten
Übersicht über die Familien

Kleine Einzelblüten in Ähren oder Körbchen zusammengefaßt.

Dicotyledonen

Blütenkörbchen, die kelchartig von Hüllblättern umgeben werden. Z.T. Compositen (einige *Othonna*- und *Senecio*-Arten)

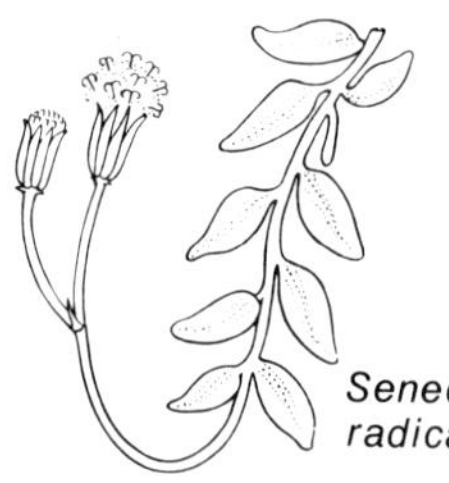

Senecio radicans

Ähren ohne Hüllblätter, z.T. Peperomiaceen (*Peperomia*)

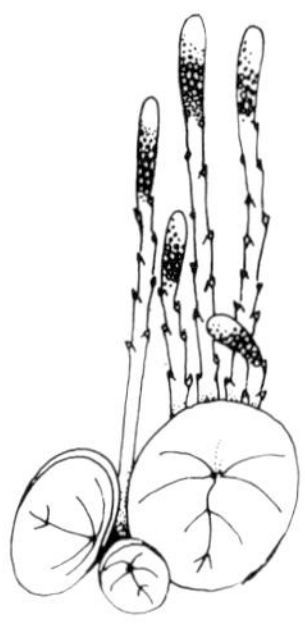

Peperomia umbilicata

Große Einzelblüten oder kleine in anderen Blütenständen als Ähren oder Körbchen zusammengefaßte Blüten.

Dicotyledonen

Heteromere Blüten. Fruchtblätter zu einem Fruchtknoten vereint.

Zahlreiche Kron- und Staubblätter; 5–8 Kelchblätter. Unterständiger Fruchtknoten. Keine Nebenblätter.

Mesembryanthemaceae
(ca. 100 Gattungen)

3–6 Kronblätter; 2 Kelchblätter. Oberständiger Fruchtknoten. Nebenblätter meist vorhanden, oft als Haare.

Portulacaceae
(ca. 8 Gattungen)

Isomere Blüten; einheitlich in 4–25 Teilen. Fruchtblätter frei oder nur leicht verwachsen.

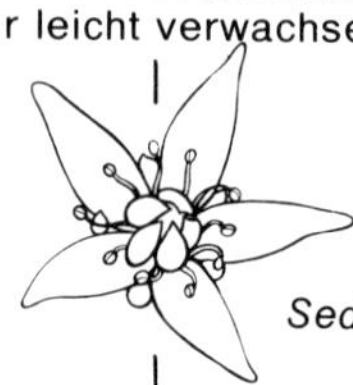

Sedum

Crassulaceae
(ca. 35 Gattungen)

Monocotyledonen

Isomere Blüten; dreizählig. Fruchtblätter zu einem Fruchtknoten vereint.

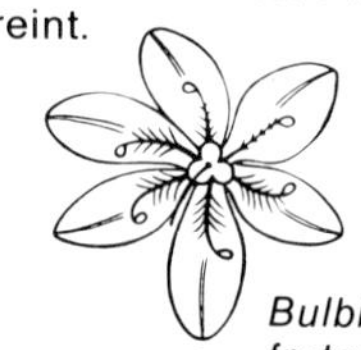

Bulbine frutescens

Blütenhülle aus grünen Kelchblättern, bunte Blütenkrone. Commelinaceae (*Tradescantia*)

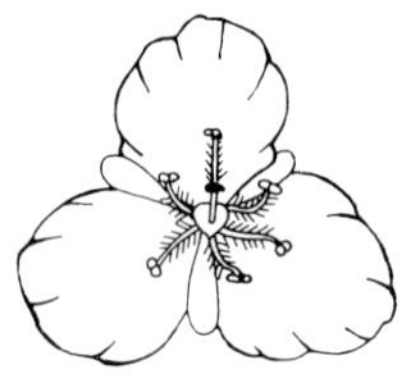

Tradescantia navicularis

Blütenhülle aus 6 einheitlichen Hüllblättern, nicht grün.

Blätter glatt oder nur etwas faserig, sauber abbrechend. Blütenstand seitlich; oberständiger Fruchtknoten.

Liliaceae
(ca. 12 Gattungen)

Blätter zäh, oft sehr groß, mit einem Stachel an der Spitze, faserig und nicht sauber abbrechend. Blütenstand endständig; unterständiger Fruchtknoten.

Agavaceae
(ca. 10 Gattungen)

9: Blattsukkulenten

10: Crassulaceae

Dickblattgewächse

Die Crassulaceen, die drittgrößte Sukkulentenfamilie, eignen sich gut als Ausgangspunkt für einen Überblick über die Sukkulenten. Zum einen vom botanischen Gesichtspunkt: Die Blüten sind sehr einfach gebaut, die Grundanzahl der Kelch-, Kron-, Staub- und Fruchtblätter ist gleich (Isomerie), zum anderen vom ökologischen Gesichtspunkt: Die Crassulaceen besiedeln die unterschiedlichsten Gebiete – vom Sumpf bis zur Wüste –, haben den größten Temperaturspielraum – vom für Pflanzen erträglichen Maximum bis zu Temperaturen unter der Nullgrad-Grenze – und sind außerdem sehr weit verbreitet. Es gibt kaum ein Land, in dem nicht zumindest einige der krautigen Einjahrespflanzen wachsen. Crassulaceen finden auch am meisten Anklang, beim spezialisierten Liebhaber ebenso wie beim Anhänger von Alpen- oder Steingärten. Einige schaffen sogar den Weg ins Blumengeschäft. Einige Arten sind so unverwüstlich und gut zu halten, daß selbst der glückloseste Hobbygärtner, der es mit allen anderen Pflanzen vergeblich versucht hat, seine Freude an ihnen haben wird.

Form und Vielfalt

Die meisten Crassulaceen sind mehrjährige, krautige Pflanzen, einige wenige sind ein- oder zweijährig (*Sedum coeruleum, Sedum pilosum, Sedum sempervivoides* 10.13). Die größten Arten, *Crassula arborescens* (9.3) und *Crassula argentea* bilden kleine Bäume mit dicken, fleischigen Stämmen von 2 m Höhe und mehr. *Cotyledon paniculata* aus Südafrika wirkt mit seinem knorrigen Stamm und den jährlich abfallenden Blättern eher wie eine caudexförmige Sukkulente. *Cotyledon wallichiana* ähnelt mit seinen dicken Trieben, die mit bleibenden, lange, schlanke Knötchen bildenden Blattbasen bedeckt sind, wohl eher einem Kaktus. Die Blätter aller Crassulaceen sind xeromorph, obwohl sich bei *Crassula coccinea,* einigen Kalanchoen und Fetthennen leichte Sukkulenz zeigt. Die Widerstandsfähigkeit gegen extreme Trockenheit entspricht allerdings nicht der Masse wasserspeichernden Gewebes. Die Fähigkeit der Stämme von *Sedum rosea* (10.1) und *Sedum telephium*, frisch und grün zu bleiben und noch lange, nachdem sie abgeschnitten worden sind, zu blühen, war schon früh bekannt und führte einerseits dazu, die Sukkulenten als eigene Pflanzengruppe anzusehen, andererseits aber auch zu einem Aberglauben, wie wir ihn noch bei der Gattung *Sempervivum* antreffen werden (Seite 126).
Die Blüten der Crassulaceen sind im allgemeinen klein und meist zu flachen oder kuppelförmigen Köpfchen zusammengefaßt. Einige Arten duften süßlich, andere moschusartig, wieder andere stinken penetrant. Besonders gern gesehen sind natürlich die afrikanischen Arten, die in Kultur ihre Blütezeit im Herbst und Winter haben. Die Farben reichen von Weiß über Rosa, Rot und Orange bis zu Gelb. Das einjährige *Sedum coeruleum* hat sogar blaß-himmelblaue Blüten. Crassulaceen besitzen Balgfrüchte, die aus einem einzigen Fruchtblatt bestehen, das am Innenrand aufplatzt und in großen Mengen staubfeinen Samen freigibt. In Kultur gewinnt man die Samen der Crassulaceen am besten dadurch, daß man den ganzen Blütenstand abschneidet, wenn er abgeblüht hat, und ihn in einer Papiertüte (nicht Plastik!) trocken und hell aufbewahrt. Damit die Aussaat nicht zu dicht wird, vermischt man den feinen Samen mit Sand oder Torf und sät dann dieses Gemisch aus.

Die Crassulaceen-Familie

Zusammen mit den Steinbrechgewächsen (Saxifragaceae) und den Rosengewächsen (Rosaceae) gehören die Dickblattgewächse (Crassulaceae) in die Ordnung Rosales. Crassulaceen sind leicht an ihrem Äußeren und den gleichmäßigen, isomeren Blüten mit den freistehenden Fruchtblättern zu erkennen. Die Einteilung in Unterfamilien und Gattungen ist jedoch nicht ganz einfach, wie selbst dieser kurze Abriß zeigen wird.
Einige Unterfamilien, wie Kalanchoideae und Sempervivoideae sind klar bestimmt und leicht zu erkennen. Die Unterfamilie Sedoideae aber ist schon nicht mehr so klar. Sie ist der Topf, in den jede Gattung kommt, die nicht eindeutig unterzubringen ist. 1963 versuchte Uhl, die einzelnen Einordnungen zu klären, indem er Daten über die Chromosomenzahlen zusammentrug, anhand derer man bestimmte Gruppen voneinander trennen konnte. Aufgrund einer begrenzten Anzahl bekannter Arten wurden die Gattungen zunächst getrennt aufgeführt. Heute jedoch sind sehr viele Gattungen durch Zwischenglieder miteinander verbunden. Infolgedessen wurden einige Arten von einer Gattung in eine andere gestellt und enden vielleicht sogar als

Rechts (10.1): Bei den vorwiegend blattsukkulenten Crassulaceen kommt hin und wieder auch Stammsukkulenz vor. Diese *Sedum rosea* entwickelt sogar einen Strunk (Caudex) mit einjährigen Trieben (siehe Kapitel 21).

10: Crassulaceae

10: Crassulaceae

Dickblattgewächse (Crassulaceae) – Übersicht über die Unterfamilien und Gattungen

Genausoviel Staub- wie Kronblätter	Doppelt soviel Staub- wie Kronblätter	
		Fünfteilige Blüten
Blütenstand endständig oder seitlich	Blüte vierteilig; Kronblätter zur Hälfte zu einer Röhre verwachsen; Blütenstand endständig	Kronblätter zur Hälfte zu einer Röhre verwachsen; Blütenstand endständig
1. Unterfamilie **Crassuloideae**	2. Unterfamilie **Kalanchoideae**	3. Unterfamilie **Cotyledonoideae**

1. Unterfamilie **Crassuloideae** Crassula Dinacria Vauanthes	2. Unterfamilie **Kalanchoideae** Kalanchoe	3. Unterfamilie **Cotyledonoideae** Adromischus Chiastophyllum Cotyledon Mucizonia Pistorinia Umbilicus

Kronblätter weniger als zur Hälfte zu einer Röhre verwachsen; Blütenstand seitlich, achselständig

4. Unterfamilie
Echeverioideae

Blüten meist fünfteilig – kann aber auch 3–12teilig sein; Blütenstand gewöhnlich endständig

5. Unterfamilie
Sedoideae

Blüten sechs- oder mehrteilig; Kronblätter frei; Blütenstand endständig

6. Unterfamilie
Sempervivoideae

4. Unterfamilie
Echeveria pulvinata

5. Unterfamilie
Sedum cauticola

6. Unterfamilie
Sempervivum grandiflorum

4. Unterfamilie
Echeverioideae
Dudleya
Echeveria
Graptopetalum
Pachyphytum
Thompsonella

5. Unterfamilie
Sedoideae
Afrovivella
Cremnophila
Diamorpha
Hypagophytum
Lenophyllum
Meterostachys
Orostachys
Parvisedum
Pseudosedum
Rosularia
Sedum
Sempervivella
Sinocrassula
Tacitus
Viladia

6. Unterfamilie
Sempervivoideae
Aeonium
Aichryson
Greenovia
Jovibarba
Monanthes
Sempervivum

einziger Vertreter (Monotypus) einer eigenen, neuen Gattung. Die sehr lange Synonymie der jetzt als *Graptopetalum paraguayense* bekannten Pflanze rührt z. B. von der von Zeit zu Zeit wechselnden Einordnung in fünf verschiedene Gattungen her. Mangels besserer Lösungen hat man jedoch die sechs Unterfamilien Crassuloideae, Kalanchoideae, Cotyledonoideae, Echeverioideae, Sedoideae und Sempervivoideae beibehalten. Sie haben zumindest eine geographische Begründung und dekken getrennte, wenn auch sich überlappende Gebiete ab. Zwischen den Arten verwandter Gattungen treten auch sehr viele Hybriden auf. Das läßt auf enge Verwandtschaft zwischen den Gattungen schließen und nährt den Verdacht, daß sie künstlich getrennt worden sind.

Crassuloideae

Diese Unterfamilie unterscheidet sich von den anderen dadurch, daß die Staubblätter der isomeren Blüte nur in einem Wirtel stehen, der zweite Wirtel ist verkümmert. Dieser reduzierte Pollenausstoß ist charakteristisch für eine höherentwickelte Blüte, die es sich leisten kann, weniger verschwenderisch mit ihrem Pollen zu sein. Die 250–300 *Crassula*-Arten reichen von winzigen, von Sammlern nicht beachteten einjährigen bis zu baumgroßen, mehrjährigen Pflanzen. Sie besitzen den breitesten ökologischen Spielraum aller Blütenpflanzen überhaupt: Er reicht von den Wüstengebieten Südwestafrikas – hier ist die Blattrosette zu einer Kugel mit minimaler Verdunstungsoberfläche zusammengedrängt – bis zu sumpfigen Gebieten, und

Oben (10.2): Eine schöne X *Graptoveria,* eine Hybride zwischen *Graptopetalum paraguayense* und *Echeveria setosa.* In dieser Pflanze sind die Merkmale beider Eltern vereint.

Unten (10.3): *Crassula dejecta* aus Südafrika. Die Crassulaceen sind in den Gewächshäusern Nordeuropas gern gesehen, da sie hier im Winter blühen.

Oben (10.4): *Crassula hemisphaerica.* Ihre Blätter überlappen sich dachziegelartig und bieten einander Schutz vor übermäßiger Verdunstung. Nach dem Blühen trocknet die Rosette ab.

Unten (10.5): Auch *Crassula arta* zeigt extreme Oberflächenreduktion. Nur die Blattränder stehen frei. Um Wasserverlust zu verhindern, ist die Pflanze mit einer Wachsschicht überzogen.

es gibt auch Arten, die reine Wasserpflanzen sind. In Südafrika tritt die größte Vielfalt auf. Fast alle mehrjährigen Arten eignen sich für den Sammler. Die ganze Gattung kann den Pflegern empfohlen werden, die sich auf eine Sukkulentengruppe spezialisieren und nicht gerade Kakteen halten wollen. Die xeromorphen Merkmale der Mitglieder dieser Unterfamilie fallen stark auf und ziehen das Auge auf sich: z. B. die mit weißem Schmelz überzogene „Blüte“ von *Crassula cornuta* und *Crassula deltoidea,* die Haare von *Crassula barbata, Crassula lanuginosa* und *Crassula tomentosa,* die Verkrustungen der Papillen bei *Crassula falcata, Crassula hystrix* und *Crassula tecta* und die zu Säulen gebündelten Blätter – quadratisch bei *Crassula arta* (10.6), *Crassula barklyi* und *Crassula pyramidalis,* fast kugelförmig bei *Crassula columnaris* (2.7) und *Crassula hemisphaerica* (10.4).

Crassula falcata und *Crassula* (*Rochea*) *coccinea* werden hauptsächlich für den Blumenhandel gezogen und sind wegen der langlebigen hochroten Blüten als Topfpflanzen sehr geschätzt. *Crassula sarcocaulis* (6.12) und *Crassula milfordae* sind so widerstandsfähig, daß sie sogar in Frostgegenden im Freien überwintern können. Die anderen Gattungen der Crassuloideae, *Dinacria* und *Vauanthes*, umfassen kurzlebige, einjährige Pflanzen, die jedoch selten in Kultur gehalten werden.

Kalanchoideae

Im Gegensatz zu den unempfindlichen Mitgliedern anderer Unterfamilien bevorzugt die große Gattung der Kalanchoen

10: Crassulaceae

(ca. 130 Arten), die hauptsächlich aus Madagaskar und dem tropischen Afrika stammt, in Kultur sehr viel Wärme – mindestens 10 °C, entsprechend angereicherte Erde und reichlich Wasser. Anhand der viergeteilten Blüte läßt sich diese Unterfamilie leicht von den anderen unterscheiden. *Cotyledon*-Arten ähneln ihnen sehr und lassen sich nur durch dieses Merkmal unterscheiden. Die meisten Kalanchoen werden ziemlich groß und werden daher oft von Sammlern gemieden, obwohl die Blüten einen großartigen Anblick bieten. Die kleineren Arten wie *Kalanchoe pumila* und *Kalanchoe manginii* sind jedoch recht beliebt und eignen sich auch gut als Ampelpflanzen. *Kalanchoe pumila* hat graue Blätter und mauvefarbene Blüten; *Kalanchoe manginii* besitzt lebhaft rote Röhrenblüten, die mit den lichtgrünen Blättern kontrastieren. *Kalanchoe marmorata* fällt durch ihre gesprenkelten Blätter auf. *Kalanchoe tomentosa* (10.7) blüht selten, wird aber wegen ihres Aussehens gern gehalten: Die Pflanze ist ganz mit weißem „Filz" bedeckt, nur die Blattspitzen sind bräunlich oder schwarz gefärbt. *Kalanchoe tubiflora* besitzt zylindrische, *Kalanchoe daigremontiana* (6.23) dreieckige Blätter. Beide Arten werden manchmal als eigene Gattung *Bryophyllum* eingestuft. Sie gehören zu den überall zu findenden Sukkulenten, da sie über Adventivknospen Ableger in Massen erzeugen.

Cotyledonoideae

Nabelkräuter (Cotyledonoideae) kommen hauptsächlich in Südafrika vor; sie dehnen sich aber nach Norden aus und sind mit

Rechts (10.6): *Kalanchoe thyrsiflora* an ihrem natürlichen Standort (Makowe, Natal). Die Blütenstengel können bis zu 60 cm hoch werden.

Unten (10.7): Flaumige Sukkulenten mit pelzigen Blättern sind seit jeher beliebt. Zu ihnen gehören auch diese *Kalanchoe tomentosa* aus Madagaskar und die mexikanische *Echeveria leucotricha* (10.10).

der Gattung *Umbilicus* (3.1) in Äthiopien, Europa und Westasien vertreten. Die einzige Art der Gattung *Chiastophyllum, Chiastophyllum oppositifolium,* eine beliebte, wetterfeste Felspflanze mit nickenden, blaßgelben Blütenzweigen, stammt aus dem westlichen Kaukasus. Die Gattung *Cotyledon* (10.8) vereinigt eigentlich zwei Gattungen in einer. Ungefähr die Hälfte der 50 Arten besitzt gegenständige, immergrüne Blätter und hat ein buschiges Aussehen wie Kalanchoe, die andere Hälfte hat spiralig angeordnete, jährlich abfallende Blätter und ähnelt mehr oder weniger den Caudiciformes, den strunkbildenden Sukkulenten. Beide Gruppen haben jedoch relativ große, prächtige, fünfteilige Röhrenblüten. Hybriden zwischen diesen beiden Gruppen sind bisher noch nicht bekannt. Die Blüten der *Cotyledon*-Arten hängen wie Glocken (10.8), die der verwandten Gattung *Adromischus* sind aufwärts gerichtet. Die problemlosen Zwergpflanzen der Gattung *Adromischus* sind wegen ihrer vielfältigen Blattformen und Musterungen sehr beliebt. Sie sind purpurn gesprenkelt, silbrig oder weiß überzogen und tragen oft an einem einzigen Zweig ganz unterschiedliche Blattformen. In 7–9 cm großen Töpfen sind *Adromischus*-Arten leicht zu halten. Sie sind einfach durch Blattstecklinge zu vermehren.

Adromischus herrii ist ein seltsamer kleiner Kauz, dessen tiefpurpurfarbene, rauhe und pustelige Blätter wie kleine Zitronen geformt sind. Es gibt sehr viele *Adromischus*-Arten, die in Süd- und Südwestafrika allmählich ineinander übergehen.

Oben (10.8): *Cotyledon orbiculata* var. *dinteri*, eine attraktive Spielart einer vielfältigen Art, mit gedrungenen, fast weißen, wachsigen Blättern. Höhe ca. 14 cm.

Unten (10.9): *Adromischus maculatus* entwikkelt im Alter einen kräftigen Strunk und ist leicht durch Blattstecklinge zu vermehren. Für alle Arten genügen kleine Töpfe.

10: Crassulaceae

Echeveroideae

Echeveroideen kommen nur in Amerika vor, vor allem in Mexiko. Viele Echeverien-Arten sind winterfest; sie eignen sich im Sommer auch sehr gut als Beetbepflanzung. Ein Gewächshaus, das mit Echeverien bestückt ist, sieht besonders prächtig aus mit den vielen verschiedenen Blattrosetten in allen Farben und Größen, und die Blütenstände blühen in den verschiedensten Rot- und Gelbtönen. Die Vermehrung erfolgt einfach durch Einpflanzen einzelner Blätter oder alter Blütenstengel, die sich relativ leicht bewurzeln. Es fällt schwer, unter den 150 Arten eine Auswahl zu treffen, da jede einzelne Art die Mühe lohnt und es darüber hinaus viele Hybriden gibt, von denen einige außergewöhnlich prachtvoll sind.
Die Gattung *Dudleya* mit ihren 43 Arten ist eine nahe Verwandte. Das Blattwerk dieser Pflanzen erscheint wie mit weißem Puder bestreut (8.6). Die Gattung *Graptopetalum* mit ihren 11 Arten verdient wegen der dunkel gesprenkelten Blütenkrone Beachtung (10.18). Bei *Pachyphytum*-Arten sind die Blätter meist dick, glatt und mit einem weißlichen Schmelz überzogen. *Pachyphytum oviferum* (10.11) verdankt seinen Namen den eiförmigen Blättern (oviferum = eiertragend). Die rund ein Dutzend *Pachyphtytum*-Arten stammen alle aus Mexiko.

Oben (10.10): *Echeveria leucotricha* hat blütengleiche, silbrig behaarte Blattrosetten, die wirkungsvoll das Licht reflektieren und Wasser speichern.

Unten (10.11): *Pachyphytum oviferum*. Ihre Blätter ähneln den Eiern des Regenpfeifers (Oviferum = eiertragend). Mit und ohne Blüte – eine schöne Pflanze.

Oben (10.12): *Sedum hintonii* aus Mexiko. In Kultur schwer zu halten. Unzureichende Nahrung verstärkt das gedrängte Wachstum und die Weißfärbung der Blätter.

Unten (10.13): *Sedum sempervivoides* sieht im ersten Jahr wie eine Hauswurz aus, trägt aber im zweiten eine schöne Trugdolde mit roten Blüten. Anzucht nur aus Samen.

Sedoideae

Mit ihren 600 Arten ist die Gattung *Sedum* die größte dieser Unterfamilie – aber auch die am schlechtesten bestimmte. Fast alle anderen Sedoideae sind „Doppelgänger" oder werden hin und wieder zur Gattung *Sedum* gestellt. *Sedum*-Arten sind in den nördlichen, gemäßigten Gebieten zu Hause. Ihre Verbreitung reicht aber im Süden bis nach Peru, Zentralafrika und Madagaskar. Die Palette der verschiedenen Standorte ist breit und schließt sogar einige in Sumpfgelände wachsende Arten (*Sedum villosum*) und einige Epiphyten (*Sedum epidendrum*) ein. Einige der widerstandsfähigen Arten sind krautige Mehrjährige mit blattartigen Trieben, die im Winter bis auf einen unterirdischen Wurzelstock absterben (z. B. *Sedum sieboldii* aus Japan). Kriechende und liegende mehrjährige *Sedum*-Arten gibt es in Massen. *Sedum album* und *Sedum reflexum* z. B. sind kaum zu bremsen und breiten sich ungeheuer schnell aus. Besonders reizvoll sind die zweijährigen Arten *Sedum pilosum* und *Sedum sempervivoides* (10.13). Sie lohnen die mühsame Anzucht aus dem Samen, wenn im zweiten Jahr aus den kompakten Rosetten tiefrosa bzw. purpurfarbene Blüten wachsen.
Mehr nach dem Geschmack des durchschnittlichen Sukkulentenfreundes sind die zarten *Sedum*-Arten Mexikos und Nordamerikas, die auch die größte Sukkulenz der ganzen Gattung besitzen. *Sedum*-Blüten sind klein, sternförmig und meist zu großen, prächtigen Trugdolden zusammengefaßt. Es gibt sie in allen Farbtönen bis zum blassen Blau bei *Sedum coeruleum*. Die Gattung *Rosularia* hat ähnliche Blatt-

rosetten wie *Sempervivum,* aber blattachselständige Blüten. Sie erstreckt sich von Kleinasien bis zum Himalaja. Die Gattungen *Meterostachys* und *Orostachys* breiten sich von Korea bis nach Japan aus. Obwohl diese Pflanzen winterfest sein sollen, sollte man sie im Winter vor zu viel Feuchtigkeit schützen und am besten ins ungeheizte Gewächshaus stellen.
Die Gattung *Tacitus* (10.20) aus Mexiko ist wohl die neueste Entdeckung und hält gerade Einzug in die Sammlungen. Die große, lebhaft rotgefärbte Blüte hat eine röhrenförmige Krone, deren Mund durch einen Überhang an der Spitze fast geschlossen ist.

Sempervivoideae

Die gewöhnliche Hauswurz *Sempervivum tectorum* (10.14) steht seit alters her im Ruf, große Heilkräfte zu besitzen, die auf den reichlich vorhandenen, kühlen Saft und die lange Haltbarkeit der getrockneten Pflanzen zurückgehen. Die Umgangssprache kennt die verschiedensten Namen für diese Pflanze: Heilblatt, Donnerpflanze, Immergrün, Dachwurz etc. Auf Hausdächern gepflanzt, soll *Sempervivum* gegen Blitzschlag schützen. *Sempervivum*-Blätter

Oben (10.14): *Sempervivum tectorum,* die gemeine Hauswurz aus Europa. Sie wurde lange Zeit als Schutz vor Blitzschlag auf die Hausdächer gepflanzt.

Unten (10.15): *Aeonium arboreum* mit schönen, dunklen Farben und gemustertem Blattwerk. Ein anderes Cultivar besitzt gelbgerandete Blätter.

wurden auch sehr häufig als Umschlag oder Mittel gegen Warzen und Hühneraugen verwendet. Im ersten Jahrhundert n. Chr. berichtet Columella, Samen, die mit dem ausgepreßten Saft von *Sempervivum* vollgesogen und ausgesät würden, hielten Schädlinge ab.

Von den 50 mehr oder weniger mangelhaft bestimmten *Sempervivum*-Arten wurden die mit sechs- oder siebenteiligen, glockenförmigen Blüten von einigen Autoren als eigene Gattung *Jovibarba* (*Diopogon* 10.6) abgetrennt. Alle *Jovibarba*-Arten sind in Europa und Westasien beheimatet und mehr oder weniger winterhart. Ihre zarten Verwandten leben auf den Kanarischen Inseln, sie gehören zu der Gattung *Aeonium* (5.8), die über 30 Arten und zahlreiche Hybriden zwischen den Arten besitzt. *Aeonium arboreum* ist seit 1727 bekannt und hat sehr schöne Mutanten mit sich verändernden (‚Variegatum') und tiefpurpurfarbenen Blättern (‚Zwartkop' 10.15) hervorgebracht. Die Blütenachse der *Aeonium*-Arten ist ebenso endständig wie die der *Sempervivum*-Arten (10.17). Blüht die Pflanze, so stirbt die Blattrosette ab. Bei Arten wie *Aeonium tabulaeforme*, die normalerweise keine Ableger bilden, heißt das, wieder aus dem Samen anzuziehen. Wir können diese Arten aber auch durch Blattstecklinge vermehren, die – zur richtigen Zeit genommen – sehr schnell wurzeln. Eine andere solitäre Art ist das riesige *Aeonium nobile* (lat. nobilis: edel, vornehm), die ihren Namen aufgrund der schönen, bis zu 50 cm großen Rosetten aus dicken, grünen, leicht klebrigen Blättern und der breiten Trugdolde aus vielen kleinen, purpurroten Blüten (alle anderen *Aeonium*-Arten haben gelbe Einzelblüten) erhalten hat. Keine *Aeonium*-Art wird unsere nördlichen Winter ungeschützt überstehen. Sie eignen sich aber trotzdem gut für das Sommerbeet.

Dic Gattung *Monanthes* mit 18 Arten und 9 Hybriden umfaßt kleine *Sedum*-artige Pflanzen mit meist rauhen Blättern und einem Kreis auffälliger Honigdrüsen in jeder Blüte (4.3).

Haltung und Pflege

Die Crassulaceen, die mehr winterharte Arten als alle anderen Sukkulentenarten zusammen aufweisen, beschäftigen die Liebhaber von Stein-, Fels- und Alpengärten ebenso wie den ernsthaften Sukkulentensammler. Mit den Gattungen *Sedum* und *Sempervivum* können im Garten Lükken gefüllt werden, die sonst von keinen anderen Pflanzen besiedelt werden: Felsspalten, Mauern, Wege. Aufgrund ihrer

Oben links (10.16): *Jovibarba hirtus* ssp. *allionii* aus den Südwest-Alpen, ein winterharter Favorit für den Steingarten.

Links (10.17): Die „Baumhauswurz" *Aeonium* von den Kanarischen Inseln muß vor Frost geschützt werden. Wie bei *Sempervivum* stirbt die Rosette bei der Blüte ab.

Beliebtheit wurde 1970 eigens eine *Sempervivum*-Gesellschaft gegründet, die neue Varietäten untersucht und die entsprechenden Zertifikate ausstellt.
Wenn wir uns den Sammlungen im Gewächshaus zuwenden, wird eine ganz aus Crassulaceen bestehende Sammlung nicht unattraktiv sein: Die verschieden großen Rosetten in Pastelltönen von Weiß und Creme über Grün, Braun, Gelb und Rosa bis fast zu Schwarz lassen die Blüten besonders groß erscheinen und halten sehr lange. Allerdings macht eine solche Sammlung bei guter Haltung mehr Arbeit als eine vergleichbare Kakteensammlung. Einmal eingetopft, kann ein Kaktus ein ganzes Jahr für sich selbst sorgen – vorausgesetzt er bekommt zur rechten Zeit genügend Wasser. Viele Crassulaceen jedoch sprengen schnell ihren Topf, da sie bei guter Wässerung sehr schnell wachsen. Hält man die Pflanzen jedoch zu trocken, dann werfen sie sehr rasch alle Blätter ab. Wollen wir eine Crassulaceen-Sammlung anlegen, so müssen wir zuallererst für den entsprechenden Platz sorgen. Kleine, ausgewählte Pflanzen sollten so stehen, daß sie nicht überwachsen oder überschattet werden. Große Pflanzen sollten genügend Platz zum Ausbreiten besitzen. In der Natur schützen sich viele Rosetten-Pflanzen in der trockenen Zeit dadurch, daß die äußeren Rosettenblätter absterben und die inneren, noch fleischigen Blätter umhüllen und so vor Sonneneinstrahlung und Wärme schützen. Die Sempervivoideae überstehen besonders extreme Trockenzeiten. Selbst wenn die Wurzeln schon abgestorben sind, überlebt der Spitzenvegetationspunkt noch. Er stirbt zuletzt ab, da er durch eine Schicht äußerer, abgetrockneter Blätter sehr gut geschützt ist.
Die Rosetten der *Greenovia*-Arten schließen sich in der Ruhezeit und öffnen sich erst wieder, wenn die Pflanzen gut gewässert werden. Unter den milderen Umständen der Gewächshaushaltung sollten die abgestorbenen Blätter jedoch regelmäßig entfernt werden: erstens sehen sie unsauber aus, und zweitens können sich hier sehr leicht Schädlinge einnisten. Man dreht die abgestorbenen Blätter am besten mit einer stumpfen Pinzette an der Basis nach außen.
Buschige Crassulaceen schießen in Töpfen schneller in die Höhe; man tut gut daran, sie öfter zu beschneiden und zu vermehren. Die Spitzen können wie Stecklinge bewurzelt werden, die Basis bewahrt man für weitere Vermehrungen auf oder setzt sie hinaus ins Freie. Einige hochgewachsene Arten bilden kaum Seitentriebe – am besten kneift man die jungen Spitzen immer wieder ab, um die Bildung eines Busches zu forcieren. In Büscheln wachsende Arten wie *Crassula schmidtii* neigen dazu, in der Mitte abzusterben, wenn sie altern. Auch ihnen tut eine „Beschneidung" nur gut. Schädlingsbekämpfung kann bei den Crassulaceen zu einem Problem werden. Einige Kontaktgifte waschen die zart gepuderten Blüten blank, die die Hauptattraktion vieler Arten sind, und es dauert sehr lange, bis die Pflanzen wieder ihr ursprüngliches Aussehen erreicht haben. Die Wurzeln mit Systemgift zu wässern, scheint das beste Mittel zu sein.

Rechts (10.18): *Graptopetalum filiferum* besitzt typisch gesprenkelte Kronblätter, die die Blüten dieser mexikanischen Art besonders reizvoll erscheinen lassen.

Rechts unten (10.19): *Sempervivum giuseppii* aus Spanien bildet mit ihren pelzigen Rosetten dichte Kissen, die sich besonders gut zur Mauer- und Wegbepflanzung eignen. Diese Art ist winterhart. Kein Steingarten ist komplett ohne irgendeine Art von Hauswurz.

Unten (10.20): Eine aufregende Neuentdekkung, die 1972 in Mexiko gefunden wurde, *Tacitus bellus*. Die roten, sternförmigen Blüten werden ca. 2,5–3,5 cm groß. Sehr auffallend der schöne Kontrast der roten Blüten- mit den gelben Staubblättern. Diese Art kann durch Blattstecklinge vermehrt werden. Ableger bilden sich nur spärlich aus.

10: Crassulaceae

11: Mesembryanthemaceae

Eiskrautgewächse

Die Eiskrautgewächse (Mesembryanthemaceae) gehören neben den Kakteen, Didiereaceen, Portulakgewächsen und Chenopodiaceen zu der Ordnung Caryophyllales. Obwohl es auf den ersten Blick wenig Gemeinsames zwischen einem Kaktus und einem *Mesembryanthemum*, oder einer *Didierea* und einem *Anacampseros* gibt, sind sie embryologisch, anatomisch, biochemisch und auch morphologisch miteinander verwandt und bilden eine natürliche Pflanzenordnung. Allen Familien dieser Ordnung ist u. a. gemeinsam, daß sie statt des roten Farbstoffes Anthocyan den chemisch anders aufgebauten roten Farbstoff Betacyan in ihren Blüten eingelagert haben.

Die Mesembryanthemaceen-Familie

Dank der Systematiker haben die Mesembryanthemaceen eine sehr wechselvolle Karriere hinter sich. Zur Zeit von Linné wurde alles, was wir jetzt zu dieser Familie zählen, einer einzigen Gattung *Mesembryanthemum* (Mittagsblumen) zugeordnet. In späteren Jahren versetzte man die Gattung *Mesembryanthemum* zusammen mit einigen kaum fleischigen, tropischen, krautigen Mehrjährigen in die Familie Aizoaceae. Als jedoch die Zahl der aus Südafrika eingeführten Arten ständig stieg, und die Gattung *Mesembryanthemum* immer größer und unübersichtlicher wurde, versuchten Haworth und Salm-Dyck zu Beginn des 19. Jahrhunderts, sie aufzuteilen. Eine befriedigende Unterteilung war jedoch erst möglich, als N.E. Brown in Kew 1921 die Geheimnisse des Fruchtaufbaus enthüllte und eine systematische Unterteilung in verschiedene Gattungen unternahm.

Konservative Botaniker stellen die Gattung *Mesembryanthemum* immer noch zu den Aizoaceae, stufen diese Familie jedoch zu einer Unterfamilie ab. Auch ich bin ein Anhänger dieser konservativen Taxonomie, verwende aber in diesem Buch die genauere Einteilung, denn es erleichtert die Darstellung, wenn wir die für den Sammler interessanten Sukkulenten abtrennen und ihre krautartigen Verwandten weglassen. Wir haben dann immer noch eine beachtlich große Familie vor uns, die der Familie der Kakteen mit ihren ca. 2000 Arten durchaus Konkurrenz macht. Die Anzahl der Mitglieder der Mesembryanthemaceen wird nach weiteren Studien jedoch möglicherweise noch reduziert werden. Schon jetzt werden 22 *Aridaria*-Arten zu einer einzigen Art zusammengefaßt, weitere Zusammenlegungen werden folgen.

Obwohl die Aufteilung der einen, von Lin-

Unten (11.1): Bei *Conophytum bilobum* sind je zwei Blattlappen an der Basis zu einer Kugel zusammengewachsen, aus der die Blüte kommt. Pro Jahr bildet sich ein neues Blattpaar.

Rechts (11.2): *Lampranthus roseus* wird in frostfreien Gegenden gern zur Bepflanzung von Beeten, die der prallen Sonne ausgesetzt sind, verwendet.

11: Mesembryanthemaceae

né eingeführten Gattung *Mesembryanthemum* in über 100 verschiedene Gattungen maßlos erscheinen mag, sind diese Gattungen im großen ganzen besser bestimmt als die anderer großer Sukkulentenfamilien. Das fast völlige Fehlen von Hybriden zwischen den einzelnen Gattungen läßt auf eine strenge genetische Trennung dieser Gattungen schließen.

Verbreitung und Vielfältigkeit

Nach unserer Definition sind Mesembryanthemaceen ein- oder mehrjährige Kräuter oder kleine Sträucher mit einfachen Blättern (nur bei einer Art sind sie gelappt) und ohne Blattansätze. Andererseits ist das allgemeine Aussehen aber ungeheuer variabel und deckt die ganze Skala xeromorpher Merkmale ab, die mit der Oberflächenreduktion und dem Zurückhalten von Wasser zusammenhängen: Lange, blattreiche Stämme schieben sich zu kompakten, kurzen mit wenig Blättern zusammen; flache, ausgebreitete Blätter werden zu Gebilden, die Kugeln, Fingern oder halben Eiern gleichen, oder zwei Blätter vereinigen sich zu einem konischen Körper (*Dinteranthus, Lithops*) oder einer Kugel (*Conophytum*). Heterophyllie (griech. heteros = verschieden; phyllon = Blatt; verschieden gestaltete Blätter an verschiedenen Sproßteilen) tritt bei *Vanzijlia, Mitrophyllum* und *Cheiridopsis* auf; Blattfenster, verbunden mit einem halbunterirdischen Wuchs, so daß nur das „Fenster" dem Licht ausgesetzt ist, finden wir bei *Fenestraria-, Frithia-, Conophytum-* und einigen *Lithops*-Arten. Mimikry (siehe Kapitel 5) finden wir bei fast allen *Lithops*-Arten, etwas weniger ausgeprägt auch bei einigen anderen Gattungen. Einige *Sphalmanthus* (*Phyllobolus*)-Arten entwickeln einen Caudex mit einer formlosen, unterirdischen Knolle und jährlich abfallenden Luftsprossen. Kristallförmige Wärzchen bedecken die Blätter einiger *Mesembryanthemum-* und *Drosanthemum*-Arten („Eiskraut"!). *Psammophora* besitzt außerordentlich klebrige Blätter, auf denen sich mit der Zeit eine Schutzschicht aus Sand und Staub ansammelt.
Die Blüten der Eiskrautgewächse sind im allgemeinen besonders schön und auffällig. Ihre vielen Kronblätter verleihen ihnen eine entfernte Ähnlichkeit mit Gänseblümchen. Die Blütenköpfe öffnen und schließen sich je nach Witterung und Tageszeit – einige süßlich duftende Arten öffnen ihre Blüten z. B. erst bei Einbruch der Dunkelheit. Ansonsten öffnen sich die meisten Arten nur bei Sonnenschein und bleiben bei kaltem oder trübem Wetter geschlossen.
Die typische Frucht der Mesembryanthemaceen ist eine sich öffnende Kapsel – eine mechanisch aufspringende Schote, die mehrere Samen freigibt. Das Öffnen dieser Schote wird fast immer durch einen bestimmten Grad an Feuchtigkeit ausgelöst. Der unterschiedliche Aufbau der Frucht bildet die Grundlage der Einteilung in Unterfamilien, Stämme und Gattungen. Die Samen der Mesembryanthemaceen können größer als 2 mm oder aber auch staubfein (*Dinteranthus*) sein. 1951 testete ich bei 253 Samenproben die Keimdauer und stellte fest, daß diese zwischen einigen Tagen und mehreren Wochen liegen kann, wobei die Samen einjähriger Pflanzen langsamer und unregelmäßiger keimten als

Rechts (11.3): *Cheiridopsis candidissima* kann man in Mengen im Van Rhynsdorp-Distrikt in Südafrika antreffen. Selbst ohne zu blühen, bietet diese Art einen faszinierenden Anblick.

Unten rechts (11.4): *Pleiospilos bolusii*. Die dunkel gesprenkelten Blätter ähneln Granitgestein, in dessen Umgebung diese Pflanze in freier Natur wächst.

Unten (11.5): *Dinteranthus wilmatianus* ist schwierig in der Anzucht. Da diese Art keine Sprosse treibt, ist die Vermehrung nur durch Samen möglich.

11: Mesembryanthemaceae

Eiskrautgewächse (Mesembryanthemaceae) – Übersicht über die Unterfamilien, Stämme und Gattungen

Axiale Plazentation				
Frucht: hygroskopische Kapsel, die sich bei Feuchtigkeit öffnet 1. Unterfamilie **Mesembryanthemoideae**		Spaltfrucht (zerfällt in mehrere Teile)		Frucht: aufspringende Kapsel
				Frucht öffnet sich bei Feuchti
				Frucht ohne Samentaschen, schließt sich meist wieder, wenn sie trocken ist
Weiche Kronblätter Tribus 1 **Mesembryanthemeae**	Steife Kronblätter Tribus 2 **Dactylopsideae**	Einjährig 2. Unterfamilie **Hymenogynoideae**	Mehrjährig 3. Unterfamilie **Caryotophoroideae**	Tribus 3 **Ruschieae**

Tribus 1
Mesembryanthemeae
Amoebophyllum
Aptenia
Aridaria
Eurystigma
Mesembryanthemum
Opophytum
Platythyra
Prenia
Psilocaulon
Sceletium
Sphalmanthus
Synaptophyllum

Tribus 2
Dactylopsideae
Aspazoma
Dactylopsis

2. Unterfamilie
Hymenogynoideae
Hymenogyne

3. Unterfamilie
Caryotophoroideae
Caryotophora

Tribus 3
Ruschieae
Acrodon
Argyroderma
Astridia
Bergeranthus
Bijlia
Braunsia
Calamophyllum
Carpanthea
Carruanthus
Cephalophyllum

Cerochlamys
Chasmatophy
Cheiridopsis
Conophytum
Cylindrophyllu
Delosperma
Dicrocaulon
Didymaotus
Dintheranthus
Diplosoma

11: Mesembryanthemaceae

Unterfamilie **Ruschioideae**

Frucht: fleischige Beere

Frucht öffnet sich ohne Feuchtigkeit: 5-zellig

Frucht mit Samentaschen, öffnet sich nur einmal zwischen hygroskopischer Kapsel und Spaltfrucht

10–24 Fruchtzellen
Tribus 4
Apatesieae

4–7 Fruchtzellen
Tribus 5
Skiatophyteae

Tribus 6
Saphesieae

Tribus 7
Carpobroteae

Tribus 4
Apatesieae
Apatesia
Conicosia
Herrea

Tribus 5
Skiatophyteae
Skiatophytum

Tribus 6
Saphesieae
Saphesia

Tribus 7
Carpobroteae
Carpobrotus

Disphyma
Dorotheanthus
Dracophilus
Drosanthemum
Eberlanzia
Ebracteola
Ectotropis
Erepsia
Faucaria
Fenestraria

Frithia
Gibbaeum
Glottiphyllum
Hereroa
Herreanthus
Jensenobotrya
Juttadinteria
Kensitia
Khadia
Lampranthus

Lapidaria
Leipoldtia
Lithops
Machairophyllum
Malephora
Mestoklema
Meyerophytum
Micropterum
Mitrophyllum

Monilaria
Muiria
Namibia
Nananthus
Nelia
Neohenricia
Neorhine
Odontophorus
Orthopterum
Oscularia

Pherolobus
Pleiospilos
Psammophora
Rhinephyllum
Rhombophyllum
Ruschia
Ruschianthemum
Schlechteranthus
Schwantesia

Semnanthe
Stoeberia
Stomatium
Titanopsis
Trichodiadema
Vanheerdea
Vanzijlia

11: Mesembryanthemaceae

die der mehrjährigen. Bei den Samen der einjährigen Mesembryanthemaceen keimten manche auch erst im zweiten Jahr nach der Aussaat. Das ist verständlich, da eine einjährige Pflanze den Launen des Klimas viel stärker ausgesetzt ist als ausdauernde (perennierende) Pflanzen.
Die Sämlinge entwickeln sich unterschiedlich: bei einigen Arten vergrößern sich die Keimblätter (Kotyledonen) und sehen wie ausgewachsene Blätter aus (*Conicosia* 6.19); bei anderen Arten bleiben sie gedrungener und sukkulenter. Junge *Herreanthus*-Pflänzchen z. B. sehen in den ersten zwei bis vier Jahren, bevor das Blattwerk voll ausgebildet ist, fast wie *Conophytum*-Arten aus.
Die Verbreitung der Mesembryanthemaceen konzentriert sich auf Südafrika; einige isolierte, meist einjährige Arten findet

Rechts (11.6): *Mesembryanthemum barklyi* fällt mehr durch das bunte, papillenbesetzte Blattwerk als durch seine Blüten auf.

Unten (11.7): *Cephalophyllum*-Arten sind niedrig wachsende, bodendeckende Pflanzen mit prachtvollen Blüten in den verschiedensten Farbtönen. Sie bevorzugen einen sonnigen Standort und magere, trockene Erde.

man auf Madagaskar, in Nordafrika und in Arabien. *Carpobrotus-* und *Disphyma-*Arten sind wohl in Australien und Neuseeland beheimatet. Das starke Auftreten der *Mesembryanthemum-*Arten in der Neuen Welt scheint das Ergebnis eines sehr frühen Importes zu sein.

Unterfamilien und Stämme

Mit Ausnahme der Ruschieae können wir alle Unterfamilien und Stämme kurz abhandeln, denn nur sehr wenige dieser Pflanzen sind für den Amateur und Nicht-Botaniker von Interesse.
Der Tribus Mesembryanthemeae umfaßt 12 Gattungen mit ein- oder zweijährigen, sehr weichen, saftigen und zerbrechlichen Arten, die meist flache Blätter und unscheinbare, farblose Blüten (11.16) besitzen. *Mesembryanthemum crystallinum,* das ursprüngliche Eiskraut, hat sich inzwischen überall im Mittelmeerraum, auf den Kanarischen Inseln und in Kalifornien angesiedelt.
*Sceletium-*Arten sind ausdauernde, kleine Sträucher mit flachen Blättern. Alte, abgestorbene Blätter bleiben als Skelett (siehe Name!) an der Basis der Pflanze stehen. Zum Stamm Dactylopsideae gehört neben der Gattung *Aspazoma* die außergewöhnliche Gattung *Dactylopsis,* die, wäre sie einfacher zu halten, sicher in keiner Sammlung fehlen würde. *Dactylopsis-*Arten haben sehr lange, dicke Wurzeln und fleischige, fingerartige Auswüchse aus wechselständigen, zusammengewachsenen Blättern, durch die sich die Blüte wie ein kleiner, weißer Rasierpinsel hinauszwängt. *Hymenogyne-* und *Caryotophora-*Arten sind flachblättrige Kräuter, die nur wegen ihrer Früchte, die sich in große, geflügelte Teilfrüchte zerlegen, Beachtung finden. Die Samen werden durch den Wind verbreitet. Das gleiche trifft für die Stämme Apatesiae, Skiatophyteae und Saphesieae zu. Die Gattung *Conicosia* behauptet sich in Sammlungen als robuste, gut wachsende Pflanze mit dicken Wurzeln, einer Rosette aus langen, dreikantigen, spiralig angeordneten, grünen Blättern und sehr vielen gelben Blüten. Im Topf tut sie sich schwer, gedeiht aber auch, wenn die Wurzeln genügend Platz haben. Da die Pflanze selbstbefruchtend ist, neigt sie aber dazu, sich rundherum in Mengen auszusäen. Die Früchte können die Samen auf verschiedene Art und Weise verbreiten (vgl. Seite 59). Die Gattung *Saphesia* ist nahezu ausgestorben.
Tribus 7, Carpobroteae, hebt sich von allen anderen durch die fleischigen Schließfrüchte ab, die wie Feigen reifen – daher auch der Trivialname „Hottentottenfeige“. Die Gattung *Carpobrotus* (3.11,12) umfaßt kraftvolle, liegende, schnell wachsende Pflanzen, deren Wurzelsysteme sich über mehrere Quadratmeter erstrecken. Diese Gattung ist eine der wenigen Gattungen der Eiskrautgewächse, die auch außerhalb Südafrikas vorkommen. S.T. Blake berichtet von vier Arten aus Australien, einer von der Norfolk-Insel und einer aus Chile – die verbleibenden ca. 20 Arten stammen aus Südafrika. *Carpobrotus-*Arten haben die größten Blüten der Mesembryanthemaceen überhaupt. Die getrockneten Früchte von *Carpobrotus muiri* werden in Südafrika verkauft, die von *Carpobrotus deliciosus* und *Carpobrotus dulcis* werden sogar roh gegessen.

Unten (11.8): *Carpobrotus-*Arten gehören zu den kräftigsten Mesembryanthemaceen mit den größten Blüten. Die Blüten von *Carpobrotus deliciosus* werden 7–8 cm groß (siehe Bild).

11: Mesembryanthemaceae

Ruschieae — einjährige und Sträucher

Drei Viertel aller Mesembryanthemaceen gehören zum Tribus Ruschieae. Allen Arten dieses Tribus ist gemeinsam, daß sich ihre Springfrüchte durch hygroskopische Bewegungen öffnen und die Samen freigeben. Trocknet die Frucht, dann schließt sie sich wieder. Wir gliedern diesen großen Stamm in einjährige Arten, strauchartige, stammlose und Mimikry-Pflanzen, wobei allerdings Überschneidungen nicht vermieden werden können.
Die Gruppe der Einjährigen wird beherrscht von jenen Schmuckstücken der Gartenrabatte, deren Samen gemeinhin als „Mesembryanthemum criniflorum“ verkauft wird, die korrekt jedoch den Hybri-

Rechts (11.9): *Ruschia uncinata,* eine sehr winterharte Mesembryanthemacee, im Garten des Autors. Durch Stecklinge kann man diese Art leicht vermehren.

Unten (11.10): *Dorotheanthus*-Hybriden und *Portulaca grandiflora*, die beliebtesten und farbenprächtigsten unter den einjährigen Sukkulenten.

Oben (11.11): *Mitrophyllum compactum* zeigt gut die Heterophyllie: Einem großflächigen Blattpaar folgt ein fast bis zur Spitze zusammengewachsenes Paar, das den ruhenden Körper bildet.

Unten (11.12): *Delosperma pruinosum,* aus Klein-Namakwaland in Südafrika, besser bekannt als *Delosperma echinatum,* ist sofort an den mit Borsten bedeckten Blättern zu erkennen.

den aus *Dorotheanthus bellidiformis* und *Dorotheanthus gramineus* – vielleicht auch noch anderer Arten – zuzurechnen sind. Wie immer sie heißen, sie bilden einen herrlichen Teppich (11.10) und sind ideal zur Bepflanzung heißer, trockener Stellen mit magerer Erde, wo ihnen nur noch *Portulaca grandiflora* Konkurrenz machen kann.

In der Gruppe der Strauchartigen finden wir neben einigen kleinen die großen Gattungen *Lampranthus* (11.2), *Ruschia, Delosperma* (11.12), *Cephalophyllum* (11.7) und *Drosanthemum*. Alle Arten dieser Gattungen kommen am besten zur Geltung, wenn man ihnen einen sonnigen Standort im Freien zuteilt. Je mehr Sonne, desto verschwenderischer die Blütenpracht. Allein die oft bevorzugte Gattung *Lampranthus* deckt schon das ganze Farbspektrum – außer Blau – ab. Man behandelt die Pflanzen am besten wie Einjährige, nimmt im Herbst Stecklinge, läßt diese in Sand und Torf wurzeln und pflanzt sie im Frühling an einen sonnigen Ort ins Freie.

Reizvolle kleinere Gattungen sind *Oscularia* und *Malephora* mit ihren grauen oder weiß bestäubten Blättern, *Eberlanzia* mit Dornen und *Trichodiadema* mit einem Borstenbüschel an jeder Blattspitze – was entfernt an die Areolen einer Kaktee erinnert. Nach meinen Erfahrungen ist *Ruschia uncinata* (11.9) am widerstandsfähigsten.

Völlig verschieden von den bisher erwähnten Arten sind die der Gattung *Mitrophyllum* (11.11). Bei dieser Gattung tritt Heterophyllie auf: Das in der Vegetationszeit wachsende Blattpaar ist sehr viel weiter geöffnet und größer als das konische, zusammengewachsene Blattpaar, das nachfolgt und die Ruheperiode überdauert. Vergleicht man eine ruhende mit einer voll wachsenden Pflanze, so glaubt man, zwei ganz verschiedene Arten vor sich zu haben. Die 29 *Mitrophyllum*-Arten, zu denen einige ursprünglich als *Conophyllum* beschriebene gehören, bilden kleine, kaum verzweigte Sträucher, die selten höher als 10–50 cm werden. Stecklinge wurzeln schwer, und blühende *Mitrophyllum*-Arten sieht man kaum in Europa. Das mag u. a. mit der Tagesdauer zusammenhängen, ein Problem, dem man durch Experimentieren mit Licht und Schatten u. U. beikommen kann. Die Vegetationszeit liegt für diese Arten im Spätsommer und Herbst. *Monilaria* ist eine verwandte Gattung. Bei diesen Pflanzen sind die Zweiggelenke angeschwollen, und die Stengel sehen wie eine Kette mit großen Perlen aus.

Ruschieae — stammlose Arten

Bei den hier behandelten Pflanzen stehen die Blattpaare so dicht zusammen, daß man keine Sproßglieder mehr zwischen ihnen sieht. Für den Anfänger sind *Faucaria*-Arten am besten geeignet, da sie vergleichsweise leicht zu halten sind, wenn man sie gut drainiert und nicht überwässert. Die Blätter stehen kreuzweise gegenständig; der obere Blattrand ist normalerweise gezähnt oder borstig „behaart". Bei *Faucaria tuberculosa* (11.15) erstrecken sich die knorpelähnlichen Zähne bis auf die Blattoberfläche. *Carruanthus*-Arten haben ähnlich gezähnte Blätter. Die verblüffende Ähnlichkeit des obersten Blattpaares mit dem aufgerissenen Rachen eines Tieres brachte Bradley auf den Namen „Hundelefzen", die Artnamen *Faucaria felina* (lat. felis = Katze), *Faucaria lupina* (lat. lupus = Wolf) setzen diese Analogie fort. Beide Gattungen sollte man im Sommer gießen und im Winter trocken halten. Sie blühen leicht, und die große, meist gelbe Blüte sitzt fest in der Mitte der Blattrosette. *Faucaria candida* macht eine Ausnahme – sie besitzt weiße Kronblätter.

Ähnlich sehen die ca. 40 *Stomatium*-Arten aus (11.14). Sie sind aber im allgemeinen im Wuchs und in der Ausbildung der einzelnen Pflanzenteile kleiner und zierlicher. Die Färbung der Blüten reicht bis zu einem satten Rosa bei *Stomatium alboroseum*. Bei mir hat sogar *Stomatium agninum* einen milden englischen Winter im Freien überlebt. *Glottiphyllum* ist eine Gattung, die man sofort erkennt (11.13). Ihre Blattpaare sind außerordentlich weich und saftig, leuchtend grün und paarweise in zwei Reihen ungleichseitig an kurzen Zweigen angeordnet, die sich an die Erde anschmiegen.

Die Leitart, die auch am längsten bekannt ist, ist *Glottiphyllum linguiforme*. Sehr viele der anderen 57 Arten ähneln ihr. Es gibt aber auch einige kompaktere Arten wie *Glottiphyllum herrei* mit ins Rosa gehenden Blättern, *Glottiphyllum pygmaeum* mit gedrungenen, abgerundeten Blättern und *Glottiphyllum semicylindricum* (*bidentatum*) mit lockeren Sprossen, die kleine, mit Pusteln besetzte Blätter tragen, jedes mit zwei schief sitzenden Vorsprüngen – an jedem Rand einen. Die *Glottiphyllum*-Arten haben herrliche, große, gelbe Blüten. Man sollte diese Pflanzen in kleinen Töpfen bei sehr viel Sonne halten und mit dem Wässern sehr zurückhaltend sein: Sie leben auf, wenn sie hungern und gehen zugrunde, wenn man sie überdüngt.

Cylindrophyllum ist eine weitere, leicht zu haltende Gattung, zu der *Cylindrophyllum calamiforme* und fünf weitere Arten gehören. Die langen, zylindrischen, fingergleichen Blätter machen das Erkennen dieser Arten leicht.

Der Gattung *Bergeranthus* werden 11 Arten zugeschrieben, obwohl eigentlich nur *Bergeranthus multiceps, Bergeranthus scapiger* und *Bergeranthus vespertinus* bekannt sind. Bei diesen Arten stehen die Blätter in basalen Rosetten dicht zusammen, halbzylindrisch, lang und spitz zulaufend, glatt und grün. Das allgemeine Wachstum ist traubenförmig. *Bergeranthus*-Arten wachsen im Sommer, blühen üppig und sind nach meinen Erfahrungen problemlos zu halten.

Die Arten der Gattung *Machairophyllum* sehen ähnlich aus, sind aber stämmiger und bilden große Haufen. Die bekannteste der 10 *Machairophyllum*-Arten ist *Machairophyllum albidum*. Sie braucht trockene, warme Luft und wenig Wasser.

Mit der Gattung *Nananthus* (syn. *Aloinopsis*) (11.16) kommen wir zu den Zwergarten, die ein natürliches Bindeglied zu den Mimikryarten bilden. Bei *Nananthus* bildet oft der kurze Wurzelstock, der zu ebener Erde kurze Zweige mit nur je ein oder zwei Blattpaaren an der Spitze hat, den

Rechts (11.13): Damit *Glottiphyllum praepingue* nicht wuchert oder faul wird, sollte man die Pflanze in die Sonne stellen und wenig wässern.

Unten rechts (11.14): *Stomatium jamesii* hat gezähnte Blattränder und ist mit auffälligen Papillen bedeckt.

Unten (11.15): Bei *Faucaria tuberculosa* setzen sich die Zähne an den Blatträndern bis auf die Blattoberfläche fort.

umfangreichsten Teil der Pflanze. Am besten sehen im Topf gezogene, junge Pflanzen aus; im Alter wird die Mitte kahl und unansehnlich. Das ist das Zeichen, die Spitzen zu Beginn der Vegetationszeit abzuschneiden und aus ihnen neue Pflanzen zu ziehen. *Nananthus schoonesii* bildet einen Teppich aus winzigen, dicht zusammengedrängten, an der Spitze abgeflachten Blättern, die aussehen, als seien sie gleichmäßig abgeschnitten worden.
Alle Arten der Gattung *Cheiridopsis* besitzen große Anziehungskraft und verdienen Beachtung (11.3,17). Bis jetzt wurden 100 Arten beschrieben. Alle sind stark sukkulente Zwergarten mit ausgeprägter Heterophyllie. Bei *Cheirodopsis peculiaris* tritt diese besonders deutlich auf. *Cheirodopsis peculiaris* ist eine echte Mimikryart, die man nur vor purpurartigen, braunen Felsen findet, denen das bronzefarbene Blattwerk perfekt angepaßt ist. Ruht die Pflanze, so sterben die geöffneten Blätter ab und werden durch aufrechte Zapfen ersetzt, die die wachsende Mitte vor dem

Rechts (11.16): *Nananthus transvaalensis* (nanus = zwergig, klein) – eine der vielen Zwergarten, die Mimikryformen entwickeln.

Unten (11.17): Um das Blühen bei *Cheiridopsis*-Arten zu fördern, brauchen die Pflanzen volle Sonne und eine jährliche Ruhepause, in der sie trocken gehalten werden müssen.

Austrockenen schützen. *Cheirodopsis candidissima,* die in Kultur als ausgesuchte und seltene Kostbarkeit gilt, findet man in Südafrika noch sehr oft. Unzählige 30–50 cm große Büschel mit spitzen, samtenen Blättern und weißen bis blaßrosafarbenen Blüten beherrschen die flache, offene Landschaft.

Ruschieae — die Mimikryarten

Wir wenden uns jetzt Gattungen zu, bei denen Mimikry die Regel, nicht die Ausnahme ist (5.10). Die vorangegangenen Gattungen sind in der Haltung nicht besonders schwierig, wenn man einmal das Wesentlichste: durchlässige Erde, Licht und das Beachten der Ruheperiode im Griff hat.
Jetzt aber kommen wir zu Pflanzen, die nicht nur in hoher Gunst beim Sammler und Liebhaber stehen, sondern von denen auch einige die Geduld auf härteste Proben stellen. *Didymaotus*-Arten zum Beispiel: Nur wenigen Liebhabern gelingt es, diese Arten länger als ein paar Jahre in Kultur zu halten, und falls sie es doch schaffen, sehen sie gar nicht mehr wie die „zersprungenen Felsen" aus, die sie an ihrem natürlichen Standort sind (11.18). Jacobsen empfiehlt zur Haltung dieser Arten pralles Sonnenlicht, wenig Wasser und im Frühsommer eine Ruheperiode.
Die Gattung *Pleiospilos* mit ihren Zwergarten *Pleiospilos bolusii* (11.4) und *Pleiospilos nelii* ist zum Glück etwas einfacher zu halten. Diese beiden Arten mit je ein oder zwei fast kugelförmigen Blattpaaren sehen in ihrer grauen Färbung mit den dunkleren Punkten wie Granitkiesel aus. Von den anderen 33 Arten haben einige längliche Blattpaare (11.19), andere bilden große Büschel. Die prächtigen, gelben Blüten kommen spät und riechen stark nach Kokosnuß. Eine anders geartete „Mimikry" zeigen die *Titanopsis*- und einige *Nananthus*-Arten (11.20), die zwischen Quarzfelsen wachsen. Durch ihre großen Papillen auf den Blattspitzen erhalten die Pflanzen ein glasartiges Aussehen. Eine oft zitierte Geschichte erzählt, wie Professor Marloth durch Zufall *Titanopsis calcarea* entdeckte, als er sich dagegenlehnte, weil er sie für einen Felsen hielt. Jede der 5 Arten besitzt ein charakteristisches Blattmuster. Da die Pflanzen sehr kurzlebig sind und ohne Vorwarnung eingehen, zieht man am besten alle paar Jahre Sämlinge heran.

Links (11.18): *Didymaotus lapidiformis,* ein hervorragendes Beispiel natürlicher Tarnung. Diese gefährdete Art wuchs am Rande eines sich ausdehnenden Steinbruches.

Unten (11.19): *Pleiospilos*-Arten im berühmten Freigarten Pinya de Rosa an der Costa Brava. Im Winter werden diese im Freien wachsenden Arten durch eine Abdeckung vor zuviel Feuchtigkeit geschützt.

11: Mesembryanthemaceae

Neohenricia sieht wie eine kleine *Titanopsis* aus, ihre winzigen Blüten öffnen sich jedoch erst bei einsetzender Dunkelheit und verströmen einen starken Duft, der allein es schon rechtfertigen würde, die einzige Art, *Neohenricia sibbettii,* in die Sammlung aufzunehmen. Diese Art ist erfreulich leicht zu halten. Sie vermehrt sich durch kurze Ausläufer.

Fenestraria- und *Frithia*-Arten werden oft zusammengefaßt, da beide Arten „Fensterblätter" haben, ihre Rosetten im Boden verborgen und nur die durchsichtigen Spitzen der gebogenen, keulenförmigen Blätter der Sonne ausgesetzt sind. In Kultur wachsen diese Arten oberirdisch. Die beiden Gattungen mit je einer Art sind jedoch nicht nahe verwandt. *Fenestraria aurantiaca* (11.21) ist die leichter zu haltende Art. Ihre Blütenfarbe reicht von Braungelb bis zu einem rötlichen Gelb; die Art *Fenestraria aurantiaca* f. *rhopalophylla* blüht weiß. Durch Teilung eines Ballens kann man die Pflanzen vermehren. Die Blüten von *Frithia pulchra* (11.22) sind lebhaft karminrot. Diese kurzlebige Art ist nur aus Samen zu ziehen, da sie keine Ableger ausbildet. *Frithia* ruht im Sommer

Oben (11.20): Die weißen, verkrusteten Blätter von *Nananthus luckhoffii* ähneln den Quarzspalten, zwischen denen diese Art wächst. Ebenfalls ein schönes Mimikry-Beispiel.

Unten (11.21): Die weiß blühende *Fenestraria aurantiaca* kann durch Teilung der „Ballen" vermehrt werden. An den Blattspitzen besitzt diese Art „Fenster".

Oben (11.22): *Frithia pulchra* sieht ähnlich wie *Fenestraria* aus, ist jedoch nicht nahe mit ihr verwandt. Diese ausdauernde Pflanze wird durch Samen vermehrt.

Unten (11.23): Bei den meisten *Gibbaeum*-Arten sind die Blätter der Blattpaare verschieden groß. Bei diesem *Gibbaeum dispar* ist die Blattoberfläche samten, die Blüten sind tief rosa.

und muß zu Beginn des Frühjahrs gewässert werden.

Gibbaeum besitzt 21 kompakte Arten unterschiedlicher Gestalt, deren verbindendes Merkmal das asymmetrische Blattpaar ist. Gelegentlich sind beide Blätter nur leicht ungleich in der Größe (*Gibbaeum esterhuyseniae* mit ausgebreiteten Blättern; *Gibbaeum cryptopodium* mit eiförmig zusammengewachsenen Blättern). Bei *Gibbaeum pubescens* sind die Blätter jedoch sehr ungleich, eines ist nur ein kleiner Lappen an der Seite des anderen. Nel berichtet, daß alle *Gibbaeum*-Arten in einem 135 × 40 km großen Gebiet von Klein-Karru vorkommen. Nur *Gibbaeum gibbosum* und *Gibbaeum heathii* wachsen außerhalb dieses Gebietes im Nordwesten. *Gibbaeum schwantesii* ist auf einen 90 m^2 großen Flecken beschränkt. Bis zu 6 verschiedene Arten wachsen nebeneinander im gleichen Gebiet. Hier bietet sich ein faszinierendes Anschauungsmaterial über die Hürden, die die Hybridation in freier Natur verhindern. In Kultur setzt die Blüte zu Beginn der Vegetationszeit ein – diese ist jedoch von Art zu Art verschieden und trägt dazu bei, die Arten in der Natur auseinanderzuhalten. Beim Wässern von *Gibbaeum*-Arten ist die sicherste Empfehlung, sich auf seine Augen zu verlassen, die ersten Lebenszeichen abzuwarten und das Gießen nach der Blüte wieder zu drosseln. *Gibbaeum album, Gibbaeum dispar* (11.23) und *Gibbaeum velutinum* scheinen ihre Wachstumsperiode im Winter zu haben.

Den *Gibbaeum*-Arten sehr ähnlich und eine der höchstentwickelten Sukkulenten ist die Gattung *Muiria* mit nur einer Art. In Klein-Karru fand ich 1971 *Muiria hortenseae* auf einem nur wenige Quadratmeter großen Quarzfelsen – außerhalb davon kein einziges Exemplar! Auf dem kleinen Areal standen sie aber so dicht, daß man sie beim Gehen zertreten hätte. Die Einzelpflanze gleicht einem Ring aus reifen, samtenen Reineclauden: Die Blattpaare stehen so dicht beieinander, daß da, wo sie zusammenstoßen, nur ein winziger Spalt zu sehen ist, durch den sich die pinselähnliche Blüte hindurchzwängt. Leider widersetzt sich diese Gattung allen Versuchen, in Kultur gehalten zu werden. Sehr viele Arten wurden schon umsonst bei uns eingeführt – sie gingen alle ein.

Die Gattung *Argyroderma* (11.24) mit ihren 10 verschiedenen Arten wurde kürzlich von Heidrun Hartmann in einer Monographie vorgestellt. Die Pflanzen wachsen entweder allein oder in Haufen. Die zwei gegenständig wachsenden, vollkommen glatten und silbrig-grauen Blätter sehen wie ein halbes Ei oder ein kurzer Finger aus. Die Blütenfarbe ist entweder weiß, gelb oder purpurn. Die Vegetationszeit der *Argyroderma*-Arten liegt im Hoch- bis Spätsommer. Dann sollten die Pflanzen gewässert werden – jedoch nur so viel, daß die Blätter nicht welken. Bekommen die Pflanzen zu viel Wasser, dann neigt *Argyroderma* dazu, braune Flecken zu bekommen. Sehr wichtig ist viel Sonnenlicht!

11: Mesembryanthemaceae

Ähnlich in der Form, aber was die Zeichnung angeht den *Lithops*-Arten ähnlicher, ist die Gattung *Dinteranthus* (11.5) mit ihren 6 Arten, von denen alle für den Sammler interessant, aber angeblich in Kultur äußerst kurzlebig sind. *Dinteranthus vanzijlii* wurde irrtümlich für einen *Lithops* gehalten. Man kann *Dinteranthus* aber aufgrund der zehnzelligen Kapsel und der viel kleineren Samen – die wohl kleinsten der ganzen Familie – von den *Lithops* unterscheiden.

Die Gattung *Conophytum* (11.25) wartet mit ihren 315 von Jacobsen beschriebenen Arten nur auf eine moderne Monographie, die ihr die verdiente Popularität verschafft. Diese auf dem Höhepunkt der Entwicklung stehende Gruppe der Mesembryanthemaceen zeigt eine maximale Oberflächenreduktion und eine äußerst wirkungsvolle und sparsame Lebensweise. Der Pflanzenkörper wird von zwei Blättern gebildet. Einige *Conophytum*-Arten haben einen fast kugeligen Körper, bei anderen, den biloben Arten (lat. bilobus = zweilappig), stehen die beiden Blätter an der Spitze frei und schließen sich nicht zusammen. In der Trockenzeit welken die beiden Blätter und schützen so den Trieb vor extremer Hitze und Sonneneinstrahlung. Außerdem wird er auch noch von den in den Blättern gespeicherten Nährstoffen ernährt. Die Hälfte des Jahres sieht ein *Conophytum* wie tot aus, aber verzweifeln Sie nicht! Unter der braunen ledrigen Schicht geht das Leben weiter. Halten Sie in dieser Ruhezeit die Pflanze trocken und feuchten Sie höchstens die oberste Erdschicht etwas an. Wenn die trockenen Blätter aufplatzen, gibt die Pflanze selbst das Zeichen zum Wässern. Die Vegetationszeit der *Conophytum*-Arten liegt im Spätsommer. Die biloben Arten beginnen etwas früher mit dem Wachstum, so daß man bei ihnen mit dem Wässern schon im Juni anfangen sollte; bei den kugeligen Arten wässert man etwa ab Juli bis zum Jahresende. In freier Natur wachsen die *Conophytum*-Arten in Felsspalten und auf Kliffen und kommen mit einem Minimum an Erde und Wasser aus (Lithophyten; griech.: lithos = Gestein, Felsen; phyton = Pflanze). Die spartanisch lebenden Pflanzen passen sich jedoch gut an die Topfkultur an, man muß sie nur korrekt wässern. Mit ihren gelben, weißen, orangefarbenen und roten Blüten (11.29) bieten sie einen herrlichen Anblick. Die weißblühenden Arten öffnen meist nur nachts ihre duftenden Blüten. *Conophytum*-Arten sind bemerkenswert langlebig, es dauert jedoch auch Jahre, bis aus einer einzigen Pflanze ein ganzer „Ballen" wird. Diese Arten nehmen es aber auch nicht übel, wenn wir sie z. B. jahrelang auf dem obersten Regal stehen haben, ohne sie umzutopfen. *Ophthalmophyllum* wird manchmal als eigene Gattung behandelt, ist jedoch eine Untergattung von *Conophytum* und besitzt Fensterblätter.

Oben (11.24): *Argyroderma pearsonii* muß ganz vorsichtig gewässert werden, da sonst die Blätter platzen. Alle *Argyroderma*-Arten stammen aus dem Van Rhynsdorp-Distrikt am Kap in Südafrika.

Oben links (11.25): *Conophytum ectypum* klammert sich in der Natur an den Felsen an. In der Vegetationszeit erneuern sich die 4–6 mm großen Köpfe.

Rechts (11.26): *Conophytum saxetanum* aus Namibia. Jedes der winzigen Pflänzchen ist nur 2–4 mm groß. *Conophytum saxetanum* wächst wie eine Flechte auf dem Felsen, dem sie sich in der Musterung gut angepaßt hat.

Als letztes kommen wir zur Gattung *Lithops* (5.10), der beliebtesten und bekanntesten Gattung der Mesembryanthemaceen, den berühmten „Kieselsteinen" oder „Lebenden Steinen". Bei diesen Arten ist der Pflanzenkörper auf ein einziges, gegenständiges Blattpaar, das zu einem Kegel vereint ist, reduziert. In der Mitte dieses

11: Mesembryanthemaceae

Kegels befindet sich ein Spalt, aus dem die Blüte und dann das nächste Blattpaar – rechtwinklig zum alten – herauswachsen. Einige Arten bleiben solitär, andere „verzweigen" sich und bilden kleine Ballen, indem sich aus einem einzigen „Kopf" zwei Blattpaare entwickeln. Wie bei den *Conophytum*-Arten ernährt das alte, abgetrocknete Blattpaar das neue; die empfindliche nachwachsende Spitze ist sicher unter der Erde nahe der Basis des alten Kegels verborgen. Die Vegetationszeit der *Lithops*-Arten paßt sich, anders als die von *Conophytum*, bereitwillig dem Zyklus der nördlichen Halbkugel an. Wenn man die Pflanzen im Winter ganz trocken hält und erst nach dem Aufplatzen der Haut, die den neuen Körper freigibt, wässert, müßten die Pflanzen die Ruheperiode schadlos überstehen. Überwässern führt zu einem grotesken, untypischen Aussehen (6.2).

Die „Lebenden Steine" passen sich außergewöhnlich gut ihrer Umgebung an und sind manchmal kaum vom Gestein zu unterscheiden. Die kegelförmigen Blattpaare erneuern sich jedes Jahr. *Lithops*-Arten lieben die Sonne, sind leicht zu halten und gut aus Samen zu vermehren. Sie blühen meist gelb oder weiß. Es sind bis jetzt 37 Arten und einige Varietäten bekannt. (11.27): *Lithops bromfieldii* rechts (11.28): *Lithops hallii* unten.

11: Mesembryanthemaceae

Lithops-Arten wachsen in der Erde vergraben, nur die flachen Blattspitzen ragen aus dem Boden. Die Blätter sind nie einfarbig grün, sondern meist kunstvoll gemustert und gesprenkelt, so daß sie in freier Natur gut mit der Umgebung harmonieren. Die 37 Arten werden anhand der Blütenfarbe (Gelb oder Weiß) und der Blattfarbe und Musterung auseinandergehalten. *Lithops*-Arten sind ideal für den Sammler, dem Platz und Sonne im Überfluß zur Verfügung stehen. Wie bei *Conophytum* haben alle Arten in kleinen Töpfen Platz und brauchen eine minimale Pflege. Die „Lebenden Steine" gehören zu den am einfachsten aus Samen zu ziehenden Mesembryanthemaceen und sind wenig anfällig gegen Schädlinge und Krankheiten.

Haltung und Pflege

Mesembryanthemaceen sind Kinder der Sonne und nehmen Schatten übler als die meisten anderen Sukkulenten: Die Blattpaare treiben aus, die samtenen Blüten und bunten Musterungen werden blaßgrün, und die Blühwilligkeit läßt stark nach. In jeder gemischten Sammlung sollten Mesembryanthemaceen daher einen Platz an der Sonne bekommen – vorzugsweise sehr nahe am Glas. Die buschigen Arten können im Sommer gut ins Freie gepflanzt werden, und da die Temperaturen im Winter auch nicht zu hoch zu sein brauchen, vor allem aber eine gute Luftzirkulation wichtig ist, kann man die weniger empfindlichen Arten ohne weiteres in ein frostsicheres Frühbeet pflanzen. Mesembryanthemaceen, die ihre „Haut" ja jährlich wechseln, sind auch im Vorteil gegen Smog und andere Umwelteinflüsse. Eine der berühmtesten Sammlungen von Zwergmesembryanthemaceen gedieh lange Zeit in Hounslow, einem Londoner Vorort, der weder für gute Luft noch besonders hohe Lichtintensität bekannt ist. Wie wichtig behutsames Gießen ist, wurde schon betont. Beobachten Sie die Pflanzen: Sie werden Ihnen verraten, wann das Wachstum beginnt und sie gegossen werden müssen oder wann nach dem Blühen eine Ruhepause nötig ist. Diejenigen Arten, die auch im Winter wachsen wollen, wie *Conophytum, Dactylopsis, Frithia* und einige *Gibbaeum*-Arten müssen vorsichtig gegossen werden und zusätzlich Wärme und alles verfügbare Licht bekommen. Nichts ruiniert eine Sukkulente schneller als kalte, feuchte Erde! Es ist daher oft erforderlich, im Herbst die Töpfe umzustellen, damit die im Winter wachsenden Arten bevorzugte Plätze bekommen.

Bei den meisten Mesembryanthemaceen ist eine Vermehrung durch Samen (6.19) und auf vegetativem Wege möglich. *Mitrophyllum*-Arten z. B. wurzeln schwer und lassen sich leichter aus Samen ziehen. Bei Pflanzen mit nur einem „Kopf", wie den *Frithia*-, einigen *Lithops*- und *Argyroderma*-Arten ist die Vermehrung durch Samen der einzige Weg. Hier bilden sich einzelne Blätter nicht zu neuen Pflanzen aus, selbst wenn sie sich bewurzeln.

Wenn Sie von den kleinen *Lithops*- oder *Conophytum*-Arten Stecklinge nehmen wollen, dann schneiden Sie so weit unten wie möglich ab! Wenn Sie die wachsende Spitze nahe des Wurzelstockes verfehlen, ist der Versuch der Stecklingsvermehrung vergeblich.

Unten (11.29): Teil einer *Conophytum*-Sammlung. Diese kleinen Pflanzen sind für den Spezialisten, der wenig Platz hat, ideal. Solche „Ballen", wie die hier abgebildeten, brauchen viele Jahre, um so groß zu werden.

12: Portulacaceae

Portulakgewächse

Wir stellen hier eine weitere Familie aus der Ordnung Caryophyllales vor, deren Mitglieder alle mehr oder weniger sukkulent sind. Von den insgesamt 19 Gattungen sind eigentlich nur 7 beim Sammler bekannt und vertreten: *Portulaca, Ceraria, Portulacaria, Lewisia, Anacampseros, Calandrinia* und *Talinum*. Alle Mitglieder dieser 7 Gattungen sind Blattsukkulenten, neigen jedoch auch zur Strunkbildung, wie z. B. *Anacampseros alstonii* (11.22), *Talinum caffrum, Talinum guadalupense* (15.4) und einige *Portulaca*-Arten. Die Blätter sind immer ganzrandig und haben an der Basis oft lange, weiße Haare, die für modifizierte Blattansätze gehalten werden. Unter den im allgemeinen kleinen Blüten gibt es ein paar sehr prachtvolle. Auf diese Arten hat der Gärtner ein Auge geworfen, und sie haben den Portulakgewächsen den Weg in die Gärten geöffnet. Charakteristisch für die Portulakblüte sind zwei fleischige, grüne Kelchblätter, fünf (manchmal vier oder sechs) freie Kronblätter und ein, zwei oder mehr Wirtel Staubblätter. Die größten Blüten haben am meisten Staubblätter (*Portulaca, Lewisia*). Der Fruchtknoten besteht aus drei bis maximal fünf verwachsenen Fruchtblättern.

Portulaca ist eine verbreitete und sehr fruchtbare Gattung, allerdings geht im Augenblick die Tendenz dahin, die 125 beschriebenen Arten auf etwa 15 zu reduzieren. Einige *Portulaca*-Arten sind einjährig, andere sind ausdauernd. Die wenig sukkulente Art *Portulaca oleracea*, der Kohlportulak, hat eine lange Geschichte als Gewürzkraut hinter sich und wurde von Land zu Land gebracht. Wahrscheinlich ist *Portulaca oleracea* jedoch in Indien beheimatet. *Portulaca grandiflora* (5.3, 12.1) ist eine fast winterharte Einjährige, die Farbe in die trockenen Ecken unseres Gartens bringt. Wegen ihrer vielen Farbvarianten und der Doppelblüte wurde diese Art einer intensiven Zuchtauswahl unterworfen.

Ceraria (12.2) und *Portulacaria* sind nahe verwandte Gattungen, die in freier Natur zu großen Büschen heranwachsen. In Kultur bleiben sie jedoch klein, und ihre dikken, ziemlich fleischigen Zweige geben ihnen in jungen Jahren das attraktive Aussehen eines Bonsai-Bäumchens. Die Blätter sind klein, einfach, fleischig und flach bis zylindrisch. Die Blüten sind winzig – in Kultur blüht diese Art aber kaum. Mit Recht beliebt ist die buntscheckige Form von *Portulacaria afra*.

Die Gattung *Lewisia* steht bei Steingarten-Freunden, aber auch schon bei Sukkulentensammlern hoch im Kurs. Sie umfaßt etwa 16 Arten, deren Herkunft vom westlichen USA über Mexiko bis nach Bolivien reicht.

Charakteristisch für *Lewisia*-Arten sind der stabile Wurzelstock, der extrem lange Dürrezeiten überstehen kann, und eine Rosette aus abgeflachten oder zylindrischen, fleischigen Blättern, die bei einigen Arten immergrün sind, bei anderen jährlich abfallen. Die vom Blumenhändler angebotenen Exemplare sind meist Hybriden, deren Herkunft nicht eindeutig bestimmt werden kann. Die prachtvollen *Lewisia*-Blüten haben meist eine rosa- oder aprikosenfarbene Tönung (12.4,7). Trotz ihrer Widerstandsfähigkeit sind *Lewisia*-

Unten (12.1): *Portulaca grandiflora* wetteifert mit *Dorotheanthus* (11.10) um den Platz der farbenprächtigsten und beliebtesten einjährigen Sukkulente.

Rechts (12.2): *Ceraria namaquensis* eignet sich in jungen Jahren sehr gut als Bonsai-Pflanze. Beschneiden im Herbst hält die Pflanze buschig.

Unten rechts (12.3): *Anacampseros papyracea.* Die weißen Schuppen sind Blattansätze, die die winzigen grünen Blätter umhüllen. Die Blüten öffnen sich nur ein oder zwei Stunden.

Gegenüber (12.4): Obwohl *Lewisia*-Arten winterhart sind, gedeihen sie im Winter im Schutz eines Frühbeetes oder im ungeheizten Gewächshaus besser als im Freiland.

12: Portulacaceae

12: Portulacaceae

Portulakgewächse (Portulacaceae) – Übersicht über die sukkulenten Stämme und Gattungen

Fruchtknoten unter- oder mittelständig; viele Samenanlagen	Fruchtknoten oberständig		
	Schließkapsel; einzelne Samenanlage	Kapsel, die sich durch Deckel oder Klappen öffnet, von unten nach oben; mehr als 6 Samenanlagen	Kapsel, die sich durch aufplatzende Klappen von oben nach unten öffnet; mehr als 6 Samenanlagen
Tribus 1 **Portulaceae**	Tribus 2 **Portulacarieae**	Tribus 3 **Lewisieae**	Tribus 4 **Talineae**

Tribus 1 **Portulaceae** Portulaca	Tribus 2 **Portulacariae** Ceraria Portulacaria	Tribus 3 **Lewisieae** Lewisia	Tribus 4 **Talineae** Anacampseros Calandrinia Talinum

12: Portulacaceae

Arten sehr empfindlich gegen vollgelaufene Töpfe! Die Vermehrung erfolgt durch Teilen der Ballen oder Anzucht aus Samen. *Lewisia rediviva* ist die Wappenblume des Staates Montana. Sie fiel den Botanikern erst auf, als ein einige Jahre altes Herbarexemplar wieder zum Leben erwachte, als man es eintopfte und goß.
Calandrinia und *Talinum* gehören zu den Gattungen, die hin und wieder den Weg ins Gewächshaus finden, sich aber nicht allzulange in den Sammlungen halten, weil ihre Blüten zu unscheinbar sind oder aber nach der Blüte überall Sämlinge auftauchen. So müssen diese Arten beliebteren Pflanzen Platz machen. *Calandrinia grandiflora* und einige ihrer verwandten Arten werden gerne als einjährige Einfassungspflanzen verwendet: Das blau-graue, samtene Blattwerk ist leicht fleischig und hebt sich angenehm von den purpurroten Blüten ab.
So bleibt nur noch die Gattung *Anacampseros,* eine Gruppe hochentwickelter sukkulenter Xerophyten, die jedem, der etwas Ausgefallenes sucht, viel bieten kann. Etwa die Hälfte der rund 50 beschriebenen Arten läßt sich sehr leicht halten: Sie lieben volle Sonne, durchlässigen Boden, reichlich Wasser im Sommer, keinen Frost im Winter und zeigen ihre „Zuneigung" dadurch, daß sie sich überall aussäen. Die Blätter sind mehr oder weniger abgeflacht, sehr fleischig, einfach und rosettenartig angeordnet und für gewöhnlich an der Basis silbrig behaart. Die Blüten sind rosa, selten weiß. *Anacampseros rufescens* und die etwas größere Art *Anacampseros telephiastrum* sind des öfteren in Sammlungen zu sehen.
Ganz anders sind die Arten, deren winzige Blätter völlig von großen, weißen, papierartigen Nebenblättern umhüllt werden (12.3). Auf diese Weise verschafft sich die Pflanze einen Schutz gegen Wärme und Sonne. Pflanzen mit solchen weißen Neben- oder Hüllblättern sind ausgesprochene Xerophyten. Sie wachsen an Standorten, die vollkommen der prallen Sonne ausgesetzt sind oder in Felsspalten, in denen die weißen Sprosse nur sehr schwer zu erkennen sind.
Ganz anders, als man erwartet, scheinen die kleinblättrigen Arten der Gattung *Anacampseros* in Kultur ebenso viel Wasser haben zu wollen wie die Arten mit den großen Blättern. Es ist daher völlig falsch, die kleineren Arten viel trockener als die größeren zu halten. Der Boden sollte sehr durchlässig sein, und im Winter ist eine Mindesttemperatur von + 7 °C anzuraten. Die *Anacampseros*-Blüten sitzen einzeln an den Spitzen der Sprosse. Es ist jedoch eine Seltenheit, wenn wir einmal eine Blüte im geöffneten Zustand sehen (12.5). In den meisten Fällen öffnen sich die Blüten nicht und bestäuben sich im geschlossenen Zustand selbst; man nennt dies Kleistogamie (griech.: kleistos = verschlossen; gamos = Ehe).

Oben (12.5): Blüte von *Anacampseros bremekampii* mit 6 roten Kron-, 8 Staubblättern und 3 Griffeln, wodurch sie sich leicht von den isomeren Blüten der Crassulaceen unterscheiden läßt.

Rechts (12.6): *Anacampseros albissima* aus Südafrika. Jede der papierartigen, weißen Schuppen verbirgt ein winziges, grünes Blättchen, das auf diese Weise vor direkter Sonneneinstrahlung geschützt ist.

Unten (12.7): *Lewisia*-Hybriden im Garten des Autors. Die Tonerde wurde mit grobem Sand und Torf aufgelockert und die Pflanzen zwischen die Felsen gesetzt.

13: Liliaceae

Liliengewächse

Die Familie der Liliengewächse (Liliaceae) gehört zu den Monocotyledonen (Einkeimblättrige Pflanzen), der kleineren der beiden Blütenpflanzenklassen. Im Gegensatz zur größeren Klasse der Dicotyledonen besitzen die Monocotyledonen nur ein einziges Keimblatt (Kotyledon). Die Laubblätter sind parallelnervig; die Blütenteile sind meist zu dreien oder einem Vielfachen von drei angeordnet.

Die Liliengewächse umfassen etwa 250 Gattungen und 3700 Arten. Verbreitet ist diese Familie über die ganze Welt, wenngleich jeder der 28 Stämme, in die die Familie aufgeteilt ist, mehr oder weniger auf ein bestimmtes Gebiet oder einen Kontinent begrenzt ist. Liliengewächse sind vorwiegend mehrjährige, krautige Pflanzen mit einem unterirdischen Stamm. Die Blüten sind zu Trauben, Ähren oder Rispen angeordnet. Ein besonders charakteristisches Merkmal dieser Familie sind die radialsymmetrischen Blüten mit der aus sechs Einzelteilen zusammengesetzten Blütenkrone – ohne Unterteilung in grünen Kelch und farbige Kronblätter. Der Fruchtknoten ist nie unterständig; die Frucht meist eine Beere oder Kapsel.

Kleinere Stämme

Als Liliengewächse sind uns allen die im Frühling und Frühsommer herrlich blühenden Tulpen, Hyazinthen, Iris und viele andere Knollenpflanzen wohlbekannt, aber auch Gemüse wie Spargel und Zwiebeln gehören in diese Familie. Eine *Asparagus*-Art z.B., die ich in den Lebombo-Bergen sammelte, besitzt unterirdische, wasserspeichernde Wurzeln und bietet ein gutes Beispiel für Wurzelsukkulenz. Aber auch die Knollen und Brutzwiebeln sind darauf eingerichtet, unterirdisch Nährstoffe zu speichern und lange, für das Wachstum ungünstige Zeiten zu überdauern.

Ob Sie nun Ihre Sukkulentensammlung um *Scilla violacea, Ornithogalum caudatum, Drimia, Buphane, Haemanthus* oder ähnliche Arten erweitern, ist weitgehend Geschmackssache. *Bowiea volubilis* z. B. ist eine besondere Art: Pflanzt man sie oberirdisch, so wird die große Zwiebel grün und bringt ein an einen Grashalm erinnerndes „Blatt" hervor. Die Pflanze treibt aber jährlich einen langen Zwillingssproß mit Seitenzweigen und kleinen, grünlichen Blüten, die Samen im Überfluß produzieren. Eine erst kürzlich beschriebene Kuriosität aus der Nähe von Steinkopf ist *Albuca unifoliata.* Diese Art bildet im einen

Rechts (13.1): Bei *Bulbine succulenta* wächst jährlich aus den ausdauernden, fleischigen Wurzeln neues, zartes, blaßgrünes Blattwerk. Die gelben Blüten fallen besonders durch die mit Härchen besetzten Staubfäden auf.

Jahr nur ein keulenförmiges, sehr fleischiges Blatt aus, im nächsten dann einen Blütenstiel mit drei bis fünf kleinen sternförmigen Blüten. Jedoch nie beides auf einmal! Oft ruhen die Zwiebeln an ihrem natürlichen Standort jahrelang, bis wieder einmal Regen fällt, der das Wachstum anregt. *Lachenalia patula* sieht *Albuca unifoliata* ähnlich, ist aber ebenso schwierig zu halten.
Eine weitere sukkulente Gattung der Liliengewächse ist *Bulbine,* deren viele Arten fast alle blaßgrüne, etwas fleischige Blätter haben. In Süd- und Ostafrika ist *Bulbine* weitverbreitet – in Kultur werden nur wenige Arten gehalten. *Bulbine* bildet einen traubenförmigen Blütenstand mit meist gelben, sternförmigen Blüten aus. *Bulbine frutescens* hat jetzt jedoch auch eine orangefarbene und eine weiße Zuchtform. Das Hauptmerkmal aller *Bulbine*-Arten sind die zottigen Haare an den Staubfäden.
Bei *Bulbine latifolia* wachsen aus dem kurzen, dicken Stamm zarte aloeähnliche Blattrosetten. Diese Art blüht sehr lange. Mehr etwas für den Kenner sind die hökkerigen Zwergarten, die jedoch den größten Teil des Jahres ruhen. Auch in Kultur muß diese Ruhezeit strikt eingehalten werden, da die Pflanzen sonst verblassen und vergeilen. Zu diesen Zwergarten gehört *Bulbine succulenta* (13.1) mit ihrem unterirdischen, von Borsten gekrönten Speicherorgan, das zwei bis vier zarte, wäßrige, gerillte Blätter hervorbringt. In freier Natur bleiben die Blätter der Zwergarten klein, in Kultur verlieren diese Arten jedoch vollständig ihren Charakter; die Blätter werden länger und dünner.
Eine echte „Fenster"-Pflanze ist *Bulbine mesembrianthoides* mit ihren ein oder zwei gedrungenen, wäßrigen Blättern, die abgestumpfte, durchsichtige Spitzen („Fenster") besitzen. Am eigenartigsten von allen diesen Zwergarten sieht *Bulbine haworthioides* aus, die sehr einer kleinen *Haworthia tessellata* ähnelt. Diese Art wurde erst 1962 entdeckt und bekannt gemacht.

Aloineae

Dieser Stamm umfaßt nur sukkulente, ausdauernde Rosettenpflanzen. Einige Arten wachsen solitär, andere treiben Wurzelsprosse und bilden auf diese Art und Weise ganze „Gesellschaften", wieder an-

Nächste Seite (13.2):
Diese weitverbreitete baumartige Aloen-Art, *Aloe arborescens,* wächst in großen Mengen an der Mündung des Storms am Südkap in Afrika.

Unten (13.3): *Aloe thompsoniae* aus Nordost-Transvaal gehört zu der Gruppe der „Grasaloen", die ihren Namen den grasähnlichen Blättern verdanken.

13: Liliaceae

Liliengewächse (Liliaceae) – Übersicht über die sukkulenten Stämme und Gattungen

Wurzelstock nicht zwiebelähnlich		Wurzelstock zwiebelähnlich	
Ausladende Blütenhülle	Röhrenförmige Blütenhülle	Blüten traubig an einem Blütenstiel	Blüten rispenartig an einem sich rankenden Blütenstiel
Tribus 3 **Asphodeleae**	Tribus 9 **Aloineae**	Tribus 23 **Scilleae**	Tribus 25 **Bowieae**

Tribus 3 **Asphodeleae** Bulbine Bulbinopsis	Tribus 9 **Aloineae** Aloe Gasteria Haworthia	Tribus 23 **Scilleae** z.T. Albuca	Tribus 25 **Bowieae** Bowiea

dere sehen wie Bäume aus. Sie besitzen einen dicken, aber eigenartig schwammigen Stamm. Die Blütenstände wachsen seitlich; die sie tragende Rosette stirbt nach dem Blühen jedoch nicht ab, wie z. B. die der Agave. Die Blüten stehen in Trauben oder Rispen. Die Frucht ist eine trokkene, dreizellige Kapsel; nur bei einer aus Madagaskar stammenden Untergruppe der Gattung *Aloe* (*Lomatophyllum*) besteht die Frucht aus einer fleischigen Beere. Die Aloineae kommen vorwiegend in Südafrika vor, nur die Gattung *Aloe* hat sich bis nach Madagaskar, Arabien und auf einige Atlantikinseln ausgebreitet.

Aloe, die größte und zuerst beschriebene Gattung umfaßte früher alle Arten der Aloineae. Nach Reynolds (1950 und 1966) vereint diese Gattung heute 359 Arten – zählt man die kleinen, abgetrennten Gattungen hinzu, so sind es allerdings noch mehr. Die kleinste Art, *Aloe* (*Leptaloe*) *saundersiae,* hat eine Rosette aus grasähnlichen Blättern, die flach auf dem Boden liegt und kaum 10 cm groß ist. Die größte Aloen-Art ist wohl *Aloe bainesii,* ein massiver, bis zu 20 m hoher Baum – eine der größten Monokotyledonen überhaupt. *Aloe dichotoma* (3.3, 13.4) ist nicht ganz so groß. Diese baumähnlichen Arten bilden kein so festes Holz wie die Dikotyledonen; ein Schnitt durch den Stamm zeigt uns eine dichte Anhäufung einzelner Fasern, die kaum eine Andeutung von Jahresringen zeigen, so daß das Alter dieser großen Arten nur geraten werden kann. Das sehr leichte „Holz" ist dennoch sehr stabil, da es die schwere Krone der wassergefüllten Zweige tragen kann. Die glatte, ledrige Rinde schuppt sich schichtweise ab. Einige Aloen, wie z. B. *Aloe ciliaris*, haben lange, schwache, sich rankende Stämme.
Die Blätter der Aloen sind spiralig in endständigen Rosetten angeordnet (13.7), zuweilen stehen die Blätter auch in zwei Längsreihen übereinander (*Aloe plicatilis*). Bei den Arten, deren Stämme sehr groß werden (13.2), sind die Blätter manchmal auch entlang der ganzen Achse verstreut. Die Blätter können dreieckig, parallel zueinander, einfarbig, gestreift, gesprenkelt, glatt, gewellt, ganzrandig oder am Rand mit Stacheln besetzt sein. Schneidet man sie an, so sondern sie einen bitteren, klebrigen Saft ab, der Aloin enthält – das Ausgangsprodukt der medizinischen Aloe. Die röhrenförmigen, hängenden Blüten treten in allen Schattierungen von Rot, Orange und Gelb auf, auch weiße Blüten kommen vor (13.6, 13.10). Honigsauger und Bienen sind die wichtigsten Bestäuber. Der Blütenstand ist entweder eine einfache Traube, eine Ähre oder eine Rispe.
Diese Gattung bietet dem Sammler sehr viel, obwohl viele Arten im Laufe der Zeit den zur Verfügung stehenden Raum im Gewächshaus völlig überwachsen und sich immens ausdehnen. Diese Arten sind jedoch als Sämlinge sehr gern gesehen. In frostfreien Ländern können die Aloen im Freien gehalten werden. Ständig werden neue Hybriden, die noch besser wachsen und noch verschwenderischer blühen, gezüchtet und eingeführt. Auch in Europa ist die Hybridzüchtung sehr populär, hier sind jedoch die Zwergarten am meisten gefragt. *Aloe variegata* z. B. ist eine seit langem geschätzte Zimmerpflanze. *Aloe ari-*

Rechts (13.4): *Aloe dichotoma,* eine der größten baumartigen Aloen. Diese Pflanze ist oft der unfreiwillige Wirt für die geselligen Webervögel und ihre Nester.

Unten (13.5): *Aloe descoingsii* stammt aus Madagaskar und ähnelt *Haworthia.* Sie ist eine der kleinsten Aloen – dieser „Haufen" ist etwa 8 cm groß. Die Pflanze braucht viel Wärme und muß vorsichtig gewässert werden.

stata (13.9) ähnelt in der Blattform einer *Haworthia*. Diese Art ist die winterhärteste der ganzen Gattung. Beliebte Sammlerstücke sind die aus Madagaskar stammenden Kleinpflanzen *Aloe haworthioides* und *Aloe descoingsii* (13.5). Ebenso anziehend wirkt auch *Aloe* (*Guillauminia*) *albiflora* mit ihren glockenförmigen, weißen Blüten. Besonderer Fürsorge bedürfen die sogenannten „Grasaloen", mit ihren langen, schmalen, jährlich abfallenden, grasähnlichen Blättern (13.3). *Aloe kniphofioides* bildet an der Basis sogar eine Zwiebel aus. Nach der Blüte müssen wir bei diesen Arten mit dem Wässern besonders sparsam sein, damit die Pflanze in Ruhe kommen kann; wenn sie wieder Wasser braucht, gibt sie für gewöhnlich selbst das Zeichen, indem sie neue Blätter ausbildet.
Keine Sukkulente läßt sich leichter kreuzen als Aloen. Sie sind meist selbststeril, und Hybriden lassen sich nicht nur innerhalb einer Gattung, sondern auch mit allen anderen Aloineen ziehen, z. B. *Aloe X Gasteria* = X *Gastrolea*. Von den Nachkommen weisen sehr viele echte Verbesserungen auf, wie die stark blühende „Bountiful" (*Aloe albiflora* X *Aloe thompsoniae* 13.3) und „Sabra" (*Aloe albiflora* X *Aloe bellatula*).

Gasteria umfaßt zwergwüchsige, fast oder völlig zweiglose Sukkulenten mit aloeähnlichen Rosetten. Ihre Blätter neigen jedoch mehr zur Zweireihigkeit (13.8). Alle *Gasteria*-Arten besitzen zunächst zweireihige oder symmetrische Blätter, bei einigen Arten werden sie mit zunehmendem Alter spiralig, bei anderen nicht. Die Blätter sind niemals stachelig wie bei einigen Aloen, können jedoch mit weißen Papillen (*Gasteria verrucosa*) oder mit rauhen, kleinen, grünen oder weißen Pusteln (*Gasteria batesiana*) bedeckt sein. Die Blattränder verlaufen parallel zueinander. Das Blatt endet mit einer kleinen, weißen, scharfen Spitze. Einige Blätter sind glatt, andere gewellt oder im Querschnitt V-förmig. Die Blütentrauben sind gewöhnlich unverzweigt. Das hervorstechendste Merkmal ist die angeschwollene Basis der Blütenhülle, die der Gattung ihren Namen gibt (griech. gaster = Bauch). Die Blüten sind rosa mit helleren oder grünlichen Spitzen. *Gasteria*-Arten sind auf Süd- und Südwestafrika beschränkt. Jacobsen (1975) führte 76 Arten auf, die jedoch alle schlecht bestimmt sind und deren Anzahl sicher reduziert werden wird, wenn wir mehr über die ungeheuere Variabilität dieser Arten wissen. So bekamen z. B. junge und ausgewachsene Exemplare ein und derselben Art wegen ihres verschiedenen Aussehens auch verschiedene Namen. Für den Sammler bieten diese Pflanzen eine ungeheure Formenvielfalt und sehr viele verschiedene Musterungen.

Rechts (13.6): Kleinere Aloen sind zuverlässige Blüher, anspruchslos in Haltung und Pflege und langlebig. Hier *Aloe inyangensis* aus Rhodesien.

Gasteria pulchra und *Gasteria liliputana* bilden Gruppen schöner Blattrosetten und blühen den Sommer über sehr freigebig. Das Juwel unter den Gasterien ist aber *Gasteria armstrongii* mit meist einer einzigen, langsam wachsenden Rosette aus prallen, schwarzgrünen, zungenähnlichen Blättern, die in zwei Reihen, wie die Seiten eines Buches, angeordnet sind. Ein eindrucksvolles Beispiel für die Veränderung der Pflanze während des Wachstums bietet *Gasteria beckeri,* deren junge Rosette stark der von *Gasteria armstrongii* ähnelt, dann aber abrupt in die Erwachsenenphase übergeht, zu spiralig angeordneten, glatten, zu einem schiefen „V" geformten Blättern mit gelben Tupfen. Jugend- und Erwachsenenphase sind so verschieden, daß man sie nie zu einer Art stellen würde, sähe man die Pflanzen nur getrennt wachsen. *Gasteria beckeri* blüht erst als erwachsene Pflanze. *Gasteria armstrongii* blüht schon in der Jugendphase und verändert ihr Aussehen auch nicht im Alter. Wir nennen das Verharren in der Jugendphase Neotenie. *Gasteria* bildet mit *Aloe* oder *Haworthia* interessante Hybriden.

Haworthia-Arten erfreuen sich unter den Sukkulentensammlern großer Beliebtheit. Es gibt unzählige Variationen der Blattformen, der Gestalt, der Farbe und der Musterung (13.11, 13.12). In der letzten Monographie von Bayer (1976) sind 68 Arten und 41 Unterarten, Varietäten und Formen aufgeführt.

Haworthia-Arten sind dichtwachsende, solitäre oder Gruppen bildende Pflanzen, deren feste Rosetten dicht über dem Boden sitzen. Ein paar Arten bilden im Alter einen ganz kurzen Stamm, der mit spiralig, manchmal dreireihig angeordneten Blättern besetzt ist. Bei einigen Arten sind die Blätter sehr fest und derb, gewöhnlich dunkelgrün und mit weißen Pusteln, Hökkern oder Knötchen überzogen; andere Arten haben weiche, blaßgrüne Blätter, die oft einen durchsichtigen Streifen oder Flecken („Fenster") an der Spitze haben, der manchmal auch noch weiße Borsten trägt. In freier Natur suchen Haworthien den Schatten von Felsen und Sträuchern und sind oft gar nicht so einfach zu entdecken. Die fleischigen, langen Wurzeln haben einen faserigen Kern, der bei Trokkenheit einschrumpft und die Rosette in die Erde zieht (kontraktile Wurzel).

Haworthia-Blüten stehen in schmalen, kaum verzweigten Trauben. Der Unterschied zu den Blüten aller anderen Aloineen liegt in der Öffnung des Blütenkelches

Oben links (13.7): Eine Seltenheit aus den Bergen Lesothos, *Aloe polyphylla,* die bei Sammlern sehr beliebte „Spiralenaloe".

Links (13.8): *Gasteria maculata* mit wechselständigen, ganzrandigen, gepunkteten und zweireihig angeordneten Blättern – eine typische Gasterie. Gasterien können auch im Schatten gehalten werden.

– er erweitert sich schräg nach außen hin. Eine Untergruppe der Haworthien besitzt einen regelmäßigen Blütenkelch und wird deshalb manchmal als eigene Gattung *Astroloba* betrachtet. Noch ausgeprägter ist *Haworthia* (*Poellnitzia*) *rubiflora* mit ihren aufrechten, röhrenförmigen, roten Blüten, die von Vögeln bestäubt werden können.
Die Gattung *Haworthia* erstreckt sich auf die trockeneren Gebiete Süd- und Südwestafrikas. Einige andere außergewöhnliche Arten sind *Haworthia graminifolia* (7.7), die eine halbunterirdische Zwiebel und grasähnliche Blätter besitzt, und *Haworthia* (*Chortolirion*) *angolensis* mit voll ausgebildeter Zwiebel. Noch bizarrer sind *Haworthia maughanii* und *Haworthia truncata* (13.12), deren „Fensterblätter" in flachen Spiralen oder zweireihig angeordnet sind und so aussehen, als seien sie gerade mit einem Messer kurz über dem Boden abgeschnitten worden.

Haltung und Pflege

Von allen Sukkulenten vertragen die Aloineen Schatten am besten und werden daher normalerweise in den dunkleren Teil des Gewächshauses gestellt. Das ist schade, denn ein bißchen Sonne gibt den Blättern frische Farbe. Vor allem die Haworthien sollten in Augenhöhe stehen, damit die ganze Schönheit der Blattrosetten voll zur Geltung kommt (6.16). Wie bei allen Sukkulenten sollten die alten und abgestorbenen Blätter regelmäßig entfernt werden. Aloineen brauchen keine allzu hohen Temperaturen. Selbst die Aloen aus dem tropischen Afrika scheinen mit 5°C im Winter zufrieden zu sein. Die meisten Arten können auf das Wässern im Sommer umgestellt werden; Ausnahmen sind die „Grasaloen", die aber anzeigen, wann sie wachsen wollen. Einige Aloen mit sehr dicken Stämmen, wie z. B. *Aloe longistyla,* sind nach meinen Erfahrungen bei Überwässern sehr anfällig gegen Schwarzfäule. *Bowiea*- und größer wachsende *Bulbine*-Arten sind ebenfalls problemlos zu halten. Hier ist, wie bei allen Sukkulenten, die strikte Beachtung der Ruheperiode der Schlüssel zum Erfolg.
Alle sukkulenten Liliengewächse können aus Samen gezogen werden. Man sollte aber bedenken, daß Samen von eigenen Pflanzen hybrid sein können, wenn keine Vorkehrungen getroffen wurden, die

Oben rechts (13.9): Seit 1700 ist die einzige winterharte Aloe, *Aloe aristata,* schon in Kultur. Diese Art braucht einen großen Topf und blüht bereitwillig.

Rechts (13.10): Aloe-Blüten, die auf den ersten Blick alle gleich aussehen, sind bei genauerem Hinsehen in Form und Farbe sehr variabel. Hier die Blüte von *Aloe compressa.*

Pflanze zur Zeit des Blühens von anderen Arten abzusondern. Bei den meisten Arten ist auch eine vegetative Vermehrung durch Schößlinge und Stecklinge möglich. *Gasteria*- und *Haworthia*-Arten bewurzeln sich meist aus einzelnen Blättern, *Bowiea*-Arten kann man sogar aus einzelnen Schichten der Zwiebel ziehen, die man wie normale Stecklinge in eine Sand-Torfmischung steckt.

Links (13.11): *Haworthia fasciata* besitzt weiße, verkrustete Streifen auf den Blättern. Haworthien verdanken ihre Beliebtheit u.a. ihrem dichten Wuchs und der Vielfalt der Blattformen und -muster.

Unten (13.12): Links *Haworthia maughanii* mit spiraligen Blättern, rechts *Haworthia truncata* mit zweireihig angeordneten Blattpaaren. Im Vordergrund Hybriden, die Ansätze zu beidem zeigen. Wildwachsende Haworthien sind meist im Boden verborgen, nur die Blattspitzen mit dem „Fenster“ sind sichtbar.

14: Agavaceae

Agaven

Bis zum Jahr 1934 teilte man die Agaven in die Gattung *Amaryllis* (Rittersterne) und *Yucca* (Palmlilien) ein. Im gleichen Jahr jedoch stellte John Hutchinson aus Kew eine große Ähnlichkeit zwischen diesen beiden Gattungen fest (14.1), und er stellte sie deshalb zusammen in eine neue, eigene Familie, die Agavaceae. Seine Entscheidung ist durch spätere Untersuchungen, vor allem auf dem Gebiet der Chromosomenforschung und der Embryologie voll bestätigt worden.
Die Gattung *Yucca* umfaßt einige winterharte Arten mit faserigen, nicht-sukkulenten Blättern – wir wollen hier jedoch nicht näher auf diese Arten eingehen. Wir wollen auch auf eine Aufstellung der einzelnen Gattungen der Familie Agavaceae verzichten, weil die internen Abgrenzungen dieser Familie noch nicht vollständig geklärt sind.

Die Agaven

Agaven haben mehr oder weniger sukkulente Blätter, die sehr viele Fasern enthalten, so daß diese Sukkulenten-Gruppe zu den Nutzpflanzen gehört. So werden z. B. Textilfaser aus *Agave americana* und der bekannte Sisalhanf aus *Agave sisalana* gewonnen. Die Blätter sind immer in einer basalen, zweiglosen Rosette angeordnet, die entweder allein für sich steht oder aber durch Schößlinge Gruppen bilden kann. Die kleinste Rosette besitzt *Agave pumila* (14.2); sie hat in einem 8 cm großen Topf noch genügend Platz. Die größten Agaven besitzen bis zu 2 Meter lange Blätter, die an der Basis ca. 0,5 m dick sind und eine entsprechende Breite besitzen. Die Blätter laufen konisch zu, sind starr und ausladend und haben nadelgleiche Spitzen von mehreren Zentimetern Länge, und oft sitzen entlang der Blattränder noch gebogene Dornen (2.16, 14.4). Man sollte Agaven daher wie die Opuntien am besten mit besonderer Vorsicht behandeln. In frostfreien Gebieten kann man sich aus diesen großen, bedornten Agaven eine undurchdringliche Hecke anbauen. Oft zeigen die Blattunterseiten dicht zusammenstehender Agaven Eindrücke der benachbarten Blätter.

Ein Märchen wird abgeschafft. Die Agaven sind schuld daran, daß das Märchen aufkam, Kakteen würden nur einmal in 100 Jahren blühen. Aber Agaven sind weder Kakteen, noch sind sie nahe mit diesen verwandt, und es vergehen auch weniger als 100 Jahre, bis die Pflanzen einmal blühen. Von einigen Agaven wird zwar berichtet, sie hätten erst nach 70 Jahren geblüht, andere dagegen blühen schon nach 7 Jahren. Mit der Blüte endet das Leben der Pflanze, die all ihre aufgespeicherte Kraft in einer berauschenden Pracht entfaltet: Die Blütenrispe, die 15–30 cm pro Tag wächst, ist mit Tausenden von Blüten übersät. Die Einzelblüten haben sechs ähnliche Blütenteile und sondern reichlich Nektar ab, der Kolibris als Bestäuber anlockt. Die Frucht ist eine kräftige, dreikammerige Kapsel, die voll mit flachen, schwarzen Samen ist (2.20). Wenn die Früchte reifen, verwelkt die Blattrosette und stirbt ab. Einige Arten vermehren sich vegetativ durch Schößlinge, die zu neuen Pflanzen heranwachsen; andere entwikkeln Adventivknospen am Blütenstand,

Rechts (14.1): *Agave* (links) und *Yucca* (rechts) in einem spanischen Garten. Agaven bilden endständige Blüten; die Rosette stirbt nach dem Blühen ab. *Yucca* entwickelt laterale Blüten.

Unten (14.2): Die kleinste Agave, *Agave pumila*. Hier in einem nur 8 cm großen Topf.

die abfallen und ebenfalls neue Pflanzen bilden.
Die Gattung *Agave* kommt ausschließlich in der Neuen Welt vor, mit ihrem Zentrum in Mexiko und Ausläufern in die südliche USA, auf die Inseln Mittelamerikas und in den Norden Südamerikas. Um 1561 wurde *Agave americana* nach Europa gebracht und sorgte dort für eine Sensation, als sie 1586 zum ersten Mal blühte. Von diesem Ereignis gibt es mehrere Berichte. Die größten Agaven-Arten können über 11 m hoch werden und auch dementsprechende Blüten hervorbringen. Früher ging das Gerücht um, daß das Auftauchen der Blütenrispe von einer großen Explosion begleitet wurde, was aber offensichtlich auf die falsche Übersetzung eines französischen Textes zurückging, der davon sprach, die Blüte habe „un grand éclat" hervorgerufen, denn in einem kleinen Gewächshaus kann eine blühende Agave ein atemberaubender Anblick sein. Im Sommer wird man normalerweise das Dach des Gewächshauses öffnen, damit der Blütenstand in die Höhe streben kann.
Einige der größeren Agaven-Arten wurden nach ihrem Import in die Mittelmeerländer dort heimisch und tragen viel zum exotischen Anstrich der Ferienorte bei. Besonders schön sind hier die verschiedenen Varietäten. Allein von *Agave americana* gibt es mindestens sieben verschiedene Streifenvarianten.

Agaven in Kultur. In den Ländern, in denen Sukkulenten im geheizten Gewächshaus gehalten werden müssen, wären die Agaven sicher beliebter, wenn sie nicht so viel Platz beanspruchen würden. Auch wenn ihr robustes Blattwerk es erlaubt, sie im Sommer ins Freie zu stellen, müssen die Pflanzen im Winter ins Gewächshaus gestellt werden, und zwar so, daß sie nicht andauernd gestreift oder berührt werden, damit die Blattspitzen nicht abbrechen können oder verletzt werden. Für die Gewächshaushaltung gibt es allerdings viele kleine, solitäre Arten, von denen die bekannteste *Agave victoriae-reginae* (14.5) ist. Diese Art besitzt halbkugelförmige Rosetten aus 12–15 cm großen, steifen, schwarzgrünen Blättern mit schwarzen Stacheln an den Blatträndern und an der Blattspitze und mit einer hübschen weißen, längslaufenden Musterung. *Agave victoriae-reginae* wächst ausgesprochen langsam; große Exemplare sind daher sehr geschätzte Schaustücke. Bei einer verwandten Gruppe haben die Blätter an den Rändern abgespaltene, lockige, weiße Fasern. Zu diesen Arten gehören z. B. *Agave schidigera* und *Agave parviflora*. *Agave utahensis* und einige ihrer Formen würden wohl den ersten Preis für ihre Blattspitzen bekommen – Marke Korkenzieher. Eine Untergattung, die manchmal auch als eigene Gattung *Manfreda* angesehen wird, hat weichere, nur leicht fleischige Blätter, die meist braun-rosa getüpfelt sind. Zu dieser Gruppe gehört *Agave maculosa*, die in einem 12 cm großen Topf schon innerhalb weniger Jahre zu blühen anfängt.
Agaven brauchen nährstoffreiche, durchlässige Erde und im Sommer viel Wasser. Hält man die Agaven im Winter trocken, so brauchen sie nur soviel Wärme, daß der Frost abgehalten wird; sehr viele Arten brauchen überhaupt keine zusätzliche Heizung (6.12). Im feuchten Klima Nordeuropas besteht die Gefahr für Agaven, die im Freien gehalten werden, darin, daß sich Wasser in der Mitte der Krone sam-

Rechts (14.3): *Agave stricta* aus einem Park in Barcelona. Agaven sind zäh, problemlos und brauchen wenig Pflege. Wegen ihrer Bestachelung sollte man sie aber sorgfältig placieren.

Unten (14.4): *Agave shawii* aus Niederkalifornien. Nach der Blüte stirbt die Rosette ab. *Agave shawii* vermehrt sich fast nur durch Samen, selten durch Ableger.

Unten (14.5): *Agave victoriae-reginae*, eine der am langsamsten wachsenden Sukkulenten. Sie gehört zu den oft ausgezeichneten Agaven.

melt und Fäulnis verursacht (6.14). Das läßt sich leicht durch ein Schutzdach aus Glas oder Plastik verhindern oder dadurch, daß man die Rosetten mehr oder weniger senkrecht in einen Steingarten pflanzt. Die kräftigen Blätter widerstehen allen herkömmlichen Krankheiten außer der schlimmsten von allen, dem Homo sapiens, der sich bemüßigt fühlt, seine Initialen in die Agavenblätter zu schneiden und lebenslang sichtbare Narben auf den Blättern zu hinterlassen.

Andere wichtige Gattungen. *Dracaena draco,* der Drachenbaum der Kanarischen Inseln, besitzt einen Stamm, der im Alter eine enorme Größe und einen ungeheuren Umfang besitzt. *Nolina recurvata* und *Calibanus hookeri* entwickeln einen massiven mehr oder weniger kugelförmigen Strunk, aus dem springbrunnenähnlich Rosetten aus langen, schmalen, faserigen, zurückgebogenen Blättern aufsteigen.
Schließlich kennen wir noch die große Gattung *Sanseveria* (Bogenhanf) aus Afrika, deren Arten sich auf typische Art und Weise durch unterirdische Ausläufer vermehren. Die wenigen Blätter sind zylindrisch, gerillt oder glatt, sehr zäh und langlebig und äußerst faserig. *Sanseveria*-Arten sind ideale Zimmerpflanzen für zentralgeheizte Räume. Sie vertragen volle Sonne und tiefen Schatten (hier wachsen sie dann aber sehr langsam und müssen vorsichtig gewässert werden). Frost ist das einzige, was Sanseverien verabscheuen; im Winter sollte die untere Temperaturgrenze bei 10 °C liegen.

Stammsukkulenten

Bei der Stammsukkulenz ist der Pflanzenkörper höher spezialisiert als bei der Blattsukkulenz, bei der die Blätter immer noch die Hauptzentren der Photosynthese sind und auch der Bau der Pflanze sich oft kaum von dem der „normalen" Pflanzen (Mesophyten) unterscheidet.
Bei den Stammsukkulenten wird das grüne Gewebe der Blätter – das lebenswichtige Zentrum der Nahrungserzeugung – mehr und mehr in den Stamm verlegt (2.8), die Laubblätter werden immer stärker reduziert, wenn sie nicht überhaupt vollständig fehlen (wie bei den säulenförmigen Kakteen). Es gibt auch viele nicht-sukkulente Pflanzen, bei denen die Blattfunktionen in die Stämme übertragen wurden, z. B. der Besenginster (*Sarothamnus*) oder der Mäusedorn (*Ruscus*). Beide Arten gehören zu den Xerophyten, Pflanzen, die Trokkenheit durch andere Mittel als Wasserspeicherung überleben, z. B. durch Reduktion der Blattfläche, Hartlaubigkeit, extreme Behaarung oder Wachsschichten auf den Laubblättern oder starke Bewurzelung.

Wir haben auch bei den Stammsukkulenten fünf größere Familien herausgenommen, die wir im folgenden eingehender besprechen wollen, die restlichen Familien wollen wir nur ganz kurz abhandeln.

Compositae

Die große Familie der Korbblütler schließt auch Arten ein, die Stammsukkulenz besitzen. Obwohl diese Familie eine außergewöhnliche Vielfalt in der Wuchsform zeigt, sind die Blütenköpfe durchweg gleich gebaut – ein Merkmal, an dem der Botaniker die Familie erkennen kann. Die Korbblütler lohnen einer näheren Betrachtung, nicht nur, weil ihre Musterungen so schön sind, sondern weil wir, kennen wir erst einmal den Pflanzenaufbau, die Mitglieder dieser Familie sofort erkennen können.
Was auf den ersten Blick wie eine einzige, große Blüte erscheint, entpuppt sich bei genauerem Hinsehen als viele kleine, eigenständige, röhrenförmige Blütchen, die zu einem flachen oder kuppelförmigen Körbchen zusammengefaßt sind, umgeben

Rechts (15.1): Dieses Köpfchen von *Senecio stapeliaeformis* (links) zeigt uns die vielen röhrenförmigen Scheibenblüten, die von einer schützenden Hülle aus Nebenblättern umgeben sind. Der Blütenkelch besteht aus einem Ring von feinen Härchen (unten links). Er bleibt als „Fallschirm" an den Früchten haften. Rechts sehen wir den Aufbau einer Einzelblüte. (Vgl. auch Abbildung 4.12.)

Unten (15.2): *Senecio articulatus*, die robuste, leicht zu vermehrende „Kerzenpflanze". Die Form der einzelnen Stammglieder und die Farbe der Musterung hängen von den Haltungsbedingungen ab.

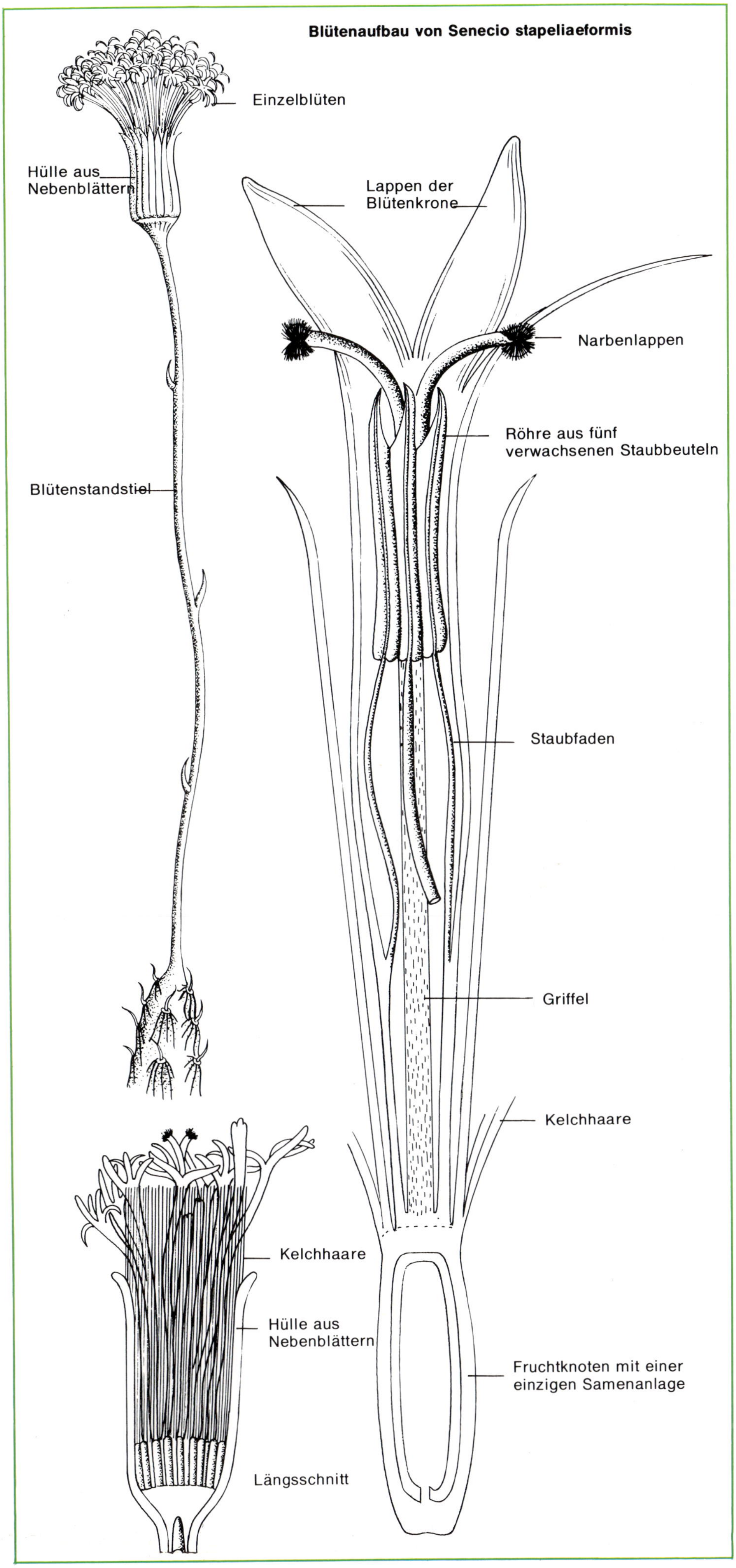

von einem schützenden Kelch aus Nebenblättern (Involucrum). Diese zusammengefaßten Blütchen können nun entweder alle gleich sein oder aber aus zwei verschiedenen Typen bestehen. Die Blütchen von *Senecio stapeliaeformis* sind alle gleich: röhrenförmig mit einer gleichmäßigen, fünfteiligen Blütenkrone. Diesen Typ nennt man Scheibenblüten. *Senecio crassissimus* (4.12) vereinigt in seinem Körbchen zwei verschiedene Typen: Scheibenblüten in der Mitte des Korbes und drumherum Strahlenblüten, bei denen die Blütenkrone jeweils an einer Seite in einen langen, bunten Strahl ausläuft. Strahlenblüten sind oft eingeschlechtig oder steril. Betrachten wir eine typische Scheibenblüte (15.1), so sehen wir, daß die fünf Staubblätter mit ihren Staubbeuteln zusammenhängen und eine lange, den Griffel umgebende Manschette bilden. Anfänglich ist der Griffel kurz, mit geschlossenen, inaktiven Narbenlappen. Öffnet sich die Blüte, so wird der Griffel länger und rückt auf die Staubbeutel, so daß der Pollen frei wird. Bei einer gerade geöffneten Compositen-Blüte sieht man sehr gut die goldgelben Pollenkörner, die gerade aus den jüngsten Scheibenblüten, denjenigen, die nahe der Mitte stehen, hinausgedrückt wurden. Wenn fast der ganze Pollen durch Insekten fortgetragen ist, spreizen sich die beiden Narbenlappen nach außen, die Spitzen werden aufnahmefähig. Viele Korbblütler haben eine zusätzliche Vorrichtung zur Selbstbefruchtung, falls die Blüte „unbesucht" bleibt: Die schrumpfenden Griffel berühren abermals die Staubbeutel.

Trotz dieses ausgeklügelten Mechanismus, der in freier Natur eine Befruchtung garantiert, muß ich zugeben, daß es sehr schwierig ist, diese Pflanzen in Kultur zum Samenansatz zu bringen – selbst wenn man mit der Hand bestäubt. Vermutlich wird der feine Mechanismus durch die feuchtere Atmosphäre, weniger Licht oder andere, noch nicht bekannte Faktoren im Gewächshaus beeinträchtigt. Die Vermehrung muß daher vegetativ erfolgen – es sei denn, man bezieht importierten Samen. Die angesetzte Frucht wird von einem Pinsel aus feinen, silbrigen Härchen (das, was vom Kelch übrigbleibt) gekrönt, die dicht um die Spitze jedes Fruchtknotens stehen und einen Fallschirm bilden, der bei der Verbreitung der Samen über weite Strecken vom Wind mitgenommen werden kann (wie beim Löwenzahn).

Unter den Stammsukkulenten der Compositen gehört *Senecio articulatus* (15.2) zu den Favoriten. Die 1775 aus Südafrika eingeführte Pflanze ist fast winterhart und läßt sich leicht vermehren, da die wurstförmigen Gelenke, die leicht abfallen, sofort Wurzeln schlagen. Wässert man zuviel, treibt die Pflanze breite, lappige Blätter; hält man sie zu trocken, wirft sie die Blätter ab. *Senecio anteuphorbium* kommt in Südafrika und Marokko, *Senecio kleinia* auf den Kanarischen Inseln vor. *Senecio deflersii* hat Stämme, die wie Gurken aussehen, und *Senecio stapeliaeformis* macht ihrem Namen alle Ehre: Sie sieht ganz wie eine Stapelie aus, mit abgewinkeltem Stamm und Schuppenblättern, die aus flachen Höckern wachsen. Im Gegensatz zu diesen beiden aufrecht wachsenden Arten, biegt sich *Senecio pendulus* um und gräbt sich in den Boden ein; ihre Stämme bilden kleine Bögen, die wie Würmer aussehen. Die oben genannten Arten sind auch unter den Gattungsnamen *Kleinia* und *Notonia* anzutreffen.

Portulacaceae

Diese vorwiegend aus Blattsukkulenten bestehende Familie wurde schon ausführlich in Kapitel 12 vorgestellt. Ihr seltsamstes und isoliertestes Mitglied, *Talinum guadalupense* (15.4) kommt nur auf Guadalupe vor. Diese, in Natur strunkförmige Pflanze entwickelt in Kultur lange, wurstartige Stämme und wird nach und nach buschig. Die Rosetten grauer, z.T. ausdauernder Blätter erinnern stark an *Echeveria.* Die zarten Blüten sind purpurrosa. *Talinum guadalupense,* die sehr selten in Europa anzutreffen ist, läßt sich schlecht in Kultur halten.
Die Gattung *Ceraria,* eigenartige, kleinblättrige Sträucher mit verdickten Stämmen, stammt aus Süd- und Südwestafrika. Die jungen Pflanzen ähneln stark den attraktiven Bonsai-Bäumchen (12.2). Wenn man die Pflanzen in zu kleinen Töpfen bei zu wenig Wasser hält und alle langen Sprosse abschneidet, kann man dieses Aussehen beibehalten. Meist ist es nicht gelungen, *Ceraria*-Arten durch Stecklinge zu vermehren.

Vitidaceae

Diese Familie verdankt ihren Namen ihrer wichtigsten Gattung, der Weinrebe *Vitis.* Unter den 12 Gattungen mit 700 Arten hat sich die Stammsukkulenz nur bei einigen *Cissus*-Arten (griech. kissos = Efeu) entwickelt. *Cissus quadrangularis* (15.5) ist eine weitverbreitete und vielseitige Art aus dem südlichen und tropischen Afrika und aus Indien. Diese Art bildet lange, kletternde Stämme, die sich mit Hilfe von Ranken festhalten können. Die Stämme sind kurz-gliedrig, quadratisch im Querschnitt, mit dünnen, leicht welligen Rändern und treiben aus jedem Knoten zwischen den Stammgliedern ein lappiges Blatt. Die Früchte sind kleine, jedoch ungenießbare „Trauben". Die Pflanze mag Wärme – im Winter mindestens 10°C.

Rechts (15.3): *Senecio kleinia* kommt auf den Kanarischen Inseln vor. Die stammsukkulenten Sträucher können ca. 3 m hoch werden. Dieses Cultivar wurde 1973 vom Autor eingeführt und erfolgreich durch schnellwurzelnde Stecklinge vermehrt.

Oben (15.4): *Talinum guadalupense* kommt nur auf der Insel Guadalupe vor und ist heute schon stark gefährdet. In europäischen Sammlungen gedeiht diese Art selten.

Oben (15.5): *Cissus quadrangularis* besitzt quadratische, gegliederte, fleischige Stämme. Die Früchte sind schöne, rote „Trauben", die jedoch nicht eßbar sind.

Unten (15.6): Die vielleicht größte Gattung stammsukkulenter Compositen, *Senecio,* besitzt einige Arten mit fleischigen Blättern und fleischigen Zweigen, wie *Senecio corymbiferus.*

15: Stammsukkulenten

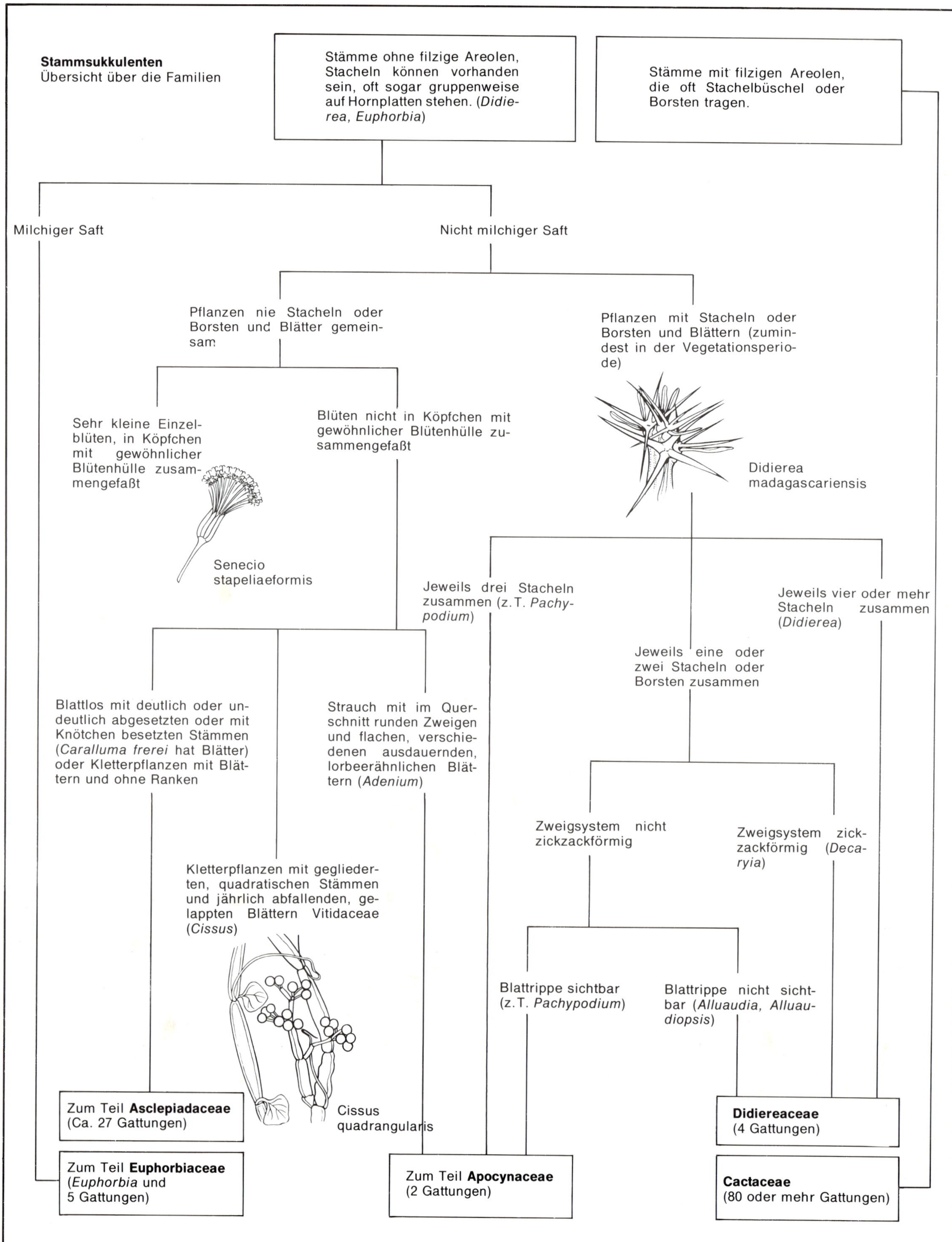

Rechts (15.7): Kugelkakteen aus einer privaten englischen Sammlung. Sie sind viel beliebter als die Säulenkakteen, die sehr viel Platz brauchen und nicht so leicht blühen.

15: Stammsukkulenten

16: Cactaceae

Kakteen

Über Kakteen wurden mehr Bücher geschrieben als über alle anderen Sukkulenten zusammen; einige setzen dieser „Ungerechtigkeit" auch noch die Krone auf, indem sie als „Nachtrag" ein Kapitel über „andere Sukkulenten" anhängen. Und im allgemeinen Sprachgebrauch wird das Wort „Kaktus" für jede fleischige, stachelige und bizarr aussehende Pflanze verwendet.

Die beliebtesten Sukkulenten

Die Gründe für die allgemeine Beliebtheit der Kakteen sind leicht zu finden: Zum einen unterscheiden sich Kakteen im Aussehen sehr von allen anderen Blütenpflanzen: Das Fehlen von Blättern, die Bestachelung, das geometrische Muster der Stacheln, Höcker und Rippen – das alles macht sie zu einer Familie für sich, obwohl auch einige isoliertwachsende afrikanische Euphorbien, Pachypodien und Didiereen diese Merkmale aufweisen. Zum anderen sind Kakteen ideale Sammelstücke: die meisten sind relativ leicht zu bekommen und auch relativ leicht zu halten; einige wenige fordern den Perfektionisten und den Kenner heraus. Und dann sind Kakteen noch außerordentlich widerstandsfähig gegenüber Vernachlässigung. Sie kümmern sich um sich selbst, wenn ihr Besitzer in den Ferien ist oder sich von einer Grippe erholt, reagieren aber sofort auf gute Pflege und eignen sich daher bestens als Ausstellungsobjekte.
Die Kakteenblüte ist immer ein kleines Ereignis. Wenn dies auch nicht halb so selten passiert, wie manche glauben, so erstreckt sich die Blütezeit doch nur über einen sehr kurzen Zeitraum.

Die Klassifikation der Kakteen

Die Bezeichnung „Kaktos" taucht bereits in der klassischen Literatur auf, wo sie Theophrastus für die stachelige Artischokke (*Cynara*) verwendete. 1753 stellte Linné die eigene Gattung *Cactus* L. auf, in der er alle damals bekannten 22 Kakteenarten unterbrachte. Diese 22 Arten sind heute in 12 verschiedene Gattungen aufgeteilt. Der Name Cactus wird heute als Gattungsname jedoch nicht mehr verwendet, da dies zu Mißverständnissen führen würde, weil im normalen Sprachgebrauch der Name „Kaktus" für jedes Mitglied der Familie Cactaceae gilt.
Im 19. Jahrhundert gipfelten die Untersuchungen der Kakteen in der Monographie Karl Schumanns (1903), der 21 Gattungen und 760 Arten aufführte. Dieses Buch ist nach wie vor ein Klassiker. Das 20. Jahrhundert erlebte viele, meist radikale Systeme, angefangen mit dem von Britton und Rose (1919–1923) bis zum Backebergschen (1958–1962) mit mehr als 300 Gattungen und über 2000 Arten. Die Grundlage des vorliegenden Buches ist ein Beitrag von D.R. Hunt in Hutchinsons „Genera of Flowering Plants, Band II, 1967", der die Zahl der Gattungen auf 84 reduzierte.

Die Geschichte der Kakteen

Die Geschichte der Kakteenkultur ist nicht weniger wirr als die ihrer Klassifikation. Die ersten Exemplare kamen im 16. Jahrhundert von den Westindischen Inseln nach Europa, und es kam die Meinung auf, daß alle Kakteen sehr viel Hitze bräuchten; spätere Importe aus weniger tropischen Gebieten wurden daher ins Gewächshaus gesteckt und dort ohne Wasser in einer Erde ohne jegliche Nährstoffe und bei unzureichenden Lichtverhältnissen gehalten. Am bekanntesten und populärsten sind wohl die Kakteen aus dem Südwesten der USA. Durch Hollywood-Western, Walt-Disney-Geschichten, Comicstrips und Touristikbroschüren sind fast jedem die riesigen Kandelaber-Kakteen (*Carnegiea* 5.7) und der Feigenkaktus (*Opuntia* 1.7) bekannt. Das sind die Bilder, die sich bei sehr vielen einstellen, wenn vom „Kaktus" die Rede ist. Doch gerade diese Kakteen sieht man in europäischen Sammlungen am seltensten. *Carnegiea* ist so sehr dem Leben der südwestlichen Trockengebiete angepaßt, daß er in anderen Klimaten entweder dahinsiecht oder erst dann blüht, wenn er mehrere Meter hoch geworden ist. Sehr viele Zwergkakteen aus den USA sind zwar sehr attraktiv für den Sammler, können sich jedoch nicht an Länder mit feuchten Sommern und nicht so intensiver Sonneneinstrahlung gewöhnen. Die meisten Kakteen werden heute aus Mexiko und Südamerika importiert, und das auch erst in größeren Mengen seit etwa Mitte des 19. Jahrhunderts.

Rechts (16.1): *Echinopsis* (*Trichocereus*) *spachiana*, eine der kräftigsten und bestwachsenden Säulenkakteen, die aber erst 1 m hoch sein muß, bevor sie blüht. Sie ist auch eine sehr gute Pfropfunterlage.

Unten (16.2): Verschiedene Wuchsformen: flache und zylindrische, gegliederte Opuntien (rechts und Mitte) und säulenförmiger, gerippter *Cereus* (links).

16: Cactaceae

16: Cactaceae

Kakteen (Cactaceae) – Übersicht über Unterfamilien, Stämme, Unterstämme und Gattungen

Mit Blättern		Blattlos oder mikroskopisch kleine Blätter	
Kleine Glochidien; Samen schwarz; ohne Samenmantel Unterfamilie 1 **Pereskioideae**	Glochidien; Samen mit blassem, hartem Samenmantel oder mit Flügel Unterfamilie 2 **Opuntioideae**	Keine Glochidien; Samen schwarz oder braun, ohne Samenmantel	
		Wuchsform mehr oder weniger säulenartig, gewöhnlich wenig gerippte, gegliederte Stämme, oder, bei Zwergarten, aus den alten Areolen blühend Tribus 1 **Cereae**	
		Landpflanzen ohne Luftwurzeln; Stacheln normalerweise sichtbar	
		Blütenboden röhrenförmig, unbehaart oder stachelig, manchmal geschuppt Subtribus 1 **Cereinae**	Blütenboden röhrenförmig, dünn behaart, selten unbehaart, eng beschuppt Subtribus 2 **Echinopsidinae**

Unterfamilie 1 **Pereskioideae** Maihuenia Pereskia	Unterfamilie 2 **Opuntioideae** Opuntia, Quiabentia Pereskiopsis, Tacinga Pterocactus	Subtribus 1 **Cereinae** Acanthocereus Armatocereus, Jasminocereus Brachycereus, Lemalreocereus Browningia, Leptocereus Calymmanthium, Lophocereus Carnegiea, Monvillea Cephalocereus, Myrtillocactus Cereus, Neoabbottia Corryocactus, Neoraimondia Dendrocereus, Nyctocereus Echinocereus, Pachycereus Escontria, Peniocereus Eulychnia, Rathbunia Harrisia, Stetsonia	Subtribus 2 **Echinopsidinae** Arthrocereus, Leocereus Borzicactus, Lobivia Cleistocactus, Mila Denmoza, Oroya Echinopsis, Rebutia Espostoa, Zehntnerella Haageocereus

Unterfamilie 3
Cactoideae

Mehr oder weniger zwergwüchsig mit meist vielrippigen, nicht gegliederten Stämmen, aus jungen Areolen blühend

Tribus 2
Cacteae

Epiphytische Pflanzen mit Luftwurzeln; schwache oder gar keine Stacheln

Subtribus 3
Hylocereinae

Blütenboden röhrenförmig, flaumig, mit Stacheln auf den oberen Areolen

Subtribus 4
Neoporteriinae

Blütenboden röhrenförmig, unbehaart oder flaumig, ohne Stacheln

Blüten aus endständigem Cephalium

Subtribus 5
Cactinae

Kein Cephalium entwickelt

Subtribus 6
Echinocactinae

Subtribus 3
Rhipsalis gaertneri

Subtribus 4
Notocactus tabularis

Subtribus 5
Melocactus maxonii

Subtribus 6
Astrophytum myriostigma

Subtribus 3
Hylocereinae
Aporocactus
Disocactus
Epiphyllum
Heliocereus
Hylocereus
Morangaya
Nopalxochia
Rhipsalis
Schlumbergera
Selenicereus
Weberocereus

Subtribus 4
Neoporteriinae
Austrocactus
Blossfeldia
Eriosyce
Frailea
Neoporteria
Notocactus
Parodia
Uebelmannia

Subtribus 5
Cactinae
Discocactus
Melocactus

Subtribus 6
Echinocactinae
Ariocarpus
Astrophytum
Aztekium
Copiapoa
Coryphantha
Echinocactus
Echinofossulocactus
Epithelantha
Escobaria
Ferocactus
Gymnocalycium
Leuchtenbergia
Lophophora
Mammillaria
Neolloydia
Pediocactus
Pelecyphora
Strombocactus
Thelocactus

16: Cactaceae

In den vergangenen zwei oder drei Jahrzehnten gab es eine wahre Fülle von Neuheiten, da immer mehr Straßen in das Innere von Brasilien, Peru und Chile gebaut wurden: *Notocactus, Neoporteria, Parodia* und *Gymnocalycium* in Mengen, aber auch neue Gattungen wie *Uebelmannia* und *Buiningia*. Obwohl viele dieser Arten südlich des Äquators beheimatet sind, gewöhnen sie sich besser an die Jahreszeiten und Klimate der nördlichen Halbkugel als die Wüstenarten aus den USA. Heute sind sie die Favoriten der Liebhaber, aber die alten Märchen von Hungerdiät, kleinen Töpfen und intensiver Hitze bestehen immer noch und sind nur schwer auszurotten.

Was ist ein Kaktus?

Kakteen sind ausdauernde Pflanzen, die in ihrer Größe und ihrer Wuchsform stark variieren: von den knopfgroßen *Blossfeldia*-Arten bis zu den kandelaberartigen *Pachycereus* (16.3) und *Carnegiea*, die bis zu 10 m hoch werden und viele Tonnen wiegen. Die Gattung *Pereskia* besitzt die wohl größten Arten: Sie können fast 24 m hohe Bäume bilden, gelten jedoch als die primitivsten Kakteen, da sie kaum sukkulent sind und noch große, wohlentwickelte Laubblätter tragen. Bei allen anderen Kakteen sind die Blattfunktionen in die dicken, fleischigen Stämme verlagert, die zuerst noch ganz grün sind, im Alter jedoch verholzen. Blätter fehlen meist ganz oder sind rückgebildet und mehr oder weniger schuppenartig, wie z.B. bei den Opuntioideae. Die Stämme sind charakteristisch gerippt und im Querschnitt sternförmig oder mit geraden oder spiralförmigen Reihen von Warzen oder Höckern bedeckt. Die meisten Kakteen haben Stacheln, die aus besonderen filzigen Polstern, den Areolen (2.14, 2.15), herauswachsen. Die Blüten besitzen keinen Stiel und stehen meist einzeln (selten zwei oder mehr aus einer Areole); *Pereskia*-Arten bilden hier wieder die Ausnahme. Die zahlreichen Neben-, Kelch- und Kronblätter sind spiralförmig angeordnet und lassen deutlich einen Übergang von der einen Spirale zur anderen erkennen (16.4) – ein ganz primitives Merkmal. Formen und Arten der Blüten sind sehr verschieden, und auch die Größe schwankt beträchtlich, ihr Durchmesser kann bis zu 40 cm betragen. Die Blüten der Hylocereinae bilden eine Röhre von 30 cm Länge (2.17). Die Blütenfarben reichen von Weiß über Gelb nach Rosa, Orange, Rot und Purpur. Der unterständige Fruchtknoten reift zu einer Frucht, die ebenfalls sehr verschieden sein kann – von einer saftigen Beere bis zu einer trockenen Schließkapsel, unscheinbar und winzig oder groß und auffallend. Die Größe der meist schwarzen Samen variiert von mikroskopisch klein bis erbsengroß. Manche Samen keimen schon wenige Tage nach der Aussaat, andere wieder brauchen einige Wochen, ja sogar Monate, zum Auskeimen.

Pereskioideae

Wenn die Gattung *Pereskia* nicht existieren würde, müßte man sie erfinden, um mit ihnen das fehlende Glied zwischen den Kakteen und ihren mesophytischen Vorgängern zu erklären. Das soll aber nicht heißen, daß sie in direkter Linie von der anderen, höherstehenden Gattung abstammt. Vielmehr ist *Pereskia* ein früher Seitenzweig des Stammbaumes, der dadurch, daß er in den feuchten Tropen blieb, weniger Merkmale für das Leben in Trockengebieten entwickelt hat. Aber nicht alle Merkmale der *Pereskia* sind

Rechts (16.3): *Pachycereus pringlei* aus Niederkalifornien, das Gegenstück zum Kandelaber-Kaktus (*Carnegiea*) aus Arizona.

Unten (16.4): *Pereskia grandifolia* blüht üppig bei guter Erde, viel Wasser und genügender Wärme. Die großblättrige *Pereskia* gilt als Bindeglied der Kakteen zum Ursprung in der Evolution.

16: Cactaceae

unentwickelt: Die höherentwickelten Areolen und die Stacheln sind schon vorhanden. In freier Natur kommen Pereskien in Form von großen Sträuchern und Bäumen vor. Eine für den Topf geeignete Art ist *Pereskia grandiflora* (16.4), die ihre prächtigen rosa Blüten wie einzelne Hundsrosen schon in einem 12-cm-Topf entfaltet. *Pereskia aculeata* besitzt ebenfalls sehr schöne Blüten und lange Zweige, die sich mit Hilfe nebenblattartiger Stacheln emporranken: ein „Hakenpaar“ an der Basis jedes Blattes. *Pereskia*-Arten brauchen nährstoffreiche Erde und viel Wärme – im Winter mindestens 10°C. Im Sommer sollten wir gut wässern, im Winter weniger.

Opuntioideae

Opuntien sind strauch- oder baumförmige, meist sehr reich verzweigte Kakteen. Die Blätter sind zylindrisch, selten abgeflacht (*Pereskiopsis* 16.5). Die Blätter von *Opuntia subulata* können bis zu 12 cm lang werden und ziemlich beständig sein – das ist jedoch eine Ausnahme. Meist sind die Blätter nur winzige Schuppen, die schnell welken und abfallen und auch keine große Funktion bei der Photosynthese haben. Opuntien-Sämlinge besitzen zwei auffällige flache Keimblätter. Die Areolen tragen außer starken Stacheln noch Büschel borstenartiger, leicht abbrüchiger, widerhakenförmiger Stachelchen (Glochidien), die sehr leicht in die Haut eindringen. Deshalb: Vorsicht beim Umgang mit Opuntien!

Die Samen sind recht groß und in einen harten Samenmantel (Arillus) gehüllt, so daß sie nur recht langsam auskeimen. *Pterocactus* besitzt große, geflügelte Samen. Von den vier kleinen Gattungen sei nur die nordamerikanische Gattung *Pereskiopsis* erwähnt, die eine sehr gute Pfropfunterlage für Kakteen bildet.

Die größte Gattung der Opuntioideae – der Kakteen überhaupt – ist *Opuntia*. Sie breitet sich von Kanada bis Patagonien aus. Zu ihr gehören folglich die widerstandsfähigsten Kakteen, von denen einige sogar in Nordeuropa im Freien wachsen. Man kann drei Untergattungen unterscheiden: *Cylindropuntia* (16.6) mit zylindrischen Stämmen und Zweigen, *Tephrocactus* (5.5) mit kugel- oder ellipsenförmigen Sprossen und *Opuntia* (*Nopalea*) (16.7) mit abgeflachten, scheibenförmigen Sprossen. Die meisten Opuntien-Arten sind aufgrund ihres schnellen Wachstums für das Gewächshaus ungeeignet. Ein einziger Sproß von *Opuntia vulgaris* (*monacantha*) vergrößerte sich in meinem Gewächshaus im ersten Jahr zu 8 Sprossen und im zweiten Jahr sogar zu 64 Sprossen – dann mußte ich die Pflanze leider herausneh-

Rechts (16.5): Die abgeflachten Blätter und der buschige Wuchs der *Pereskiopsis* ähneln *Pereskia*, Blüten und Früchte *Opuntia*. *Pereskiopsis*-Arten werden gerne als Pfropfunterlage für Blattsukkulenten verwendet.

Unten (16.6): Eine der zylindrischen Opuntien aus den südwestlichen USA: *Opuntia acanthocarpa*. Es gibt hier verschiedene Blütenfarben und Hülsenstacheln mit ablösbarer Scheide.

men, aus Angst um mein Glasdach. Leider blühen auch meist nur große Exemplare. Die Heimat der Cylindropuntien liegt in Nord- und Südamerika. Die nordamerikanischen Arten besitzen Stacheln, die von einer Hülse umgeben sind. Berührt man sie, so bleibt der stachelige Überzug in der Haut stecken, der Stachel selbst bleibt an der Pflanze. Wer nicht allzu viel Platz hat, dem empfehle ich die am langsamsten wachsende *Opuntia pachypus*, von der es auch eine sehr schöne Cristatform gibt. Die Untergattung *Tephrocactus* umfaßt meist kleinere, in Form und Bestachelung der gegliederten Sprosse sehr vielseitige Exemplare. Diese Arten sind meist unempfindlich gegen Winterkälte – wenn sie trokken stehen.

Zur Untergattung *Opuntia* (*Nopalea*) gehört der Feigenkaktus *Opuntia vulgaris* mit den zwei Gesichtern: in Australien als Unkraut verdammt, weil er riesige Flächen Weideland überwuchert hat, ist er in anderen Ländern als Viehfutter oder Frucht gern gesehen. *Opuntia* (*Nopalea*) *coccinellifera* ist bekannt als Hauptwirtspflanze für die Scharlachschildlaus (*Dactylopius cacti*), aus der früher der rote Farbstoff Cochenille gewonnen wurde. Einige *Opuntia*-Arten sind winterhart, wenn sie vor Nässe geschützt sind. Grundsätzlich jedoch wollen alle Opuntien viel Sonne und genügend Platz, um die Wurzeln flach ausbreiten zu können.

Jede noch so kleine Sammlung sollte ein oder zwei Opuntien besitzen. Für diejenigen, die die Glochidien abschrecken, gibt es die Art *Opuntia microdasys* ‚Albatus', deren weiche Stacheln man ungestraft berühren kann.

Cactoideae — Cereinae

Zur Unterfamilie Cereinae gehören einige ziemlich große Pflanzen, die in Kultur jedoch nur gut wachsen und blühen, wenn ihre Wurzeln genügend Platz zum Ausbreiten haben. Im Gewächshaus können sie auf den hinteren Regalen stehen, größere Exemplare sogar auf dem Boden. Ins Beet ausgepflanzte Exemplare werden denjenigen, der nur Topfpflanzen kennt, mit ihrem kräftigen Wuchs und einer besseren Bestachelung überraschen.

Cereus-Arten mit ihren kandelaberartig

Unten (16.7): Der Feigenkaktus, *Opuntia vulgaris*. Hier blühend und mit unreifen Früchten. Opuntien haben sich vielerorts außerhalb der USA angesiedelt.

verästelten Bäumen oder ihren nahe dem Boden verzweigten Säulenformen besitzen große, trichterförmige, weiße bis rosa Blüten, die sich nur nachts öffnen. *Cereus*-Arten sind äußerst anpassungsfähig, sie vertragen tropische Temperaturen ebenso wie in Gefrierpunktnähe liegende und scheinen Überfluß oder Mangel an Wasser unbeeinflußt hinzunehmen. Obwohl *Cereus* in Südamerika beheimatet ist, gedeihen einige Arten in wärmeren Ländern auch im Freien (6.9).

Monvillea-Arten sind etwas kleiner und passen eher in das Gewächshaus des Liebhabers. *Cephalocereus* gehört zu den Gattungen, bei denen sich mit beginnender Blüte an den Spitzen der Triebe ein Schopf aus Haaren, Borsten oder „Wolle", ein sog. Cephalium (16.10), bildet. Die goldgelb bestachelten Triebe von *Cephalocereus chrysacanthus* entwickeln eine äußerst dichte „Wolle"; bei *Cephalocereus brevicylindricus* ist das goldgelbe Cephalium einseitig ausgebildet und erinnert an die Mähne eines Löwen. Diese Art mit ihren kurzen Gliedern, die meist breiter als hoch sind, wurde jetzt in eine neue Gattung, *Buiningia*, eingeordnet. Noch aufsehenerregender ist *Cephalocereus* (*Backebergia*) *militaris*, deren kleine Blüten sich aus einem dichten, goldbraunen, endständigen Haarschopf schieben. Hin und wieder kommt es vor, daß diese Triebe abgeschnitten, exportiert und teuer verkauft werden. Rein botanisch oder morphologisch gesehen, sind es Blütenstände – also keine vollständigen Pflanzen, die sich zwar bewurzeln können, deren späteres Wachstum jedoch den Haarschopf verdirbt oder nur noch aus normalen, unfruchtbaren Sprossen besteht. Auch sind die Ausfälle bei der Bewurzelung sehr hoch. Das „Echte Greisenhaupt", *Cephalocereus senilis*, ist seit langem schon wegen seiner vollständigen, zerzausten, weißen Behaarung sehr beliebt (16.8). Diese Art wächst sehr langsam und reagiert sehr empfindlich auf Überwässern. Sie braucht im Winter Wärme und nahrhaften, durchlässigen Boden. Die Gattung *Pachycereus* umfaßt die riesigen Kandelaber-Kakteen (16.3), die einen Teil der mexikanischen Landschaft beherrschen. Die Früchte von *Pachycereus pecten-aboriginum* sind sehr stachelig, und man nimmt an, daß die Eingeborenen sie früher als Kamm (lat. pecten = Kamm) benutzt haben. Anhand dieser trockenen, stacheligen Frucht kann man die mexikanischen *Pachycereus*-Arten von der Gattung *Carnegiea* aus Arizona unterscheiden. *Carnegiea gigantea*, die einzige Art der Gattung *Carnegiea*, der riesige Kan-

Oben rechts (16.8): *Cephalocereus senilis* ist wegen seines langsamen Wachstums sehr geschätzt. Man muß sehr darauf achten, daß er nicht fault und die Wurzeln verliert.

Rechts (16.9): *Pachycereus pecten-aboriginum* bekam seinen Namen wegen der trockenen, überaus stacheligen Frucht, die auch „Eingeborenen-Kamm" genannt wird.

delaber-Kaktus, ist eine charakteristische Pflanze Arizonas und taucht auch im Wappen dieses Staates auf. Kleine Topfexemplare dieser Art wachsen nur sehr langsam und blühen nie. Die Früchte sind fleischige Beeren: das Fleisch ist eßbar, und die Samen können zu Mehl gemahlen werden. Leider sind heute weite Gebiete, in denen Kandelaber-Kakteen in Massen wuchsen, erschlossen worden, so daß viele Exemplare zugrunde gingen oder vernichtet wurden und die Art immer anfälliger gegen Krankheiten und Umwelteinflüsse wurde. Noch bestehende Populationen sind streng geschützt, oder aber das ganze Gebiet wurde zum Naturschutzgebiet erklärt (7.6).

Die Gattung *Lophocereus* hat viele Gesichter: Die Sprosse ähneln denen der *Cereus*-Arten, bilden jedoch später viele Borsten an der Spitze und ein endständiges Cephalium (16.11) aus. Es gibt aber auch noch eine ganz andere, ungewöhnliche Form, ohne Stacheln und mit regelmäßigen Rippen, die beim Liebhaber sehr geschätzt wird, zum einen, weil sie sehr selten ist, zum anderen wegen ihres außergewöhnlichen Aussehens, das an eine Jadefigur erinnert.

Die Sämlinge von *Myrtillocactus* eignen sich gut als Topfpflanzen. Sie sind säulenförmig, meist sechsrippig und hellgraublau bereift. Allerdings blühen sie erst, wenn sie groß sind. Die kugeligen Früchte erinnern an Heidelbeeren. Zur Gattung *Lemaireocereus* gehören die eleganten, für die trockeneren Gebiete Mexikos charakteristischen Säulenkakteen. Für die Gewächshaus-Kultur eignet sich vor allem

Unten (16.10): *Cephalocereus* (*Neobuxbaumia*) *polylophus*: blühende Spitze eines 3 m hohen Exemplars in einem kalifornischen Garten. Der solitär wachsende Stamm ist 23 cm dick.

der zarte *Lemaireocereus beneckei,* der aussieht, wie wenn er mit Mehl bestäubt worden wäre.

Mit der Gattung *Echinocereus* kommen wir zu den zwergwüchsigen Cereinae. Diese niedrigen, meist verzweigten Arten wachsen entweder solitär oder bilden Gruppen. In Kultur gehaltene Echinocereen fühlen sich in mittelgroßen Töpfen mit sandig-lehmiger, humusfreier und gut durchlässiger Erde am wohlsten.

Die 70 Arten erstrecken sich von Mexiko bis in den Norden der USA. Von hier stammen die winterharten Arten *Echinocereus triglochidiatus (coccineus),* mit ihren leuchtend roten, trichterförmigen Blüten, die an fünf- bis achtmal abgewinkelten Stämmen sitzen und *Echinocereus viridiflorus,* eine solitär wachsende Zwergart mit Blüten in unterschiedlichen Gelbtönen, die auch manchmal – wie der Name schon sagt (viridiflorus = grünblütig) – eindeutig grün sind. Die winterharten *Echinocereus*-Arten müssen im Winter allerdings vollkommen trocken gehalten werden! Etwas aus der Reihe fällt die nicht bestachelte Varietät *Echinocereus triglochidiatus* var. *inermis* (16.14), die nur an ganz bestimmten Stellen in Colorado vorkommt. Allen *Echinocereus*-Arten ist der weichfleischige, grüne, wenig- bis vielrippige Stamm gemeinsam. Die Blütengröße schwankt zwischen klein (*Echinocereus davisii*) und 10–12 cm; die Blütenfarben sind Gelb (*Echinocereus papillosus*), Orange (*Echinocereus salm-dyckianus*), Rosa (*Echinocereus amoenus*), Purpur (*Echinocereus cae-*

Rechts (16.11): Die Stämme von *Lophocereus schottii* haben weit auseinanderstehende Areolen mit winzigen Stacheln. Nur die blühenden Stämme entwickeln Borsten. Aus einer einzigen Areole können zwei oder mehr Blüten wachsen.

Unten (16.12): Der hohe Stamm des Kandelaber-Kaktus (*Carnegiea gigantea*) wird im Mai von prachtvollen Blüten gekrönt. Ihnen folgen fleischige Früchte.

spitosus) oder Braun (*Echinocereus chloranthus*) und Grün. Die Schönheit der Blüten wird noch durch den Kontrast der farbigen Kronblätter zu den gelben Staubbeuteln und den grünen Narbenlappen erhöht. Bei der Haltung im Gewächshaus halte ich persönlich genügend Licht für wichtiger als hohe Temperaturen. Sehr viele Arten kommen auch unbeschadet durch den Winter, wenn man sie nur trocken genug hält. Im Sommer und solange das Klima mild ist, sollte gut gewässert werden. *Echinocereus pectinatus* var. *rigidissimus*, der „Regenbogenkaktus“ aus Arizona bietet mit seinen rosa Streifen und den weißen und strohfarbenen Stacheln immer eine Augenweide. *Echinocereus knippelianus* (16.13) ist eine kleine Pflanze mit glattem, abgeplattetem, fast unbestacheltem Stamm von der Größe eines Golfballes. *Echinocereus delaetii* blüht sehr schwer, ist jedoch wegen seiner weißen, zottigen Haare sehr beliebt.
Echinocereus-Arten lassen´ sich durch Seitentrieb-Stecklinge, die sich recht schnell bewurzeln, vermehren. Die Stecklinge müssen im Frühsommer genommen werden!

Echinopsidinae

Beginnen wir mit den hochwachsenden Arten dieser Unterfamilie: *Espostoa, Haageocereus, Cleistocactus* und *Borzicactus* (16.15), die wegen ihrer schönen verschiedenfarbigen Bestachelung und der unterschiedlich geformten Sprosse auch in einer kleinen Sammlung berücksichtigt werden sollten. Die meisten dieser Arten wachsen aufrecht, *Haageocereus decumbens* dagegen hängt man am besten in einem Korb auf, damit die herunterhängenden Sprosse

Links (16.3): *Echinocereus knippelianus*, eine kleinwüchsige Art, die selten Ableger bildet. Auf den Rippen sitzen kleine, schwache Stacheln.

Unten (16.14): *Echinocereus triglochidiatus* var. *inermis* aus Colorado, eine seltene, unbestachelte Varietät von *Echinocereus triglochidiatus*, die normalerweise stark bestachelt ist.

nicht abbrechen. Die Sämlinge einiger *Espostoa*-Arten eignen sich auch gut für das Gewächshaus, sie sind allerdings sehr wärmebedürftig. *Espostoa lanata, Espostoa melanostele* und *Espostoa senilis* haben ihre grünen Sprosse unter schneeweißen Borsten und Haaren verborgen. *Cleistocactus strausii* ist eine weitere zu Recht beliebte Pflanze: Sie ist vollkommen weiß bestachelt und besitzt röhrenförmige, karminrote Blüten, die allerdings erst bei ca. 50–60 cm großen Pflanzen auftreten. Einige *Haageocereus*- und *Borzicactus*-Arten haben goldgelbe Stacheln (*Borzicactus aureispinus* 8.5) und sehen auch ohne Blüte sehr schön aus. Sie blühen erst, wenn sie eine Höhe von 50 cm und mehr erreicht haben. All diese Pflanzen sollten im Winter etwas wärmer gehalten werden. Zur Gattung *Borzicactus* gehören einige Kugelkakteen, die früher in der Gattung *Matucana* abgetrennt waren. Sie sind beim Liebhaber besonders gern gesehen; ihre prachtvollen, asymmetrischen Blüten beleben das Gewächshaus im Sommer und

Rechts (16.15): *Borzicactus samaipatanus* aus Bolivien. Die Stämme sind herrlich bestachelt, die schönen, leuchtend roten Blüten sind ungewöhnlich geformt: die Blütenkrone steht schief.

Unten (16.16): *Echinopsis rowleyi* (*Trichocereus grandiflorus*). Die große Gattung *Echinopsis* besitzt baumgroße bis zwergwüchsige, gruppenbildende Arten, die in den verschiedensten Farben erblühen.

Frühherbst. *Borzicactus madisoniorum* verliert mit dem Eintritt der Blühfähigkeit die wenigen, schwachen Stacheln und ähnelt dann sehr *Lophophora* (16.34).
Zur Gattung *Oroya* gehören flachkugelige, einfache oder sprossende Kakteen aus den Hochanden. Die meist gelblichen, trichterförmigen Blüten stehen ringförmig nahe dem Scheitel (16.17). Am schönsten ist wohl *Oroya borchersii* mit ihren goldbraunen Stacheln.
Echinopsis ist eine große Gattung mit Zwerg- aber auch gewaltigen Säulenarten. Die oft sehr großen, lang trichterförmigen Blüten (4.11) wachsen seitlich aus den Areolen. Die nächtlich blühenden Arten sind meist weiß und duftend. Zur Gattung *Echinopsis* gehören heute Arten, die früher als *Trichocereus* (groß, säulenartig), *Helianthocereus* (klein, säulenartig) und *Acanthocalycium* (kugelförmig) eingestuft wurden. Zu den fast kugelrunden Arten gehören viele alte Favoriten aus den europäischen Gewächshäusern: *Echinopsis eyriesii, Echinopsis tubiflora, Echinopsis oxygona* u.a. – alles genügsame Arten, die sehr langlebig sind und herrliche, große,

Links (16.17): Die südamerikanische Gattung *Oroya* besitzt einige Arten, die sich leicht in Kultur halten lassen. Hier *Oroya peruviana* var. *depressa*. Der Stamm ist unverzweigt.

Unten (16.18): *Rebutia neosteinmannii,* eine ideale, kleine Kaktee für den Anfänger, der wenig Platz zur Verfügung hat. Sie blüht jährlich.

trompetenförmige Blüten haben. Zusammen mit den beiden ebenfalls sehr widerstandsfähigen und langlebigen Arten, die allerdings einen säulenförmigen Wuchs haben, *Echinopsis spachiana* (16.1) und *Echinopsis lamprochlora* gehören sie zu den besten Pfropfunterlagen. *Echinopsis pachanoi* enthält Alkaloide, die Halluzinationen hervorrufen. Lange Zeit wurde dieser Kaktus bei religiösen Zeremonien in Peru verwendet, ähnlich wie *Lophophora* in Mexiko.

Ohne die beiden beliebten Gattungen *Lobivia* und *Rebutia* wäre eine Kakteensammlung nicht denkbar. Beide Arten sind klein bis sehr klein und kompakt. Sie gehören zu den schönsten Blühern, obwohl viele Arten ohne Blüte sehr unscheinbar aussehen. *Lobivia* hat die größeren glokkig-trichterförmigen Blüten in verwirrenden Rot- und Gelbtönen (16.19). Bei den Rebutien sind die zahlreichen Blüten etwas kleiner. Beide Arten sind ideal für den Anfänger, der Blüten sehen will und nur über eine kleine Fensterbank verfügt. Aus Samen aufgezogene *Lobivia*- und *Rebutia*-Arten blühen oft schon im zweiten Jahr.

Hylocereinae

Diese hochwüchsigen, rankenden Pflanzen sind typischer für den Tropenwald als für Halbwüsten. Die mehrkantigen oder -rippigen Triebe werden oft mehrere Meter lang und sind außerordentlich biegsam. Mit Hilfe von Luftwurzeln, die zusätzlich noch Wasser aufnehmen, können sie sich an geeigneten Stellen festhalten. Die Stacheln sind meist winzig oder vollständig reduziert. Die wundervollen Blüten in den verschiedensten Größen öffnen sich nur

Rechts (16.19): *Lobivia densispina*, eine ebenfalls gut geeignete Art für den Anfänger. Schon kleine Exemplare blühen sehr freigiebig.

Unten (16.20): *Rebutia*-Arten bilden auch in Kultur leicht Samen, der allerdings oft hybrid ist. Für reinerbige Samen müssen zwei Pflanzen gleicher Art handbestäubt werden.

nachts und verbreiten einen unangenehmen Geruch. Einige Arten wurzeln in der Erde (*Hylocereus, Selenicereus*) und klettern wie Efeu an Baumstämmen, Felsen oder anderen rauhen Flächen empor. Der Kontakt mit dem Boden geht mit dem Absterben der Hauptwurzel verloren. Andere Arten wachsen von steilen Felsen herab (*Aporocactus, Morangaya*) oder hängen epiphytisch von den Ästen der Bäume (*Epiphyllum, Nopalxochia, Rhipsalis* 4.18), wie Orchideen oder Bromelien. Sie ernähren sich von dem vom Wind verschleppten Humus, der zwischen die Zweige fällt und sich hier zersetzt. Zu den etwa fünf ähnlichen *Aporocactus*-Arten gehört auch *Aporocactus flagelliformis*, der Peitschen- oder Rattenschwanzkaktus, eine der widerstandsfähigsten und genügsamsten Kakteen. Dieser Stützkletterer besitzt große, rote Blüten mit S-förmig gebogener Röhre.

Heliocereus-Arten stammen aus Zentralmexiko, wo sie an Felsen entlang kriechen und klettern. Die langen Triebe sind 2- bis 7-rippig; die Blüten sehr groß, leuchtend rot und mehrere Tage geöffnet. Die bekannteste Art ist *Heliocereus speciosus* (16.22), die oft ein Elternteil von hybriden *Epiphyllum*-Arten ist, zu denen sie das leuchtende Scharlachrot der Kronblätter und das Stahlblau der inneren Ränder beisteuert. Es gibt aber auch eine weißblühende Form, und *Heliocereus cinnabarinus* blüht zinnoberrot.

Die Gattung *Hylocereus* besteht ausnahmslos aus Epiphyten, die normalerweise vom Boden aufwachsen und große, von den Bäumen hängende Baldachine bilden. Mit ihren kräftigen, dreirippigen, langen Sprossen, an denen sehr viele Luftwurzeln sitzen, klettern sie bis über 10 m hoch. *Hylocereus* sind vorwiegend tropische Pflanzen, die viel Platz für ihre Wurzeln, viel Wasser und viel Wärme brauchen. In einem genügend großen Gewächshaus kann man *Hylocereus*-Arten vom Dach herunterhängen lassen und den Sprossen Drähte zum Entlangklettern anbieten; der Liebhaber wird für seine Mühe dann mit herrlichen weißen Blüten belohnt, die sich nachts öffnen und betörend duften. Den Blüten folgen große, fleischige Früchte.

Die Gattung *Selenicereus* unterscheidet sich dadurch, daß ihre Sprosse schlank und zylindrisch sind, mit drei bis zehn flachen Rippen. Die Blütenröhre ist schmaler, filzig und mit winzigen Schuppen besetzt – im Gegensatz zu den groß beschuppten Blütenröhren der *Hylocereus*-Arten. Heute kommen zu dieser Gattung noch die früher alleinstehenden Gattungen *Mediocactus* und *Deamia* hinzu.

Oben links (16.21): *Rebutia marsoneri* aus Nordargentinien. *Rebutia*-Blüten sind rot oder gelb, manchmal orange, rosa, purpurn, selten weiß.

Links (16.22): *Heliocereus speciosus*, ein Elternteil der Phyllokaktus-Hybriden, dank dem sich die Blüten am Tag öffnen und von dem das lebhafte Rot und Stahlblau stammt.

16: Cactaceae

Die größten und prunkvollsten aller Kakteenblüten dieser Gattung findet man bei *Selenicereus megalanthus* und *Selenicereus macdonaldiae* – sie können bis zu 38 cm lang und 30 cm im Durchmesser sein. Am bekanntesten ist wohl die „Königin der Nacht", *Selenicereus grandiflorus,* aus Jamaika. Diese Art und *Selenicereus nycticalus,* die „Prinzessin der Nacht" sind beim Liebhaber sehr beliebt, obwohl beide Arten nur selten blühen und die Blüte nur wenige Stunden in der Nacht offen ist.
Die *Epiphyllum*-Arten sind Epiphyten, die selten am Boden, meist in den Astgabeln der Bäume oft mehrere Meter hoch wachsen. Die abgeflachten, grünen Triebe mit den winzigen Areolen und wenigen oder gar keinen Stacheln werden fälschlicherweise oft für Blätter gehalten. Sie sind am Rand verschieden gekerbt, gezähnt oder gelappt (*Epiphyllum anguliger*). Bei *Epiphyllum chrysocardium* sind sie tief eingeschnitten und erinnern an die Wedel einer Farnpalme. Die großen, nur nachts blühenden Blüten sind weiß und bilden eine lange, enge Röhre. *Nopalxochia,* eine nahe verwandte Gattung, besitzt rosa (*Nopalxochia phyllanthoides*) und rote Blüten (*Nopalxochia ackermannii*).
Die Gattung *Schlumbergera* birgt einen anderen Favoriten, den „Weihnachtskaktus" *Schlumbergera* X *buckleyi* oder auch *Zygocactus bridgesii* genannt. Diese Pflanze besitzt Ketten kurzer, grüner, blattähnlicher, unbestachelter Flachtriebe mit rundlichen Einkerbungen. Die rosa bis roten Blüten sind endständig und etwa 7 cm lang. *Schlumbergera truncata* ist weniger häufig, hat an den Einzeltrieben mehr Einkerbungen und eine extrem zygomorphe Blüte.
Die Gattung *Rhipsalis* ist eine der größten Kakteenfamilien, die eine bemerkenswerte Vielfalt der Länge und der geometrischen Anordnungen der Sproßglieder aufweist: Sie können flach, zylindrisch, abgewinkelt oder gerippt sein, in Wirteln zusammenstehen und auch oft verschiedene Formen an einer Pflanze haben. Stacheln fehlen ganz – nur bei jungen Pflanzen wachsen hin und wieder feine Borsten. Die winzigen Blüten sind weiß, blaßrosa oder gelb und sehr zahlreich vorhanden. Einige *Rhipsalis*-Arten blühen auch im Winter. Die Blüten werden von kleinen, saftigen Beeren abgelöst. „Mistelkakteen" werden die Arten genannt, die weiße Beerenfrüchte tragen (4.18). *Rhipsalis*-Arten sind sehr gut als Ampelpflanzen zu verwenden. Ungewöhnlich große Blüten haben *Rhipsalis gaertneri* und und *Rhipsalis rosea.*

Neoporteriinae

In dieser Pflanzengruppe finden wir einige der beliebtesten zwergwüchsigen Kugelkakteen aus Südamerika, die sich von den

Rechts (16.23): Blüten eines Cultivars von *Nopalxochia* „Deutsche Kaiserin", deren Flachtriebe blattähnlich und stachellos sind. *Nopalxochia*-Arten sind Epiphyten.

anderen Kugelkakteen dadurch unterscheiden, daß ihre Blüten nahe am Scheitel stehen und daß Blüten und Früchte behaart oder bestachelt sind.
Die Gattung *Neoporteria* umfaßt etwa 66 verschiedene Arten aus Chile und Südperu (16.24, 25). Die Bestachelung ist unterschiedlich, ebenso die Färbung des Pflanzenkörpers, die von Grün bis Schwarzpurpurn reicht. Neoporterien sind beim Sammler sehr gefragt, da sie sehr schön aussehen und außerdem noch leicht zu halten sind. Die wohl schönste Art ist *Neoporteria nidus,* mit ihren verwachsenen, spiralförmigen, borstenähnlichen Stacheln in den verschiedensten Farbtönen: von Weiß über Braun, leuchtendem Gelb bis Schwarz. Empfehlen möchte ich *Neoporteria wagenknechtii* (16.26), die ihren Ring aus kleinen, leuchtend magentaroten Blüten im Oktober zu öffnen beginnt und mehrere Wochen lang blüht. Ein herrlicher Tupfer im Gewächshaus zu der Zeit, zu der alle anderen Kakteen ruhen. Die typischen *Neoporteria*-Blüten öffnen sich nur halb; die Samen sind braun, faltig und

Links (16.24): *Neoporteria grandiflorens* aus Südamerika.
Unten (16.25): *Neoporteria polyraphis* aus Südamerika. Zur Gattung *Neoporteria* gehörten früher noch *Pyrrhocactus, Horridocactus, Neochilenia* und *Islaya.* Die schön bestachelten, fast winterharten, kugeligen Neoporterien besitzen kleine, jedoch viele Blüten. Die meisten Arten lassen sich leicht aus Samen ziehen.

haben einen leicht eingesenkten Nabel. Die Blüten der *Notocactus*-Arten dagegen öffnen sich vollständig (radförmig); die Samen sind schwarz und mehr oder weniger warzig, mit einem großen Nabel.
Die ca. 30 *Notocactus*-Arten kommen in Brasilien, Uruguay, Paraguay und Argentinien vor. Die meist großen, gelben Blüten wachsen scheitelnah. *Notocactus uebelmannianus* hat gelbe oder purpurfarbene Blüten, *Notocactus graessneri* lindgrüne (und eine dichte, gelbe Bestachelung). In letzter Zeit sind zu den alten Favoriten wie *Notocactus ottonis* und *Notocactus leninghausii* zahlreiche, wunderschöne Neuentdeckungen hinzugekommen: *Notocactus magnificus, Notocactus buiningii* und einige mehr. Im Unterschied zur vorigen Gattung besitzt ein Teil der *Parodia*-Arten Hakenstacheln. Die bräunlichen Samen sind glatt und winzig. Alle Parodien sind Schönheiten, einige neigen jedoch dazu, die Wurzeln zu verlieren. Man muß deshalb den Wurzelhals gut vor Nässe schützen, den Wurzeln selbst nährstoffreiche, lockere Erde anbieten. *Parodia*-Arten eignen sich nicht so sehr für den Anfänger, eher für den erfahrenen Liebhaber. *Frailea* und *Blossfeldia* sind echte „Zwerge" – letztere Gattung besitzt die kleinsten Arten überhaupt. Eine geöffnete *Frailea*-Blüte werden wir selten sehen können, denn die meisten Arten bestäuben sich im geschlossenen Zustand selbst (Kleistogamie). Die Früchte sind erbsengroß, haarig und borstig und enthalten viele schwarz-braune Samen. Ein neuer Stern am Sammlerhimmel ist die Gattung *Uebelmannia,* von der bis jetzt ca. 5 Arten bekannt sind. Die bemerkenswerteste ist *Uebelmannia pectinifera* (16.27): Die tiefpurpurfarbenen Kugeln sind stark gerippt und mit silbernen Schuppen bedeckt. Die Areolen stehen so dicht beieinander, daß die feinen Stacheln einen Helm oder Kamm entlang der Rippen bilden. Wie *Parodia*- sind auch *Uebelmannia*-Arten keine Pflanzen für den Anfänger.

Cactinae

Die beiden Gattungen, die zu diesem Unterstamm gehören, sind nicht nahe verwandt. Die kugelförmigen oder oben abgeflachten Pflanzen stehen einzeln; die Blüten kommen aus einem zentralen Cephalium. Bei der Gattung *Discocactus* sind die Blüten ziemlich groß, weiß, wunderschön geformt und duften köstlich. Sie öffnen sich erst nach Einbruch der Dunkelheit und sind schon am nächsten Morgen verwelkt. Bei der Gattung *Melocactus* (16.28) ist das Cephalium sehr viel ausgeprägter, halbkugelförmig oder sogar zylindrisch. Die Blüten und Früchte sind sehr klein und schieben sich durch einen dichten Bor-

stenpinsel nach außen. Beide Gattungen sind tropisch und brauchen viel Wärme. Sie sind jedoch leicht aus Samen zu ziehen. Bei der Gattung *Melocactus* hört das Wachstum auf, sobald die Pflanze blühreif ist. Importierte, erwachsene Pflanzen halten selten lang in Kultur!

Rechts (16.26): *Neoporteria wagenknechtii* blüht im Herbst und Frühwinter. Die kleinen, aber schönen Blüten halten sich viele Tage lang.

Unten links (16.27): *Uebelmannia pectinifera*, ein Neufund der letzten Jahre, wird vor allem wegen der kammähnlichen Bestachelung und der silbrig geschuppten, purpurfarbenen Pflanzenkörper sehr geschätzt – weniger wegen der Blüten.

Unten rechts (16.28): *Melocactus delessertianus*, die „Türkenkappe", braucht viel Wärme, viel Licht und etwas Wasser. Sämlinge wachsen schnell, Importe halten sich jedoch nicht so gut.

16: Cactaceae

Echinocactinae

Die 20 Gattungen der Echinocactinae stehen bei den Kakteenfreunden sehr hoch im Kurs. Fangen wir mit den größten Arten an: *Echinocactus* (6.11) und *Ferocactus* (2.1, 16.29), die „Faßkakteen" der trockeneren Gegenden Mexikos und des Südwestens der USA. Auch wenn eingetopfte Pflanzen erst blühen, wenn sie groß sind, werden sie wegen der eindrucksvollen Bestachelung geschätzt. Die Stacheln der *Ferocactus*-Arten sind oft gebogen und quergestreift. *Ferocactus fordii* und *Ferocactus viridescens* blühen schon in 12 cm großen Töpfen.
Thelocactus ist eine schlecht bestimmte Gattung, hat jedoch viele schöne Arten, wie den dicht bestachelten *Thelocactus nidulans* (16.30). Das hervorstechende Merkmal fast aller *Echinofossulocactus*-Arten sind die vielen lamellenartigen, gewellten Rippen. Die aus nur vier Arten bestehende Gattung *Astrophytum* gehört zu den Kakteen, die man einmal sieht und nie wieder vergißt. Der flachkugelige bis zylinderförmige Körper besitzt nur wenige, tiefe, gerade Rippen, die mehr oder weniger weiß bestachelt sind. Der Stamm verzweigt sich nur, wenn er verletzt wird. Die beiden Arten *Astrophytum myriostigma* (16.31) und *Astrophytum asterias* haben keine Stacheln. *Astrophytum ornatum* wird von allen Arten am größten (16.32) und braucht zum Blühen einen mindestens 15 cm großen Topf. Andere Arten blühen leichter: Bei mir hat ein aus Samen gezogener *Astrophytum asterias* schon im zweiten Jahr geblüht. *Astrophytum capricorne* hat weiche, spiralige Stacheln und blüht von allen *Astrophytum*-Arten am besten, ist jedoch nicht so widerstandsfähig gegen Kälte wie die anderen Arten. Die Vermehrung erfolgt durch Samen. Vorsicht, die Wurzeln der Sämlinge sind besonders empfindlich! Noch selten in Kultur ist *Copiapoa cinerea*, mit ihrem grau-weiß bereiften Körper, vor dem sich die kräftigen, dunklen Stacheln besonders gut abheben. Die Gattung *Gymnocalycium* mit ihren rund 60 Arten stammt aus Südamerika (16.44): die verschiedenen Warzenformen, Farben und Stacheln sind eine Augenweide. Die meisten Arten blühen in einem dunklen grau-weißen Ton, einige gelb (*Gymnocalycium andreae*), rot (*Gymnocalycium baldianum*) oder lila (*Gymnocalycium horridispinum*). Charakteristische Merkmale sind die kinnförmigen Ausbuchtungen unter jeder Areole und die Beschuppung der Blütenröhre. Die Gattung *Leuchtenbergia* besitzt nur eine Art: *Leuchtenbergia principis* (16.35). Diese große Pflanze wird von langen, graugrünen Warzen gekrönt, die wiederum von langen, flachen, papierarti-

Rechts (16.29): Ein etwa 60 cm großer *Ferocactus acanthodes tortulospinus*. Hervorstechendstes Merkmal: die langen, verdrehten Stacheln.

Ganz rechts (16.30): *Thelocactus nidulans* besitzt graue, faserige Stacheln, die ihm das Aussehen eines Vogelnestes geben. Die Pflanze wächst solitär und vermehrt sich durch Samen.

Unten (16.31): Dieser stachellose *Astrophytum myriostigma* stammt aus San Luis Potosi, er wird auch „Bischofsmütze" genannt. *Astrophytum*-Arten besitzen charakteristische, weiße Tupfen.

Unten rechts (16.32): Die Gattung *Astrophytum* besitzt nur vier Arten, die alle leicht zu erkennen sind. *Astrophytum ornatum* wird am größten und gehört zu einer der beiden Arten, die bestachelt sind.

gen, gewundenen Stacheln besetzt sind. Die große, gelbe Blüte wächst nahe dem Zentrum aus den Areolen junger Warzen. Ein anderes seltsames Exemplar ist *Aztekium ritteri,* dessen gedrungener, graugrüner Stamm viele waagrechte Falten besitzt, die den Eindruck entstehen lassen, die Pflanze sei uralt.

Lophophora-Arten gehören zu den wenigen stachellosen Kakteen. Der weiche, graugrüne Pflanzenkörper ist mit rundlichen Flachwarzen bedeckt, auf denen pinselförmige Büschel gelblich-grauer Haardornen stehen. *Lophophora williamsii* (2.3, 16.34) ist überaus variabel, so daß alle anderen *Lophophora*-Arten vom Botaniker noch umstritten sind. Ihre kleinen weißen oder rosa Blüten sind selbststeril. Die rote Beerenfrucht ist sehr saftig. Samen sind leicht – aber sehr langwierig – aufzuziehen.

Die *Ariocarpus*-Arten, die zu den Mimikry-Arten gehören, sehen nicht im entferntesten wie Kakteen aus. Der konische Körper aller sechs Arten ragt kaum über die Erdoberfläche heraus und zeigt nur eine flache Rosette aus festen, spitzen oder abgestumpften, verkrusteten Warzen (16.33). In Kultur empfiehlt es sich jedoch, den Pflanzenkörper halb über die Erde zu pflanzen, damit die Gefahr des Faulens verringert wird. *Ariocarpus*-Arten wachsen sehr langsam, und es dauert mehrere Jahre, bis die Pflanze die zur Blüte erforderliche Größe hat. Veredelung kann das Wachstum beschleunigen, ergibt aber ein kugeliges, untypisches Aussehen. Entgegen der bisherigen Annahme braucht *Ario-*

Unten (16.33): *Ariocarpus retusus* wächst dicht am Boden und ist oft noch mit Erde bedeckt. Die Pflanze hat eine knollige Wurzel und wächst sehr langsam.

Oben (16.34): *Lophophora williamsii,* der Peyote-Kaktus. Anstelle von Stacheln wachsen aus den Areolen Haarbüschel in Form eines Rasierpinsels.

Rechts (16.35): *Leuchtenbergia principis* unterscheidet sich von allen anderen Kakteen durch dreieckige, fast 10 cm lange Warzen und weiche, weiße, papierartige Stacheln.

carpus im Sommer viel Wasser, vorausgesetzt die Wurzeln sind gut entwickelt, und es steht soviel Sonne, Wärme und Belüftung wie möglich zur Verfügung. Im Winter sollten diese Arten kühl und absolut trocken gehalten werden.

Epithelantha- und *Pelecyphora*-Arten (16.38) sind hübsche, langsam wachsende Kleinpflanzen, die mit kleinen, spiralig stehenden Warzen bedeckt sind und auf jeder Areole viele kurze, weiße Stacheln haben. Bei *Pelecyphora aselliformis* ist der Körper grau. Auf den langgestreckten Areolen wachsen in zwei Reihen kammförmig die kurzen, breiten Stacheln. *Pelecyphora strobiliformis* hat flache, nach innen gebogene, sich überlappende Warzen.

Weitere interessante und schöne Sammelexemplare finden wir in den Gattungen *Strombocactus* (einschließlich *Obregonia* und *Turbinicarpus*) und *Pediocactus* (mit *Navajoa, Pilocanthus, Toumeya* und *Utahia*). Die meisten dieser Arten sind mit einem 7–9 cm großen Topf zufrieden. Sie sollten im Winter einen hellen, trockenen, kühlen Platz haben. Kakteen-Arten, die aus dem Südwesten der USA kommen, sind meist schwer zu halten; z. B. *Pediocactus sileri, Pediocactus paradinei* (16.39) und *Pediocactus knowltonii*. Die mexikanischen Arten sind problemloser und gehören zu den ersten Kakteen, die im Frühjahr blühen. *Strombocactus denegrii*

Rechts (16.36): *Strombocactus* (*Obregonia*) *denegrii* bildet keine Stecklinge und vermehrt sich nur durch Samen. Er ist leicht an den blattähnlichen Warzen und der wolligen Krone zu erkennen.

Unten rechts (16.36): *Neolloydia conoidea* (syn. *Neolloydia texensis*) stammt aus Texas und Nordmexiko. Diese gruppenbildende Art braucht volle Sonne und blüht dann mehrere Wochen lang.

Unten (16.38): *Pelecyphora aselliformis* ist leicht an ihren asselförmigen Warzen und den kammähnlichen Stacheln zu erkennen. Die Pflanze wird kaum größer als 5 cm im Durchmesser.

Oben (16.39): *Pediocactus paradinei*, ein seltener Kaktus. Eine Pflanze für den Kenner, der „schwierige" Arten bevorzugt. Dieses Exemplar ist ca. 4 cm groß.

Links (16.40): *Coryphanta vivipara* aus Colorado. Diese Art ist in den USA weitverbreitet. Sie ist winterhart und wächst fast bis an die Nordgrenze der Cactaceae.

(16.36) erinnert in der Wuchsform an *Ariocarpus*.

Neolloydia (16.37) aus Mexiko und *Escobaria* aus den nordöstlichen Hochlandgebieten Mexikos, Texas und Neumexikos besitzen weitere warzige, zwergwüchsige Arten, die eine auffällige Furche auf der Warze haben, die von der Areole bis zur Axille führt. Auch bei der großen Gattung *Coryphanta* mit über 60 Arten besitzt die Warzenoberseite eine Furche. *Coryphanta vivipara* ist winterhart (16.40) und hat prächtige, violett-rote Blüten, denen große, fleischige, grüne Beeren folgen.

Schließlich kommen wir zur Gattung *Mammillaria* mit über 225 Arten. Von Mexiko aus erstrecken sich die Mammillarien nordwärts in die USA, ostwärts bis zu den mittelamerikanischen Inseln und südwärts bis in den Norden Südamerikas. Alle Mammillarien sind entweder solitär wachsende oder Gruppen bildende Zwergkakteen mit spiralig angeordneten Warzen, auf denen Stachelbüschel sitzen. Das Hauptererkennungsmerkmal sind die neuen Sprosse oder Blütenknospen, die aus der Basis der Warzen – nicht aus der Spitze – wachsen. Die Blüten sind meist klein, stehen jedoch in verschwenderischen Kreisen wie Gir-

landen um den Pflanzenkörper (16.42); sie werden von glatten, länglichen, fleischigen, meist roten Beeren abgelöst – ein farbenprächtiger Blickfang im Herbst (7.3). Die Vielfältigkeit der Stacheln scheint unbegrenzt (2.14): gerade oder gebogene, abgewinkelte, kammförmige (*Mammillaria pectinifera*), gefiederte (*Mammillaria plumosa* und *Mammillaria pennispinosa*).
Einige Arten sondern milchig weißen Saft ab, wenn man sie verletzt. Von der Haltung und Pflege her gesehen, decken die Mammillarien die ganze Skala von den problemlos zu haltenden bis zu den sehr schwierig zu pflegenden Pflanzen ab. Bei so vielen begehrenswerten Arten ist eine Auswahl kaum zu treffen. *Mammillaria guelzowiana* (16.41), *Mammillaria boolii* (16.43) und andere großblütige Arten sind wohl die Favoriten, vor allem dann, wenn der Pflanzenkörper selbst winzig ist, wie bei *Mammillaria theresae* und ihren Verwandten. *Mammillaria zeilmanniana* wird wegen ihrer prachtvollen roten Blüten in Massen für den Markt gezogen. *Mammillaria hahniana* und *Mammillaria plumosa* sehen aus, als seien sie in Rohbaumwolle eingepackt. Die Vermehrung der Mammil-

Rechts (16.41): *Mammillaria guelzowiana* wird wegen ihrer silbrig-weißen Haare und der großen, roten Blüten sehr geschätzt. Diese Art muß sorgfältig gewässert werden.

Unten rechts (16.42): Mammillarien besitzen eine außergewöhnliche Vielfalt der Warzenmuster, der Bestachelung und der Blütenkränze.

Unten (16.43): In freier Natur besitzt *Mammillaria boolii* einen abgeflachten Körper und wächst ebenerdig. In Kultur verändert sich die Wuchsform. Die 5 cm großen Blüten gehören zu den größten dieser Gattung.

larien erfolgt entweder durch Samen, durch Teilung von Gruppen oder durch Stecklinge. Einige Arten säen sich selbst im Gewächshaus aus.

Haltung und Pflege

In einem Gewächshaus läßt sich sehr gut eine große Kakteensammlung unterbringen, vorausgesetzt, es ist genügend Licht und Luft und im Winter eine Mindesttemperatur von ca. 5 °C vorhanden. Gelegentliches Absinken der Temperatur auf 0 °C schadet nichts, wenn die Pflanzen trocken sind. Kann man das Gewächshaus nicht beheizen, so ist die Auswahl der Arten zwar geringer, aber immer noch groß genug. Einige Arten brauchen jedoch zusätzliche Wärme, z. B. die tropischen, Feuchtigkeit liebenden Pereskien und Hylocereineen und die Phyllokaktus-Hybriden. Da diese Arten außerdem noch viel Platz brauchen, wird der Liebhaber ihnen nach Möglichkeit ein eigenes Haus geben, auch wenn sie sich gut mit Orchideen und Bromelien und einigen tropischen Sukkulenten aus Afrika vertragen.
Noch mehr Wärme brauchen die xerophytischen Cactinae und solitär wachsende Arten anderer Unterstämme aus den trockeneren Gegenden Mittelamerikas: hierzu gehören einige neue Errungenschaften aus Brasilien. Der Liebhaber kann diese Pflanzen in die Nähe der Heizung stellen oder aber in einer Ecke des Gewächshauses ein Folienzelt bauen. Natürlich kann man die wärmeliebenden Pflanzen im Winter auch in die Wohnung nehmen. Eine sonnige Fensterbank kann sinnvoll genutzt werden, wenn die Temperaturen nachts nicht unter 10 °C sinken. Im Zweifelsfall deckt man die Pflanzen am Abend mit Zeitungspapier ab oder stellt sie bis zum Morgen woandershin.
Alle Kakteen können als „Sommerwachser“ behandelt werden, ungeachtet ihrer Herkunft nördlich oder südlich des Äquators. Die einzige Ausnahme bilden diejenigen Arten, die im Winter blühen und daher etwas Wasser und zusätzliche Wärme schätzen, wenn sich die Knospen bilden: *Schlumbergera X buckleyi*, einige *Rhipsalis*-Arten, *Mammillaria plumosa, Neoporteria wagenknechtii*. Nach der Blüte sollten auch diese Arten trocken gehalten werden, damit sie die Ruhezeit beginnen können.
Pfropfen wird bei Kakteen öfter angewendet als bei den anderen Sukkulentenfamilien, und es gibt hier außergewöhnliche Ergebnisse.
Alles in allem gehören die meisten Kakteen zu den problemlosesten unter den empfindlichen Sukkulenten, was zweifellos zu ihrer Beliebtheit beigetragen hat. Diese „Gutmütigkeit“ hat sich allerdings oft zu ihrem Nachteil ausgewirkt: Während die meisten Pflanzen eingehen, wenn man sie schlecht behandelt, wachsen Kakteen weiter, und die furchtbar entstellten Überreste, die man oft sieht, bringen die Kakteen in den Ruf, häßlich zu sein. Nichts verfehlt die Wahrheit jedoch mehr! Wenn man die Kritiker nur dahin bringen könnte, sich einmal eine wirklich gepflegte Sammlung anzusehen!

Rechts (16.44): *Gymnocalycium*-Arten einer Sammlung eines englischen Spezialisten. Jedes Exemplar ist sorgfältig und genau beschriftet: Name, Herkunft, Fundort, ungefähres Alter.

Unten rechts (16.45): *Parodia mutabilis* aus Argentinien, eine der handlichen Arten für eine Sammlung. Die Stacheln sind hakenförmig gebogen. Sie vermehrt sich durch (sehr kleine) Samen.

Unten (16.46): Die meisten der ca. 60 *Rhipsalis*-Arten haben sehr kleine Blüten; *Rhipsalis rosea* macht eine Ausnahme, sie ist fast so prächtig in der Blüte wie *Schlumbergera*.

16: Cactaceae

17: Didiereaceae

Didiereagewächse

Diese auffällige und nur im Südwesten Madagaskars vorkommende, kleinwüchsige Familie besitzt viele botanisch interessante Merkmale. Wie die Kakteen, zu denen sie viele Parallelen hat, konnte man diese Familie lange nicht genau einordnen, da sie keine nahen Verwandten zu haben schien. Aufgrund anatomischer Merkmale und dem Vorhandensein des Farbstoffes Betacyanin wurden die Didiereagewächse jetzt zu den Caryophyllales gestellt, neben die Cactaceae, mit denen sie gute Pfropfverbindungen herstellen – ein Zeichen für eine biochemische Verwandtschaft.

Alle Arten der vier Gattungen sind stark bestachelte, dickstämmige Bäume oder Sträucher von einzigartigem Aussehen, die an Kakteen, Baumarten der Wolfsmilchgewächse und *Fouquieria*-Arten (1.8) erinnern – ein anderes Beispiel konvergenter Entwicklung. Wie bei den Kakteen werden die Stacheln als veränderte Blätter angesehen. Mit Ausnahme von *Alluaudia dumosa* (17.2) besitzen alle Arten Laubblätter. Diese sind flach, kaum sukkulent, einfach in der Form und fallen während der trokkenen Jahreszeit ab. Die Blüten sind winzig, getrenntgeschlechtlich und zu Trauben zusammengefaßt. In Kultur blühen *Didierea*-Arten jedoch kaum. Die Universität Heidelberg machte sich in den 50er Jahren durch die Einführung der üppigen Flora Madagaskars verdient. Prof. Dr. Rauh, der beste Kenner der Didiereagewächse, berichtete von drei blühenden *Didierea*-Arten aus Madagaskar. *Alluaudia*-Arten bilden lange, dicke Stämme mit meist aufwärts wachsenden Zweigen; einige Arten können bis zu 15 m hoch werden. Die Stämme sind mit einzeln oder paarig stehenden Stacheln und kleinen, ledrigen, fast runden Blättern besetzt, die oft stärker in die Vertikale als in die Horizontale wachsen. Es gibt 6 *Alluaudia*-Arten (17.2).

Die Gattung *Alluaudiopsis* bildet kleinere, bis zu 2 m hohe Sträucher und hat nur zwei örtlich begrenzte Arten.

Die Gattung *Decaryia* besteht nur aus *Decaryia madagascariensis* (17.1), die als Jungpflanze einen kompakten Strauch bildet, der besonders reizvoll aussieht: Die zickzackförmigen Zweige tragen an den Knoten je ein kleines Blatt und zwei auseinanderstrebende Stacheln. In freier Natur wird *Decaryia madagascariensis* bis zu 8 m hoch. Die Gattung *Didierea* schließlich ist die erstaunlichste von allen: Die Ähnlichkeit mit den Kakteen ist viel größer als bei jeder anderen Pflanze: Die Stacheln stehen in Büscheln auf hornigen Areolen an der Spitze langer Warzen (17.2). *Didierea madagascariensis* hat einen gedrungenen Hauptstamm mit einer Krone aus starken, aufwärts wachsenden Zweigen. *Didierea trollii* (17.3) sieht im Al-

Unten (17.1): *Decaryia madagascariensis* hat eigenartige zickzackförmige Zweige, an deren Gelenke immer ein Blatt und ein Stachelpaar herauswachsen. Stecklinge bewurzeln sich gut.

Unten (17.2): Einige Didiereagewächse v.l.n.r.: *Alluaudia dumosa, Alluaudia comosa* (hinten) *Decaryia madagascariensis, Didierea trollii* und *Didierea madagascariensis*.

ter ähnlich aus, unterscheidet sich als Jungpflanze aber völlig von *Didierea madagascariensis:* die Zweige wachsen am Boden liegend.
Didiereagewächse lassen sich durch Samen und durch Stecklinge vermehren. Sie sind aber heutzutage auch leicht im Handel zu bekommen. In Kultur brauchen sie viel Wärme, dann wachsen sie gut und blühen auch. Ich hatte jahrelang eine *Alluaudia procera* auf einer sonnigen Fensterbank über der Heizung und habe sie das ganze Jahr über gewässert. Wenn die Blätter abfallen, sollte man allerdings nur noch vorsichtig wässern!
Diese „Kakteen der Alten Welt" (nach Prof. Rauh) sind heute sehr gefragt und sind Statussymbole einer guten Sammlung. Leider ist ihre Verbreitung sehr begrenzt, und ihre Standorte werden mehr und mehr zerstört. Ihre Erhaltung zumindest in der Kultur sollte daher das Anliegen jedes Naturfreundes und Sukkulentenliebhabers sein.

Rechts (17.3): *Didierea trollii* wächst als Jungpflanze am Boden entlang, treibt dann aber hoch aufragende Sprosse wie *Didierea madagascariensis*. Sie liebt viel Wärme.

18: Apocynaceae

Immergrüngewächse

Die Familie der Immergrüngewächse umfaßt über 180 vorwiegend tropische Gattungen und ca. 1500 Arten. Die meist rankenden Pflanzen sondern einen weißen, milchigen Saft (Latex) ab. Die Blüten sind groß und prächtig. Einige Gattungen (wie *Allamanda*) werden als Kletterpflanzen für das Gewächshaus gezogen. Die strauchartige *Plumeria*, der Rote Jasminbaum „Frangipani", wird in tropischen Ländern gerne wegen seiner duftenden Blüten angepflanzt. Die immergrüne Gattung *Vinca* umfaßt winterharte Rankengewächse, deren Blüten fünfteilig sind. Der innere Blütenaufbau ist recht kompliziert, er ähnelt dem der Asclepiadaceen (Kapitel 19).

Die Gattung *Adenium* besitzt einige seltene und eine verbreitete, vielseitige Art. Sie überzieht Afrika vom Südwesten über Kenia bis nach Arabien. Die Wuchsformen variieren vom kleinen, caudexförmigen Strauch mit massivem, knorrigem Stamm bis zu 4 m hohen Stammsukkulenten. Die dicken Stämme treiben in unregelmäßigen Abständen Zweige, sind glatt und ohne Stacheln. An den Spitzen sitzen flache, lederartige, meist etwas glänzende, dunkelgrüne Blätter, die bis zu 15 cm lang werden und in lockeren, spiraligen Rosetten stehen. Während der Blütezeit fallen die Blätter ab. In voller Blüte gehört *Adenium* zu den prachtvollsten afrikanischen Sukkulenten überhaupt (18.1). *Adenium obesum* wird oft auch „Wüstenrose" genannt (18.2). *Adenium obesum* var. *multiflorum* eignet sich auch für kleine Sammlungen, da bereits 15 cm hohe, bewurzelte Stecklinge blühen. Die Blütenfarbe reicht vom kräftigen Rot über Rosa bis zum Weiß mit roten Rändern. Die sehr zarten *Adenium*-Arten gedeihen am besten in kräftiger, gut durchlässiger Erde an einem hellen, warmen Standort. Sie sollten das ganze Jahr über mäßig gewässert werden.

Die Gattung *Pachypodium* (18.3–5) unterscheidet sich von *Adenium* dadurch, daß sie Stacheln besitzt und daß ihre Samen nur an einem Ende ein Haarbüschel haben (*Adenium*-Samen besitzen an beiden Enden je ein Haarbüschel). Die 13 *Pachypodium*-Arten kommen in zwei geographisch getrennten Gebieten vor: neun in Madagaskar und vier in Süd- und Südwestafrika und in Angola. Zu den südafrikanischen Arten gehören jedoch zwei, die man eher zu den Caudiciformes stellen könnte. Nach meinen Erfahrungen ist *Pachypodium lealii* ssp. *saundersii* am robustesten und auch am leichtesten zu halten. Aus

Unten (18.1): *Adenium boehmianum* aus Südwestafrika.
Rechts (18.2): *Adenium obesum* aus Ostafrika. Beide Arten sind sehr wärmebedürftig und brauchen viel Wasser, wenn sie Blätter tragen.

dem Samen gezogen, kann man sie bei guter Pflege in fünf Jahren zum Blühen bringen. An ihrem natürlichen Standort bieten sie einen außergewöhnlichen Anblick mit ihren massiven, knorrigen bis zu 1 m dikken Stämmen, den unregelmäßigen Zweigen und den kräftigen, paarweise stehenden Stacheln, aus deren Mitte noch ein kleiner dritter Stachel wächst. Die jährlich abfallenden Blätter sind leuchtend grün und bis zu 8 cm lang. Die herrlichen weißen Blüten kommen relativ spät im Jahr – oft zu spät, um in einer europäischen Kultur noch richtig aufzublühen. Aus den 10 cm großen Früchten entfliegen Unmengen Samen, die jeder ein kleines „Fallschirmchen" tragen. Eine auffällige Art ist auch *Pachypodium namaquanum* (18.5): Der konische Stamm ist oft vollständig ohne Zweige und hat nur eine kohlkopfartige Krone aus Blattwerk und spiralig angeordneten Warzen, auf denen 5 cm lange Stacheln sitzen.

Zwei der aus Madagaskar stammenden Arten, *Pachypodium geayi* und *Pachypodium lamerei,* ähneln rein äußerlich stark *Pachypodium namaquanum* und sind in den letzten Jahren sogar beim Blumenhändler zum Kauf angeboten worden. Mit ihren robusten Stämmen (bei gezüchteten Exemplaren sind diese meist zweiglos) und den spiralig angeordneten Warzen, die mit je drei langen Stacheln gekrönt sind, sehen sie fast wie Kakteen aus. Aber die Krone aus langen, schmalen Blättern unterscheidet sie sofort, ebenso das Fehlen von filzigen Areolen oder Stachelpolstern. *Pachypodium geayi* ist die attraktivere Art, vor allem die Jungpflanzen, die mit grauem Filz bedeckt sind. Durch Veredelung erhielt man auch eine außergewöhnliche Cristataform von *Pachypodium lamerei* und Pflanzen mit bunten Blättern. Die beiden aus Madagaskar stammenden Arten brauchen im Sommer viel Wasser und gehören zu den am schnellsten wachsenden *Pachypodium*-Arten.

Andere Arten sind *Pachypodium densiflorum* (18.3) und *Pachypodium rosulatum* mit orange bis gelben Blüten und *Pachypodium baronii* mit roten Blüten. Alle *Pachypodium*-Arten brauchen das ganze Jahr über Wärme, im Winter kann man die Pflanzen auf eine helle, sonnige Fensterbank in der Wohnung stellen. Wenn die Blätter abzufallen beginnen, soll man mit dem Wässern zurückhaltend sein – trockene Ruhe ist nötig. Eine vegetative Vermehrung der *Pachypodium*- und *Adenium*-Arten ist fast unmöglich.

Oben rechts (18.3): Sämling von *Pachypodium densiflorum* aus Madagaskar. Die Arten aus diesem Gebiet sind viel zarter als die südafrikanischen *Pachypodium*-Arten.

Rechts (18.4): Blüten von *Pachypodium lealii* aus Angola. Diese Art hat einen unregelmäßigen, verzweigten, bis zu 6 m hohen Caudex.

Nächste Seite (18.5): *Pachypodium namaquanum,* eine der eigenartigsten und Kakteen ähnlichsten Sukkulenten, die bis zu 2 m hoch wird.

19: Asclepiadaceae

Seidenpflanzengewächse (Aasblumen)

Die Familie der Seidenpflanzengewächse oder Aasblumen hat 130 Gattungen und etwa 2000 Arten. Die meisten Arten sind jedoch auf die Tropen beschränkt und auf Afrika konzentriert. Die Familie ist in sechs schlecht definierte Stämme unterteilt, in all denen – außer einem – sich irgendeine Art von Sukkulenz entwickelt hat. Die nächste Verwandte der Asclepiadaceae ist die Familie der Apocynaceae, von der sie sich durch die weitere Spezialisierung der Blüte unterscheidet: Die Pollenkörner eines Staubbeutels klumpen zusammen und bilden eine mehr oder weniger feste Pollenmasse (Pollinium). Die caudiciformen Gattungen *Raphionacme, Fokkea, Brachystelma* und einige caudiciforme *Ceropegia*-Arten werden in Kapitel 21 beschrieben.

Die weitverbreiteten Gattungen *Cynanchum* und *Sarcostemma* umfassen Kletterpflanzen oder Sträucher mit fleischigen, stabähnlichen Stämmen, mit oder ohne kleinen Blättern. Die auf Seite 214 abgebildete Schwalbenwurz *Cynanchum marnieranum* hat besonders interessante Stämme, die sich eigentümlich unregelmäßig und warzig anfühlen. Im Gegensatz zu den *Sarcostemma*-Arten setzen die *Cynanchium*-Arten sehr viel mehr Blüten an.

Die Gattung *Ceropegia* (19.1–4) tritt in den verschiedensten Formen auf: einige Arten sind überhaupt nicht sukkulent, andere sind stammsukkulent, und wieder andere haben fleischige Blätter oder lange, fleischige Wurzeln, Knollenbüschel oder einen einzigen großen Caudex. Jacobsen führt für den Sukkulentenliebhaber 66 reizvolle Arten auf. Die Arten der Kanarischen Inseln: *Ceropegia dichotoma, Ceropegia fusca* und ihre Verwandten bilden eine eigene, kleine Gruppe. Sie haben steif aufgerichtete, gegliederte, zylindrische, sukkulente Stämme und kleine, schmale Blätter, die jedoch sehr schnell abfallen. Die übrigen *Ceropegia*-Arten wachsen entweder flach am Boden, klettern oder lassen sich von Sträuchern stützen. In der freien Natur sind viele der *Ceropegia*-Arten völlig unscheinbar, im Gewächshaus dagegen entfalten sie ihre ganze Pracht. Sie wachsen lieber allein als in dichten Populationen und suchen den Schatten der dichtesten Sträucher, so daß sie selbst in der Blüte dem Entdecktwerden oft entgehen. Manche Arten wurden nur selten gesammelt und sind deshalb nur als Herbarexemplare bekannt. *Ceropegia*-Arten haben gegenständige Blätter; bei einigen wenigen Arten stehen die Blätter zu dritt –, die meist gestielt, machmal auch grasartig oder zu Schuppen reduziert sind. Die schlanken Röhrenblüten sind 2 bis 12 cm lang und von einer verwirrenden Vielfalt. Oben an der Blütenkrone trennen sich die Blütenblätter, vereinen sich aber meistens wieder und bilden einen Baldachin. Blüten, deren Hüllen sich nicht ganz öffnen, sondern nur Spalten als Zugang zu den Staubblättern und den Narben haben,

Oben (19.1): *Ceropegia stapeliaeformis cristata.* Diese eigenartige Pflanze sieht aus wie aus einem Zukunftsfilm, doch sie wächst zu unserer Zeit.

Rechts (19.2): *Ceropegia ballyana* hat ausgezogene, spiralig gewundene Kronblattspitzen, die die Blüte manchmal bis zu 10 cm und mehr verlängern.

Ganz rechts (19.3): *Ceropegia sandersonii* X *radicans,* eine der vielen Hybriden von *Ceropegia* aus der Kulturhaltung. In freier Natur hätte diese Art kaum eine Überlebenschance, da geeignete Bestäuber fehlen.

Links (19.4): Diese *Ceropegia gemmifera* aus Ghana rankt sich an dem stacheligen Stamm einer *Chorisia* empor.

19: Asclepiadaceae

19: Asclepiadaceae

Seidenpflanzengewächse oder Aasblumen (Asclepiadaceae) – Übersicht über die sukkulenten Stämme und Gattungen

Staubfäden nicht miteinander verwachsen, Pollen körnig	Staubfäden miteinander verwachsen oder Staubbeutel ungestielt, Pollen zu Pollinien verklumpt	
	Hängende Pollinien	Aufrechtstehende Pollinien
		Staubbeutel mit großem, aufgeblähtem, häutigem Fortsatz
Caudiciform	Kletterpflanzen oder Sträucher mit zylindrischen, mehr oder weniger fleischigen Trieben	Stark caudiciform
Tribus 1 **Periploceae**	Tribus 3 **Cynancheae**	Tribus 4 **Marsdenieae**
Tribus 1 Raphionacme sp.	Tribus 3 Cynanchum marnieranum	Tribus 4 Fockea crispa

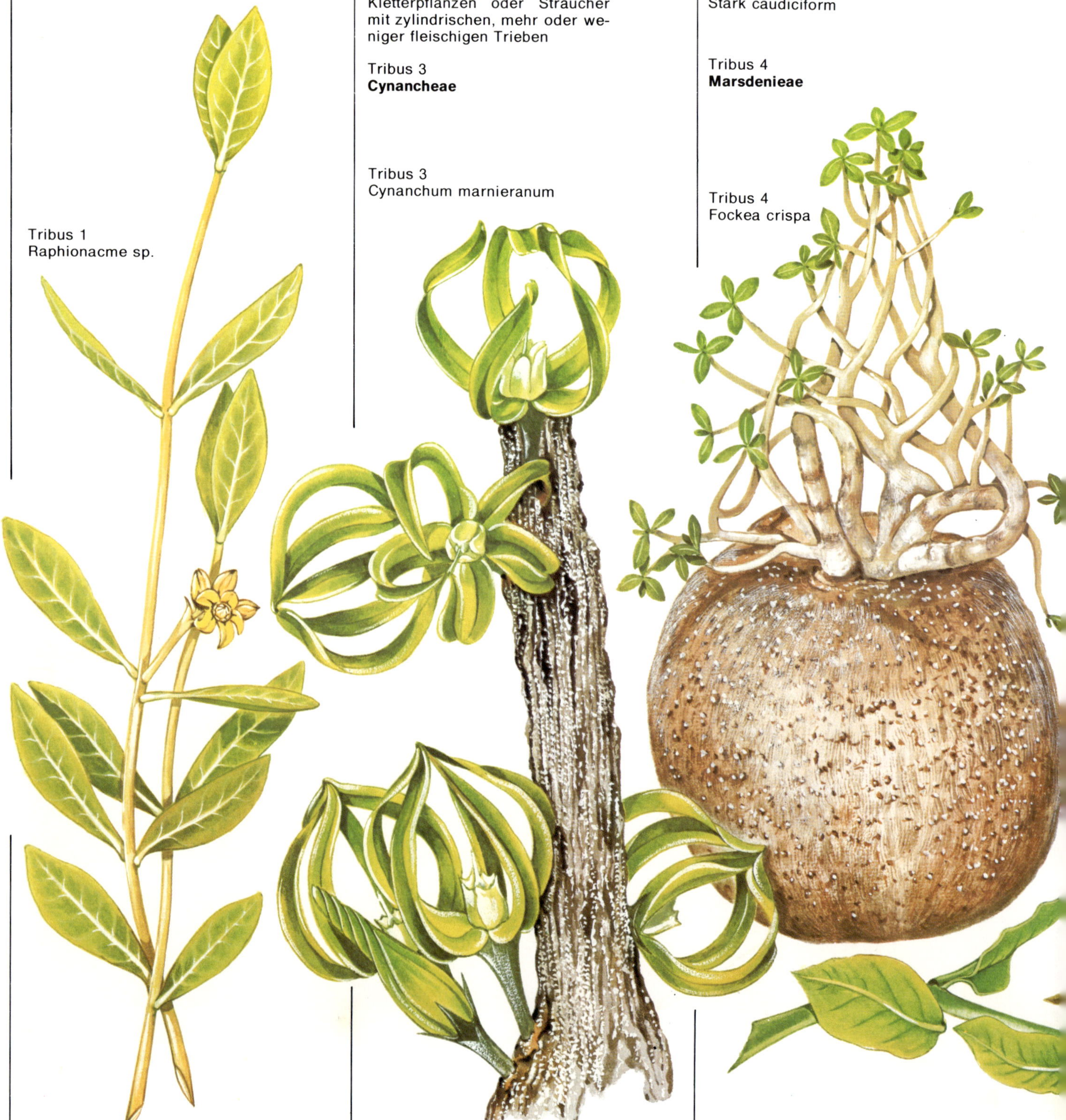

Tribus 1 **Periploceae** Raphionacme	Tribus 3 **Cynancheae** Cynanchum Sarcostemma	Tribus 4 **Marsdenieae** Fockea

Andersartige Staubbeutel

Blütenröhre mehr als doppelt so lang wie der Blütendurchmesser, Blütenzipfel an den Spitzen miteinander verbunden

Blütenröhre weniger als doppelt so lang wie der Blütendurchmesser, mit freien Blütenzipfeln

Caudiciform mit schlanken, nichtsukkulenten Blattsprossen

Tribus 5
Ceropegieae

Stammsukkulenten mit Schuppenblättern oder ganz blattlos (Ausnahme: *Caralluma frerei*)

Tribus 6
Stapelieae

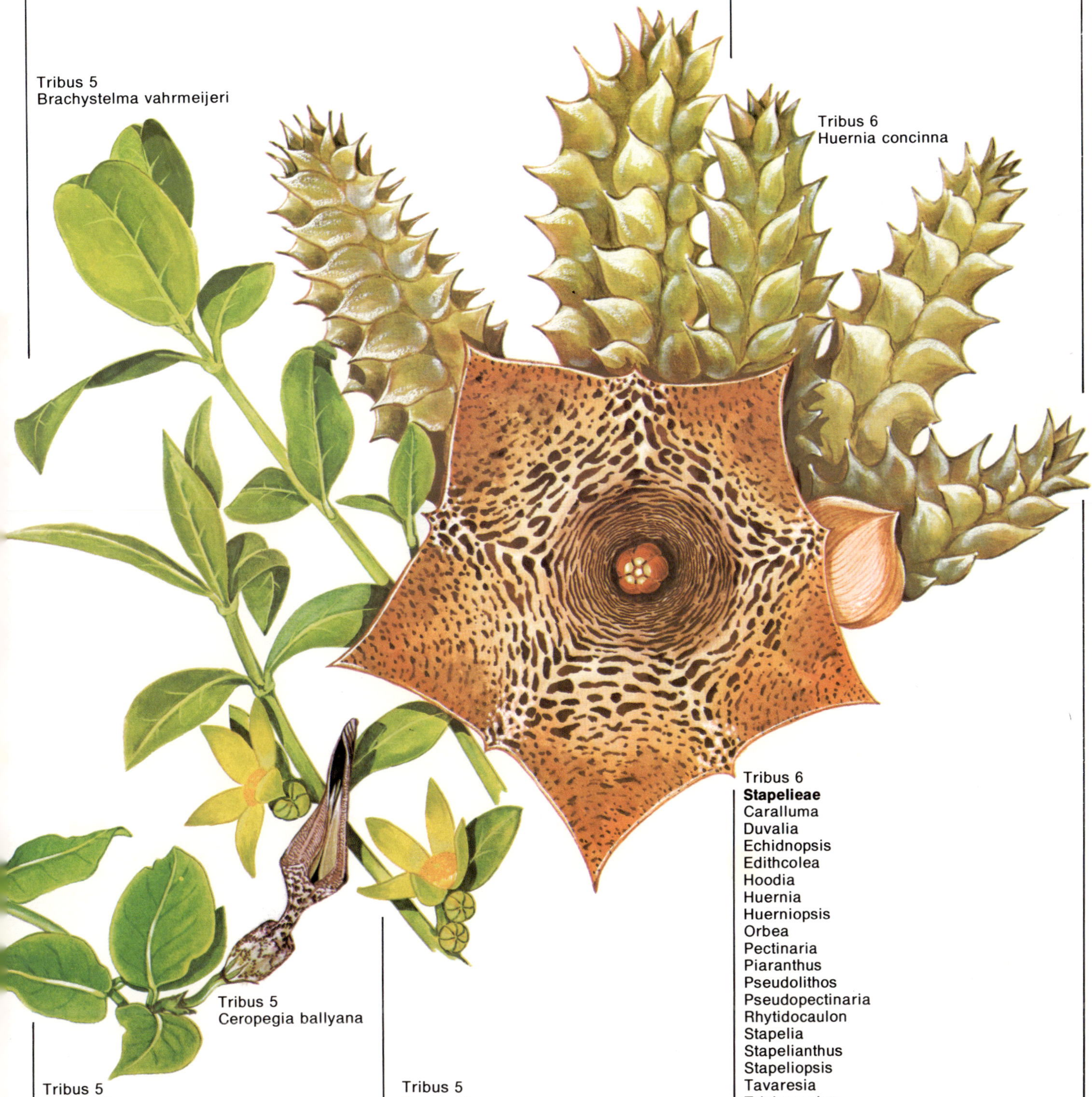

Tribus 5
Brachystelma vahrmeijeri

Tribus 6
Huernia concinna

Tribus 5
Ceropegia ballyana

Tribus 5
Ceropegieae
Ceropegia

Tribus 5
Ceropegieae
Brachystelma

Tribus 6
Stapelieae
Caralluma
Duvalia
Echidnopsis
Edithcolea
Hoodia
Huernia
Huerniopsis
Orbea
Pectinaria
Piaranthus
Pseudolithos
Pseudopectinaria
Rhytidocaulon
Stapelia
Stapelianthus
Stapeliopsis
Tavaresia
Trichocaulon
Whitesloanea

nennt man auch Fensterblüten. Manchmal ist die Spitze bei *Ceropegia*-Blüten auch zu einer mehrere Zentimeter langen Spirale ausgezogen. Eine „Fensterblüte“ oder „Gleitfallenblüte“ einer *Ceropegia* wird ausführlich auf Seite 54 beschrieben und ist auf Seite 57 abgebildet.

Einige *Corepegia*-Arten haben besonders sukkulente Stämme entwickelt. Bei *Ceropegia stepliaeformis* ähnelt der Stamm sehr *Stapelia,* und man kann diese *Ceropegia*-Art nur anhand ihrer Röhrenblüte von *Stapelia* unterscheiden. Die außergewöhnliche Cristatform dieser Art ist auf der gegenüberliegenden Seite abgebildet. Aber diese Pflanze ist noch gar nichts gegen *Ceropegia armandii,* eine Seltenheit aus Madagaskar, die man mit einer Kunststoffeidechse vergleichen kann.

Eine Sammlung der verschiedensten *Ceropegia*-Arten wirkt besonders hübsch, da keine Blüte der anderen gleicht. Schwierigkeiten bereiten nur die langen, kriechenden Stämme, die schlecht in einem kleinen Gewächshaus untergebracht werden können. Man kann natürlich die Pflanze mit einem „Gerüst“ stützen, was allerdings nicht immer sehr schön aussieht. Auf jeden Fall sollte man die langen Stämme öfter ausrichten, da sich sonst die schnell wachsenden Pflanzen verheddern und nur noch sehr schwer auseinanderzubringen sind.

Stapeliae

Der Tribus Stapeliae besteht nur aus Stammsukkulenten mit dicken, oft weichen und saftigen Trieben, die mit flachen Rippen oder Warzen bedeckt sind, auf denen häufig schuppige Borsten – die Überreste von Blättern – sitzen. Einige Arten haben eine starke Ähnlichkeit mit Kakteen. Die aus Indien stammende Art *Caralluma frerei* (19.6) hat noch flache, halbsukkulente Blätter und wird daher als Verbindungsglied zu der Urform, aus der sich dieser Tribus entwickelt hat, angesehen. Der Hauptunterschied zu den *Ceropegia* besteht in der Blütenform, die offener ist, eine kürzere Röhre und freie, nicht an den Spitzen miteinander verwachsene Blütenblätter hat. Neuere Entdeckungen wie *Pseudopectinaria* haben diese Unterscheidungsmerkmale jedoch hinfällig gemacht, und einige Botaniker fassen heute beide Stämme zu einem zusammen.

Blütenaufbau und Bestäubung. Die Blüten der Stapelien sind vom Aufbau her wohl die kompliziertesten aller Sukkulenten. Sie sind ebenso hochentwickelt wie die der Orchideen, zu denen sie gewisse Entwicklungsparallelen aufweisen. Um den Blütenaufbau der häufigsten Art, *Orbea* (*Stapelia*) *variegata* zu verstehen, sollte man sich eine einfache *Crassula*-Blüte (2.18) vor Augen halten, damit man verstehen kann, wie sich die aufeinanderfolgenden Wirtel der Blütenteile der Stapelien-Blüte entwickelt haben (19.7). Beginnen wir außen: Am wenigsten verändert hat sich der Blütenkelch, der aus fünf kleinen, grünen Kelchblättern besteht. Dann kommt die Blütenkrone mit ebenfalls fünf Kronblättern, die basal mehr oder weniger verwachsen sind und auf diese Weise eine untertassenförmige „Röhre“ bilden. Das Gewebe der Stapelien-Blüten ist dick und ledrig; die Blüten können zwei Tage oder länger bei praller Sonne geöffnet bleiben, ohne daß die Wasserreserven der Pflanze zu sehr belastet werden. Die Blütenblätter sind entweder glatt oder mit Rillen, Pusteln oder kleinen Borsten besetzt. Die Blütenränder und sogar die Blütenoberfläche können fein behaart sein. Die rotbraunen Muster und der scharfe Geruch ergeben eine kolossale Ähnlichkeit mit frischem

Rechts (19.5): Großaufnahme einer Blüte von *Orbea* (*Stapelia*) *maculata*. Stapelien haben mit die kompliziertesten, aber auch schönsten Blüten überhaupt.

Unten (19.6): *Caralluma frerei* (links) aus dem tropischen Indien, die einzige Stapelien-Art mit Blättern. Rechts die blattlose *Caralluma europaea.*

19: Asclepiadaceae

Blütenbau der Stapelien
(19.7): Die Abbildungen zeigen den Blütenbau der Stapelien am Beispiel von *Orbea variegata.* Die fünf Staubblätter stehen erhöht und bilden eine Säule, die die beiden freien Fruchtblätter umgibt. Das Ganze wird von einer inneren und einer äußeren Nebenkrone und einem fleischigen, ringförmigen Auswuchs, dem Anulus, umgeben.

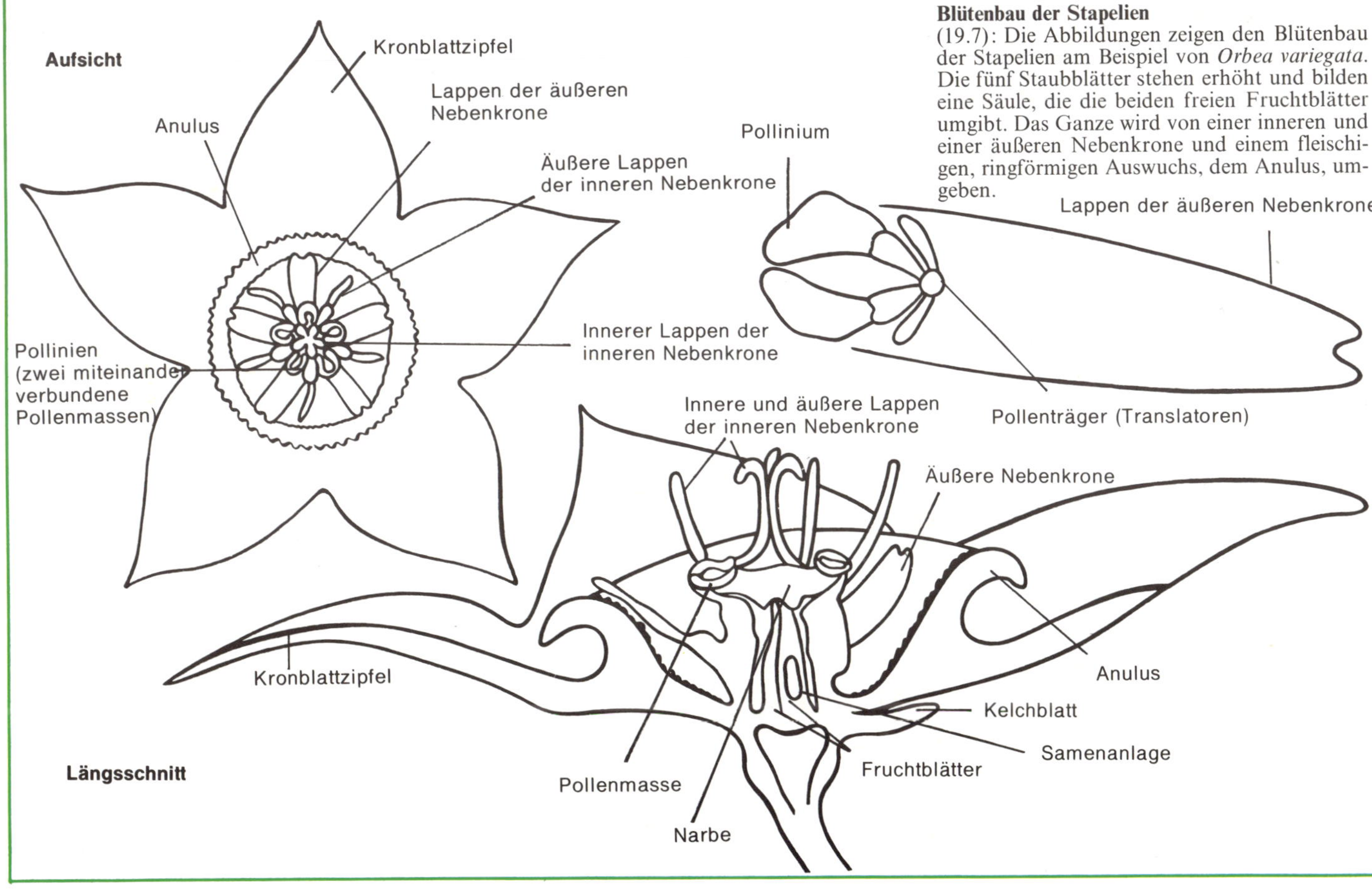

19: Asclepiadaceae

Aas, so daß schnell die notwendigen Bestäuber (meist Fliegen) angelockt sind. Einige Stapelien haben einen ringförmigen Auswuchs (Anulus) an der Blütenkrone, der bei einigen Arten der Gattung *Huernia* besonders stark entwickelt ist (19.9). Die Staubblätter sind zu einem hohlen, zylindrischen Körper, einer Säule oder Columna, vereint, der die beiden freien Fruchtblätter umgibt. Ganz unten in der Wölbung des Anulus liegen fünf zungenähnliche Blütenblätter – der äußere Blütenkronenkreis, darüber liegt der innere Kreis von Kronblättern, die bei *Orbea variegata* in fünf innere und fünf äußere Hörner auslaufen. Bei den *Crassula*-Blüten sind die Staubbeutel zweilappig und springen vertikal auf, so daß der staubfeine Pollen auf beiden Seiten wolkenähnlich verbreitet werden kann. Bei den Stapelien ist das nicht so: Der Inhalt jedes Staubblattes ist zu einem Pollinium zusammengeklumpt, die Pollinien benachbarter Staubblätter sind durch erhärtende Ausscheidungen paarweise verbunden.

Im Zentrum der Blüte sitzen zwei getrennte Fruchtblätter, die jedes zahlreiche, kleine Samenanlagen enthalten. Über den Fruchtblättern liegt eine starke Gewebeschicht, die die Spitzen der Fruchtblätter mit der Columna und den eingesenkten Staubblättern verbindet.

Wie werden Stapelien bestäubt? Die eigenartig geformten Auswüchse der beiden Blütenkronenkreise dienen als Wegweiser, so daß ein die Blüte untersuchendes Insekt schließlich auf die Columna im Zentrum stößt. Unerwünschte Besucher können nicht eindringen. Zwischen den einzelnen Lappen der inneren Blütenkrone befindet sich eine schmale, senkrechte Vertiefung. Diese Gruben (fünf bei jeder Blüte) sind der aufnahmefähige Ort für den Pollen. Die Pollinienpaare werden sehr leicht durch die Haare an den Insektenbeinen oder am Insektenrüssel aufgenommen; wenn das Insekt eine andere Blüte der gleichen Art erforscht, kann das Pollinienpaar in die Gruben fallen oder wird sogar dort abgestreift. Pollenschläuche wachsen dann nach innen zu den Fruchtblättern. Dieser Bestäubungsmechanismus ist sehr spezifisch, so daß ein Überhandnehmen der Hybriden verhindert wird, sogar dann noch, wenn verschiedene Arten dicht nebeneinander aufwachsen.

Nach der Befruchtung wachsen die Fruchtblätter zu einem Paar schlanker, zylindrischer Früchte (Bälge) heran, die bis zu 20 cm lang werden können. Jeder Balg platzt der Länge nach auf, und eine Wolke von Samen, jeder mit einem weißen Fallschirmchen aus Haaren wird entlassen.

Klassifikation. In der Vergangenheit legte man bei der Einteilung der Familie in verschiedene Gattungen großen Wert auf die Merkmale der Blütenkrone. Inzwischen weiß man, daß selbst innerhalb einer Art beträchtliche Abweichungen im Blütenbau auftreten können. Wir folgen mit unserer Einteilung der Stapelien Larry Leach, der diese Pflanzengruppe sehr genau untersucht hat. Zur Bestimmung der Arten sind die Blüten sehr wesentlich. Es bleibt einem bei nicht-blühenden Exemplaren gar nichts anderes übrig, als Stecklinge zu nehmen, diese anwachsen zu lassen und dann eventuell blühende Pflanzen anhand der Blüte zu bestimmen.

Insgesamt gibt es 400–450 Stapelien-Arten, von denen rund die Hälfte zu den beiden größten und verbreitetsten Gattungen, *Stapelia* und *Caralluma,* gehört. Die Arten der Gattung *Stapelia* stammen aus Südafrika (19.11,12). Nach Norden, in Richtung des tropischen Afrikas, kommt diese Gattung immer seltener vor. Die Gattung *Caralluma* kommt bis nach Nordafrika, Arabien und Indien und wagt sich sogar bis nach Europa vor. In Spanien findet man häufig *Caralluma europaea.* Die Blütengröße der Stapelien liegt zwischen wenigen Millimetern und etwa 30 cm (*Stapelia gigantea* 19.11).

Rechts (19.8): Aufplatzende Balgfrucht (ca. 10 cm lang) von *Stapelia.* Die Samen sind stark weißbehaart; sie keimen schon nach kurzer Zeit.

Unten (19.9): *Huernia zebrina* hat ca. 4 cm große Blüten. Der dicke Wulst und die kleinen „Zähnchen“ zwischen den Kronblättern sind typisch für diese Art.

19: Asclepiadaceae

Die Gattung *Orbea* (19.5) steht der Gattung *Stapelia* sehr nahe. Zu ihr gehört die größte und bekannteste Aasblume überhaupt, *Orbea variegata* (19.7). Diese Art, ihre robuste Cristata-Form und viele ihrer Cultivare und Hybriden passen sich gut den europäischen Haltungsbedingungen an. *Duvalia-*, *Huernia-* und *Piaranthus-*Arten sind hübsche, kräftige Pflanzen, die wenig Platz beanspruchen. Wegen ihrer überaus vielseitigen Blüten sind sie sehr beliebt. *Huernia-*Blüten haben zwischen jedem Kronblattpaar noch je ein winziges, zweites Kronblatt (19.9).

Die Gattung *Stapelianthus* kommt aus Madagaskar und braucht daher bei uns sehr viel zusätzliche Wärme. Die schönen *Edithcolea-*Arten (19.10) kommen aus Ostafrika und Socotra. Diese Gattung besitzt unbestreitbar die schönsten Blüten der Stapelien. In Kalifornien habe ich sie schon wachsen und blühen sehen – in Europa jedoch bringt sie die Liebhaber zur Verzweiflung.

Hoodia (5.9, 19.13), *Tavaresia* und *Trichocaulon* bilden eine gesonderte Gruppe mit ihren ziemlich festen, grau- oder purpursamtenen Trieben, mit den unregelmäßig verstreuten Warzen, die ihrerseits oft eine Borstenkrone tragen. Nur bei ganz wenigen Arten sind die Warzen in Rippen angeordnet. Alle drei Gattungen sind ausgesprochene Xerophyten und äußerst empfindlich gegen Überwässern. *Trichocaulon* hat winzige, unauffällige Blüten, *Hoodia* flache, scheibenförmige, besonders auffallende und *Tavaresia* glockenförmige von äußerst ungewöhnlichem Aussehen.

Pseudolithos und *Whitesloanea* sind Raritäten aus Ostafrika (7.2). Leider wurde hier die Flora schon so stark zerstört, daß man annimmt, daß die Gattung *Whitesloanea* in freier Natur schon ausgestorben ist. Von *Pseudolithos cubiformis* waren, als das Buch geschrieben wurde, keine Standorte bekannt. *Pseudolithos migiurtinus* ist noch in Kultur zu finden, führt hier aber ein „unsicheres" Leben. Auf *Ceropegia* gepfropft kann man diese Art aber ganz gut in Kultur halten.

Haltung und Pflege

Einige Stapelien wie *Hoodia* (19.13) wachsen in der prallen Wüstensonne und sind außerordentlich beständig gegen Trockenheit. Die meisten Stapelien-Arten suchen jedoch den Schatten und verstecken sich unter Sträuchern, so daß sie oft gar nicht zu sehen sind. Für denjenigen, der sie sucht, wird „Sträucher lüften" zur zweiten Natur. In Kultur sollte man sehr behutsam mit ihnen umgehen. Wenn einige Arten auch ähnlich robust wie *Orbea variegata* sind, die auf einer sonnigen Fensterbank oder in einem kühlen Haus zusammen mit Kakteen gedeiht, scheinen sich doch die meisten Arten bei mindestens 10°C im Winter wohler zu fühlen. Stapelien sind anfälliger gegen Fäulnis als alle anderen Sukkulenten. Fäulnisbefall äußert sich entweder in weichen, dunklen Flecken

Oben (19.10): *Edithcolea grandis* stammt aus Ostafrika und Socotra. Die Blüten sind ca. 10 cm groß und sehr schön gemustert und gefärbt. Diese Art ist sehr wärmeliebend.

Unten (19.11): *Stapelia gigantea* besitzt die größten Blüten der Stapelien, sie sind 30–45 cm groß. Die abgebildete Blüte ist ungewöhnlich blaß.

Oben (19.12): *Stapelia leendertziae* hat bräunliche, 8 cm lange, glockenförmige Blüten, die jedoch einen besonders starken Aasgeruch verbreiten.

Unten (19.13): *Hoodia gordonii* an ihrem Standort in Südwestafrika. Für gewöhnlich sind die Blüten etwas flacher als die hier abgebildeten. *Hoodia* verträgt pralle Sonne.

oder braunen Verfärbungen und einem Austrocknen an der Basis der Triebe, so daß ein großes Exemplar schnell auf eine Handvoll Stecklinge reduziert ist. Man muß diese empfindlichen Pflanzen daher regelmäßig nachsehen. Sobald sich Fäulnis zeigt, sollten die befallenen Stellen bis auf das grüne Gewebe zurückgeschnitten werden. Die Schnittfläche muß dann mit Schwefelblüte oder einem anderen Fungizid bestäubt und trocken und luftig gehalten werden, bis die Schnittwunde ausgeheilt ist. Manchmal wird auch empfohlen, während der Vegetationszeit mit Fungiziden von oben zu gießen, um einem Befall vorzubeugen. Seltene Stücke pfropft man am besten auf *Ceropegia woodii*.

Die Anzucht aus Samen ist nicht sehr schwierig, man muß nur sehr sorgsam sein und etwas Geduld besitzen. *Hoodia-, Tavaresia-* und *Trichocaulon*-Arten lassen sich weitaus besser durch Samen vermehren als durch Stecklinge, da sich diese nur sehr schwer bewurzeln. Die Samen können innerhalb von drei bis vier Tagen auskeimen und meist schon nach einem Jahr einzeln eingetopft werden.

20: Euphorbiaceae

Wolfsmilchgewächse

Die Euphorbiaceen bilden eine große, weitverbreitete Pflanzenfamilie, bei der Sukkulenz nur eine von vielen Seiten ist. Man schätzt sie auf etwa 300 Gattungen und über 5000 Arten, von denen die Gattung *Euphorbia* allein schon etwa 2000 auf sich vereint. In Europa ist diese Familie nur durch eine Handvoll kleiner, ein- oder mehrjähriger Unkräuter bekannt, z. B. die Wolfsmilch (*Euphorbia*) und das Bingelkraut (*Mercurialis*). Die meisten Euphorbiaceen sind jedoch tropische, holzige Sträucher und Bäume, zu denen auch die wirtschaftlich nutzbaren kautschukhaltigen Gattungen *Hevea* und *Manihot* und der *Ricinus* gehören. Ein gemeinsames Merkmal aller Wolfsmilchgewächse ist der klebrige, weiße Saft (Latex), der bei Verletzungen der Pflanzenoberfläche austritt. In den meisten Fällen ist dieser Milchsaft giftig und schützt die Pflanze vor dem Verbiß von Tieren. Die Blüten (20.4) sind immer eingeschlechtlich, sehr klein und einfach gebaut. Die dreilappige Kapselfrucht zerspringt bei der Reife in drei Teile, von denen jeder einen Samen freisetzt.

Euphorbiae

Der Blütenstand der Euphorbien sieht aus wie eine einzige, große Blüte, ist aber wie der der Korbblütler aus vielen Einzelblüten zusammengesetzt. Sehen wir uns einmal die Blüten unseres Christusdorns *Euphorbia milii* (*splendens*) (20.6) etwas genauer an: Die beiden roten Blätter sind keine Blütenblätter, sondern farbige Deckblätter, die in ihrer Achsel je eine ruhende Knospe tragen, die später austreibt und den Blütenstand erweitern kann. In der Mitte dieser beiden Deckblätter sitzt eine einzige weibliche Blüte, die auf einen dreilappigen Fruchtknoten mit einem dreilappigen Griffel und einen kurzen Blütenstiel (Pedicellus) reduziert ist. Sie wird von fünf Gruppen ebenfalls gestielter männlicher Blüten umgeben, die auf das Notwendigste – ein Staubblatt mit zwei Pollen tragenden Staubbeutellappen, das durch eine Einschnürung vom Blütenstiel abgesetzt ist – reduziert sind. Die männlichen Blüten sind mit vereinzelten Haaren besetzt und von einer tassenförmigen Hülle (Involucrum) umgeben, die einen Fadenbesatz und Honigdrüsen an der Spitze trägt. Einen solchen Blütenstand nennt man Cyathium (lat. cyathus = Becher).

Die ca. 2000 Euphorbien-Arten sind weltweit verbreitet, und es gibt die verschiedensten Wuchsformen: von kleinen, einjährigen Unkräutern über größere krautartige Pflanzen zu Sträuchern und tropischen Bäumen. Unter den nichtsukkulenten Arten gibt es viele winterharte Pflanzen für den Garten (*Euphorbia characias, Euphorbia cyparissias*) und für die Fensterbank (*Euphorbia pulcherrima* mit großen, roten Deckblättern). In Mittel- und Südafrika gibt es jedoch sehr viele unterschied-

Unten links (20.1): *Euphorbia neohumbertii* hat feste Stacheln und eigenartige Borstenfransen. Bemerkenswert sind die breiten Narben an den Stellen, an denen die flachen sich jährlich erneuernden Blätter abgefallen sind.

Unten (20.2): *Euphorbia cooperi*, eine Baumeuphorbie aus Nordtransvaal. Jedes Blattgelenk steht für ein Jahr Wachstum. Die Stachelpaare sind umgewandelte Blattansätze.

20: Euphorbiaceae

Wolfsmilchgewächse (Euphorbiaceae) – Übersicht über die sukkulenten Stämme und Gattungen

Blütenstand diachsiale Thyrse; Blüten getrennt, nicht in gemeinsamer Hülle (Involucrum)	Blütenstand Cyathium: eine weibliche Blüte wird von mehreren männlichen Blüten umgeben. Das Ganze sitzt in einer röhrig verwachsenen Hülle aus Hochblättern.	
Tribus 3 **Jatropheae**	Tribus 8 **Euphorbieae**	
	Cyathium mit vertikaler und horizontaler Symmetrieachse	Cyathium zygomorph, nur mit vertikaler Symmetrieachse

Tribus 3
Jatropha ligarinthoides

Tribus 8
Monadenium coccineum

Tribus 8
Euphorbia milii

Tribus 3 **Jatropheae** Jatropha	Tribus 8 **Euphorbieae** Euphorbia Synadenium	Tribus 8 **Euphorbieae** Endadenium Monadenium Pedilanthus

liche, xerophytische Euphorbien in allen Größen. Nach Jacobsen (1975) soll es in diesem Gebiet 493 verschiedene Arten geben.
Einige von ihnen sind caudiciform, der größte Teil jedoch stammsukkulent; Blattsukkulenz kommt seltsamerweise nur bei ein oder zwei Zwergarten von *Euphorbia cylindrifolia* und *Euphorbia decaryi* (20.7) vor. Bei den anderen Arten sind die Blätter flach, ganzrandig, oft auf eine grasähnliche Spreite oder zu Schuppen reduziert und fallen mehr oder weniger jährlich ab. Trotz der vielfältigsten Wuchsformen bleiben die Cyathien stets gleich (20.5), nur die Farbe und die Form der umhüllenden Deck- oder Hochblätter variiert stark. Die kleinen Euphorbien-Blüten halten sich außerordentlich lang, immer wieder öffnen sich neue Cyathien. Einige Arten sind zweihäusig, so daß der Liebhaber, der Samen haben will, eine männliche und eine weibliche Pflanze dieser Art braucht.

Rechts (20.3): Die eigenartigen Cyathien von *Euphorbia globosa:* Was wie Kronblätter aussieht, sind die stark vergrößerten, dreilappigen Drüsen des Involucrums.

Unten (20.4): *Euphorbia horrida* aus der Karru Südafrikas straft die allgemeine Vorstellung Lügen, Euphorbien-Blüten wären nicht attraktiv.

20: Euphorbiaceae

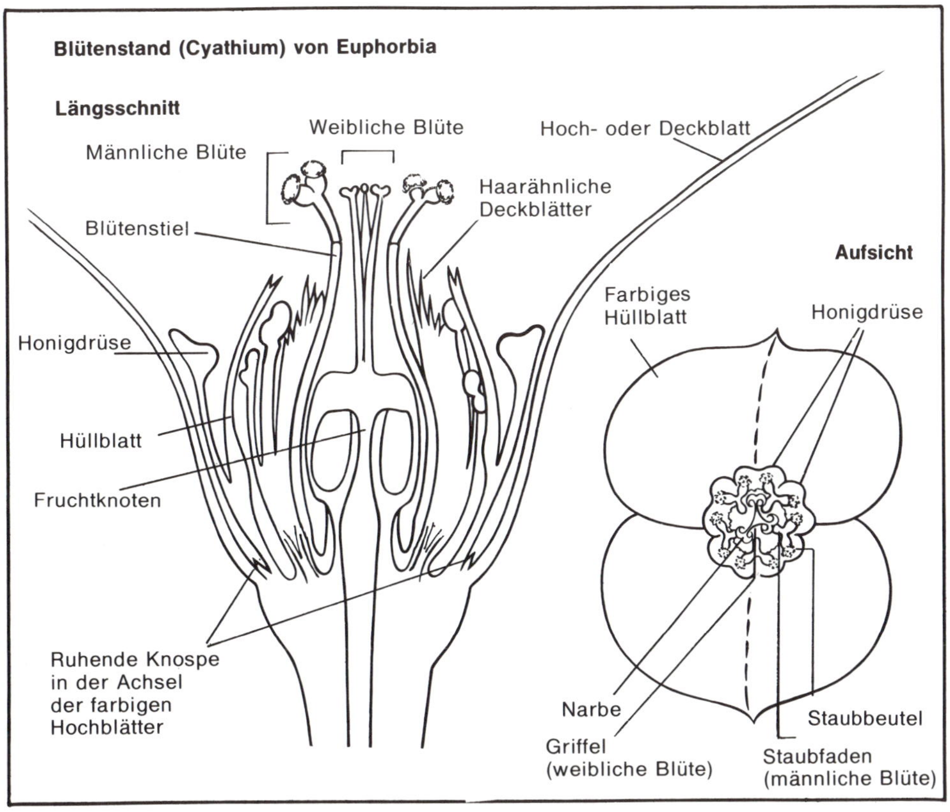

Eine lange Geschichte. Der kautschukhaltige Milchsaft der Euphorbien wird in besonderen, verzweigten Milchsaftröhren transportiert, die die ganze Pflanze durchziehen. Obwohl der giftige Saft die Pflanze unzweifelhaft gegen weidende Tiere schützt, sind die verzweigten, überallhin führenden Milchsaftröhren dafür verantwortlich, daß sich Infektionskrankheiten der Pflanze sehr schnell ausbreiten können. Sind erst einmal Bakterien oder Pilze in die Milchsaftröhren eingedrungen, so ist die Pflanze zum Tode verurteilt.

Die erste sukkulente Euphorbie – wahrscheinlich *Euphorbia resinifera* 20.9 – wurde von König Juba II. aus Mauretanien

Links (20.5): Die „Blüte" der Wolfsmilch ist ein ganzer Blütenstand (Cyathium), der aus einer stark reduzierten weiblichen Blüte und mehreren ebenfalls stark reduzierten männlichen Blüten besteht. Deck- (Hoch-)blätter und Nebenkronenblätter bilden eine Hülle (Involucrum) außen herum.

Unten (20.6): *Euphorbia milii*, der Christusdorn, stammt aus Madagaskar. Diese beliebte Zimmerpflanze blüht das ganze Jahr über.

im ersten Jahrhundert v. Chr. auf dem Berg Atlas entdeckt. Er benannte die gefundene Pflanze nach seinem Arzt Euphorbus *Euphorbia*.

Euphorbia. Einige Euphorbien sind „unbewehrt“, andere dagegen haben die verschiedensten Abwehreinrichtungen ausgebildet. Es empfiehlt sich daher, die Arten danach einzuteilen, ob sie Stacheln, Dornen oder andere wehrhafte Fortsätze haben. Beim Sammler sind so viele Arten beliebt, daß eine spezielle Auswahl unmöglich zu treffen ist.

Beginnen wir mit den unbewehrten Arten: Hier eignet sich *Euphorbia bubalina* besonders gut für den Anfänger. Diese Art wächst schnell, hat einen kräftigen, aufrechten, grünen Stamm, der mit flachen Warzen und bis zu 10 cm langen, lanzenförmigen Blättern bedeckt ist, die in einer endständigen, lockeren Rosette angeordnet sind. Sie wächst schließlich zu einem kleinen Strauch aus, ist selbstbefruchtend und sät sich aus, wo sie nur kann. Eine andere langlebige und problemlose Art ist *Euphorbia globosa* mit Ketten walnußförmiger Stammglieder und langen, schlanken Blütenständen, aus deren Hüllen seltsame, handförmige Auswüchse (20.3) kommen. Bei beiden Arten bleiben die abgetrockneten Stengel der Blütenstände stehen und deuten damit an, daß sich Dornen entwickeln.

Die „Medusenhaupteuphorbien“ bekamen ihren Namen von der zuerst entdeckten *Euphorbia caput-medusae* aus dem Kap-Gebiet in Südafrika (5.6): Auf einem massigen, keulenartigen Stamm sitzt eine Krone dicker, gewundener, schlangenähnlicher Triebe. *Euphorbia woodii* (*flanaganii*) ist eine kleinere sehr beliebte Art (20.8)

Oben (20.7): *Euphorbia decaryi*, ein Juwel für den Liebhaber von Zwergpflanzen aus Madagaskar. Sie liebt ganzjährig Wärme.

Unten (20.8): *Euphorbia woodii* aus Natal, eine Medusenhauptwolfsmilch mit langen Trieben auf einem keulenförmigen Stamm.

mit zwei cristatbildenden Cultivaren: eine mit verbändertem Hauptstamm und normalen Zweigen, die andere wächst aus einem cristatabesetzten Seitentrieb und ist stammlos. *Euphorbia bupleurifolia, Euphorbia obesa* und *Euphorbia suzannae* sind sehr geschätzte, kugelige, zweihäusige Zwergarten. Die beiden erstgenannten treiben nur aus, wenn sie verletzt werden, die Vermehrung ist nur mit Samen möglich. *Euphorbia bupleurifolia* und *Euphorbia suzannae* sind mit Warzen bedeckt, *Euphorbia obesa* (20.10) ist glatt, rot-braun mit Streifen und acht flachen Rippen.

Bei den Pflanzen mit Stacheln gibt es eine große Gruppe brombeerartiger Sträucher aus Madagaskar, deren bekanntester wohl *Euphorbia milii* (*splendens*), der Christusdorn, ist. Die großen Stachelpaare können umgebildete Blattansätze sein oder aber direkt aus der Stammoberfläche wachsen. *Euphorbia milii* (20.6) blüht in trockener, warmer Zentralheizungsluft fast das ganze Jahr über. Ein Nachteil sind die ständig abfallenden, welken Blätter.
Die Dornen der Euphorbien (2.13) sind bei *Euphorbia meloformis* (*valida*) als alte, vertrocknete Blütenstände zu erkennen, bei denen noch die Reste der Cyanthien zu sehen sind. *Euphorbia meloformis* ist eine zweihäusige, seit langem beliebte Art, die auf den ersten Blick einem *Echinocactus* ähnelt. Die Dornen von *Euphorbia ferox, Euphorbia pentagona* und *Euphorbia mammillaris* sind so fein wie Nadeln, und nur noch die winzigen, gerade noch erkennbaren Schuppen sind ein Beweis ihres Entstehens aus einem Blatt. Ganz eigenartige Dornbildungen gibt es bei *Euphorbia columnaris* (20.12), einer Rarität aus Nordsomalia, bei der jeder Dorn zweigeteilt ist, und bei *Euphorbia stellaespina,* bei der jeder Dorn vier oder mehr sternförmig angeordnete Spitzen hat.
Sehr viele Euphorbien haben an der Blattbasis paarige Fortsätze aus umgebildeten Blattansätzen entwickelt (20.2). Zu ihnen gehören alle hohen Bäume, wie *Euphorbia ingens* aus Südafrika, sowie mittlere bis große Sträucher wie *Euphorbia avasmontana* und *Euphorbia memoralis. Euphorbia candelabrum* var. *erythraea* ist wegen der vierfach abgewinkelten Stämme mit den leicht welligen Rändern sehr beliebt. In große Töpfe gepflanzt, eignen sie sich gut für Büros, die der Sonne zugewandte Spiegelglasfenster haben. In einem kleinen Gewächshaus beanspruchen sie viel zu viel Platz, und das Interesse des Liebhabers wird sich daher auf die kleineren Arten konzentrieren. Hier sind besonders *Euphorbia aeruginosa* mit ihren auffällig gemusterten Stammgliedern und *Euphorbia tortirama* mit den ausgefallenen Spiralrippen hervorzuheben. *Euphorbia grandicor-*

Links (20.9): *Euphorbia resinifera* bildet Sträucher, die auch ohne gärtnerische Pflege ein schön geformtes Aussehen erhalten.

Unten (20.10): *Euphorbia obesa* hat eine fast kugelförmige Gestalt und eine Zeichnung wie ein Fußball. Diese Art ist zweihäusig, die abgebildete Pflanze ist eine weibliche.

nis fällt durch ihre drohenden Stacheln auf, die bis zu 10 cm lang werden. Diese Art wächst jedoch sehr schnell und wird sehr groß, so daß sie für das Gewächshaus nicht geeignet ist. Zudem ist sie auch noch heikel in der Haltung und Pflege. Schließlich sind noch einige seltsame Arten aus Madagaskar zu erwähnen, deren Blattansätze zu Fransen oder Kämmen entwickelt sind, die wie Rippen die Sprosse herablaufen. Beispiele hierfür sind *Euphorbia leuconeura* (20.14) und *Euphorbia neohumbertii*. Hübsche Zwergpflanzen sind *Euphorbia francoisii* und *Euphorbia decaryi* (20.7). Die Nachfrage nach diesen – eher für den erfahrenen Pfleger geeigneten – Arten übersteigt jedoch das Angebot.

Weitere Gattungen. Zur Gattung *Synadenium* gehören zwei afrikanische Straucharten mit zylindrischen, fleischigen Zweigen und großen, dünnen Blättern, die jährlich abfallen. Beide *Synadenium*-Arten eignen sich gut als Zimmerpflanzen, aber Vorsicht, ihr Milchsaft ist giftig! Auch die *Pedilanthus*-Arten haben einen zylindrischen, unbestachelten, fleischigen, grauen Stamm, der meist viel verzweigt ist. Die winzigen Blätter fallen jährlich ab. *Pedilanthus* ist in den wärmeren Teilen Amerikas beheimatet und umfaßt sechs Arten. Das äußerst zygomorphe Cyathium hat die Form eines Schuhs, ein Merkmal, das auch die Gattung *Monadenium* (20.11) aus der Alten Welt aufweist. Die Gattung *Monadenium* besitzt sehr viele Parallelen zu *Euphorbia*. Sie stammt aus dem tropischen Afrika und aus Ostafrika und braucht daher in Kultur sehr viel Wärme. Ihre Arten, unter denen einige mit bemerkenswert prachtvollen Blütenköpfen (21.16) sind, sind aber eher etwas für den Spezialisten als für den Anfänger. In Kapitel 21 werden wir auch noch die caudiciformen *Monadenium*-Arten kennenlernen.

Haltung und Pflege

Als erstes ist all denjenigen, die sich Euphorbien halten oder halten wollen, ans Herz zu legen, diese Pflanzen wie Löwenjunge zu behandeln – mit Respekt. Der weiße Milchsaft, der bei jeder Verletzung der Pflanze hervorspritzt, reizt die Haut und ist bei einigen Arten sogar so giftig, daß man ihn zum Betäuben von Fischen oder gar als Pfeilgift verwendet. Jeder Spritzer, der auf die Haut kommt, sollte sofort abgewaschen werden. Beim Beschneiden der Euphorbien vorsichtig vorgehen, damit kein Saft in die Augen spritzt oder sich unter den Fingernägeln festsetzt. Ein empfohlenes Gegengift ist der aus den Blättern von *Aeonium lindleyi* gepreßte Saft.

Die Kalifornier behaupten, Euphorbien seien die am leichtesten zu haltenden Sukkulenten. Das mag für diesen Landstrich gelten, in allen anderen Ländern aber stellen diese Pflanzen an den Pfleger viel größere Anforderungen als eine vergleichbare Kakteensammlung. Im Winter sollte die

Oben (20.11): *Monadenium coccineum*. Sie unterscheidet sich durch ihre zygomorphen Cyathien von der Gattung *Euphorbia*. *Monadenium* ist leicht zu halten und zu vermehren.

Unten (20.12): *Euphorbia columnaris*, eine ganz seltene Wolfsmilch, von der nur noch knapp 100 Pflanzen in Nordsomalia wachsen. Besonders auffällig die Y-förmigen Dornen.

Haltungstemperatur mindestens 10 °C betragen, die seltenen Stücke aus dem tropischen und östlichen Afrika müssen es noch wärmer haben. Im Sommer brauchen einige Arten sehr viel Wasser, sie scheinen aber gegen Fäulnis, die sich sehr schnell über die ganze Pflanze ausbreitet, nicht gewappnet zu sein, so daß es sehr schwierig ist, von einer befallenen Pflanze überhaupt noch Stecklinge zu retten. Am besten pflanzt man die Euphorbien in besonders durchlässige Erde und gießt stets sparsam und sorgfältig. Bei schlechtem und kaltem Wetter sollte man das Wässern ganz lassen. Die Vermehrung erfolgt durch Samen – der jedoch immer etwas knapp ist – und durch Stecklinge, die jedoch nur langsam und widerwillig Wurzeln schlagen. Man braucht daher bei der Haltung und Pflege und der Aufzucht der Euphorbien sehr viel Geduld und Ausdauer.

Euphorbien lassen sich auch gut pfropfen. Eine gute Unterlage bietet *Euphorbia mammillaris*.

Ich arbeite immer in der Nähe eines Wasserhahnes und bringe die beiden Schnittflächen erst zusammen, wenn der weiße Milchsaft völlig abgewaschen ist.

Von *Euphorbia obesa* und *Euphorbia meloformis* sind auch schon sehr schöne Hybriden gezogen worden.

Oben (20.13): *Euphorbia schizacantha*, eine Rarität aus Somalia und Äthiopien. An den schön gesprenkelten, reich verzweigten Stämmen sitzen gespaltene Dornen.

Unten (20.14): *Euphorbia leuconeura* aus Madagaskar, eine Verwandte des Christusdorns. Die Fransen an den Stammachseln sind umgewandelte Blattansätze.

21: Caudiciformes

Wurzel- und Strunksukkulenten

Das gemeinsame Merkmal der in diesem Kapitel zusammengefaßten Pflanzen ist die scharfe Trennung zwischen zeitweilig Nahrung bildenden Organen (grüne Blätter oder Sprosse), die sich in für das Wachstum günstigen Perioden entwickeln, und dauerhaften, nicht-grünen, gut geschützten Wasser- und Nahrungsspeichern zu ebener Erde oder darunter, mit denen die Pflanze lange Trockenperioden überdauern kann. Präziser läßt sich die Definition der Caudiciformes nicht fassen.
Diese „Wurzelsukkulenz“ hat sich unterschiedlich stark in vielen Blütenpflanzenfamilien entwickelt und ist für keine typisch. Aus diesem Grund führen wir hier auch keinen Schlüssel auf. Welche Pflanze man nun zu den Sukkulenten rechnet und welche nicht, bleibt weitgehend jedem selbst überlassen.
Ein großer Teil der Flora in allen Klimazonen der Welt entwickelt vergrößerte unterirdische Organe, die sichtbar werden, wenn man sie in Kultur oberirdisch anpflanzt. Andere Pflanzen kann man dazu bringen, vorübergehend caudiciform zu werden, wenn man sie besonders behandelt: kleine Töpfe, magere Erde, wenig Wasser und überlegtes Ausschneiden.

Anacardiaceae

Zu dieser ziemlich großen, vornehmlich tropischen Familie gehören der Mangobaum *Mangifera* und einige winterharte Ziersträucher wie der Sumach *Rhus*. Die kleinen Anacardiaceae-Arten sind bei Sammlern, die Zwergformen vorziehen, sehr beliebt (21.11).

Apocynaceae

Hierzu gehören zwei südafrikanische *Pachypodium*-Arten, bei denen sich der größte Teil der Pflanze den Blicken entzieht: der massige, rübenartige Caudex sitzt tief in dem felsigen Untergrund und ist kaum auszugraben. Das Gewirr bestachelter Sprosse über der Erde dagegen ist ziemlich unscheinbar. *Pachypodium succulentum* (21.4) hat enge Röhrenblüten, die Blüten von *Pachypodium bispinosum* haben die Form dickbauchiger Glocken.

Rechts (21.1): *Pachycormus discolor* ist nur in Niederkalifornien heimisch. Im Vordergrund sieht man noch einen säulenförmigen *Lophocereus* und einige Agaven.

21: Caudiciformes

21: Caudiciformes

Asclepiadaceae

Die caudiciformen *Ceropegia*-Arten haben das unterschiedlichste Aussehen. Bei einigen Arten sterben die schlanken Triebe in der Ruhezeit ab, so daß nur der Caudex übrigbleibt, oberirdisch aber gar nicht mehr zu sehen ist; z.T. sind sie aber auch immergrün.
Am unempfindlichsten und beliebtesten sind *Ceropegia woodii* (4.14) mit rundlich dicken, grauen und purpurfarbenen, kurzstieligen, efeuartigen Blättern und ihre Unterart *Ceropegia woodii debilis* mit ihren grasähnlichen Blättern. *Ceropegia woodii* bildet entlang der kriechenden Triebe neue Knollen, so daß diese Art und ihre Unterart sich sehr leicht in Kultur vermehren lassen. Die großen Knollen sind auch eine ideale Pfropfunterlage für die zarten und heiklen Stapelien.
Alle *Brachystelma*-Arten sind caudiciform. Die Blüte ist meist flach, mit unter sich freien, an den Spitzen nicht verwachsenen Kronlappen. Eine Ausnahme bildet *Brachystelma barberia* (21.5), die einen 8–12 cm großen Knäuel aus dunkelpurpurfarbenen Blüten besitzt, deren Duft man mit höflichen Worten nicht beschreiben kann.
Caudiciforme *Fockea*- und *Rhaphionacme*-Arten werden sehr alt; der unterirdische Caudex kann viele Kilogramm schwer werden. Die Knolle von *Fockea crispa* (21.2) trägt ein Gewirr dünner, kriechender Sprosse mit kleinen, dünnen, glänzend-grünen Blättern, die an den Spitzen

Rechts (21.2): *Fockea crispa* besitzt einen massigen, basalen Caudex, der 3 m im Durchmesser erreichen soll. Die Blätter sind an den Rändern gekräuselt.

Unten (21.3): *Ceropegia conrathii*, eine seltene Art aus Südafrika aus der Gegend von Johannesburg. 1971 fand der Autor diese Art auch schon in Natal.

Oben (21.4): Der rübenartige Caudex von *Pachypodium succulentum* ist in der Erde verborgen. Die dünnen Triebe fallen nur auf, wenn sich die weißen Blüten öffnen.

Unten (21.5): *Brachystelma barberae*, eine sehr schöne caudiciforme Asclepiadacee. Die laternenförmigen, stinkenden Blüten bilden einen ca. 12 cm großen Knäuel.

eingerollt sind. Eine Vermehrung ist nur durch Samen möglich. Andere *Fockea*-Arten lassen sich auch oft durch Stecklinge vermehren.

Burseraceae

Einige *Bursera*-Arten (21.24) sehen fast so aus wie *Pachycormus*-Arten. Beide Gattungen kommen auch oft zusammen vor. Eine gleichartige Gattung aus Afrika ist *Commiphora*. Die meisten Pflanzen dieser Familie sind würzig, einige liefern auch wirtschaftlich nutzbare Harze.

Cochlospermaceae

Diese kleine, aus zwei Gattungen tropischer Bäume und Sträucher bestehende Familie sei hier nur erwähnt, weil bei einigen Arten die jungen Stämme anschwellen und die Sämlinge schöne Zwergsukkulenten ergeben, z. B. *Cochlospermum hibiscoides*. Die großen, dünnen Blätter sind gelappt und fallen während der Ruhezeit ab. Die Vermehrung erfolgt durch Samen.

Compositae

Nachdem wir nun schon die blatt- und stammsukkulenten Korbblütler behandelt haben (siehe Seite 112 und Seite 170), bleiben noch die zwergwüchsigen, straucharti-

gen, caudiciformen *Othonna*-Arten übrig. Bei einigen von ihnen liegt der Caudex fast oder vollständig unter der Erde, andere dagegen haben Luftwurzeln ausgebildet. Letztere Arten überläßt man am besten dem Fachmann, denn diese Pflanzen mit den kleinen gelben Blütenköpfchen (rot bei *Othonna cakilefolia*) halten sich nicht sehr leicht über längere Zeit. Die interessantesten Arten sind wohl *Othonna euphorbioides* (21.12) mit kaktusähnlichen Büscheln sich z. T. gabelnder Dornen und *Othonna herrei*, eine Rarität mit korallenartigen, warzigen Zweigen (21.10). In Europa treiben die *Othonna*-Arten im November aus. Man stellt sie am besten hell und warm und gießt sie so lange, bis sie um Neujahr herum ausgeblüht haben. Ansonsten genügt ein leichtes Einnebeln, damit die Wurzeln nicht völlig austrocknen.

Convolvulaceae

Die Familie der Winden, der Schrecken der Gärtner und Hobbygärtner, versöhnt durch die herrlichen, großen Prunkwinden der Gattung *Ipomoea*. Einige südafrikanische *Ipomoea*-Arten, mit großem unterirdischem Speicherorgan sind mehrjährig und eignen sich gut für die Gewächshaushaltung. *Ipomoea bolusiana* und *Ipomoea holubii* treiben jedes Jahr schlanke Triebe aus. Im Sommer wachsen nahe der Basis malvenfarbene Blüten hervor.

Crassulaceae

Obwohl diese Familie vorwiegend blattsukkulente Arten umfaßt, neigen drei der größten Gattungen dazu, im Stamm und in den Wurzeln Wasser zu speichern. Auf *Sedum rosea* (21.7) haben wir schon hingewiesen. Diese Art ist auf der nördlichen Halbkugel bis zum Polarkreis heimisch und gehört somit zu den widerstandsfähigsten und anpassungsfähigsten Sukkulenten. Bei der Gattung *Crassula* gibt es Arten, wie *Crassula septas* (21.9), die jährlich ihre Blätter abwerfen und mit einem Alpenveilchenähnlichen Kormus überleben.

Cucurbitaceae

Diese Familie, die unsere Gärten mit Eierkürbissen, Gurken, Melonen und Zierkürbissen versorgt, ist überreich an Kuriositäten. In den Halbwüsten Mittelamerikas und Südafrikas treten außergewöhnliche

Unten (21.6): *Kedrostis africana* bildet einen massigen, halb unterirdischen Caudex. Dieser hier stammt von einem Sämling und ist ca. 20 cm im Durchmesser.

Ganz unten (21.7): *Sedum rosea*, hier in einer Felsspalte in Schottland. Man vergleiche diese Pflanze mit der robusten Gartenpflanze auf Abb. 10.1.

caudiciforme Arten auf. Jacobsen nennt 19 caudiciforme Gattungen – man könnte jedoch noch einige weitere hinzufügen. Die Gattung *Xerosicyos* haben wir schon als Blattsukkulente kennengelernt. *Kedrostis* ist wohl typisch für die meisten und häufigsten caudiciformen Kürbisgewächse. *Kedrostis nana* ist auf der Kaphalbinsel heimisch und daher an ein ziemlich feuchtes Klima gewöhnt, das dem europäischen ähnelt. Sukkulente Kürbisgewächse neigen dazu, meterlange rankende Triebe zu bilden, die im Gewächshaus sehr viel Platz beanspruchen. Die kleinen Blüten sind ge-

Links (21.8): Ein ca. 5 Jahre alter Sämling von *Dioscorea* (*Testudinaria*) *elephantipes* mit gewürfeltem, 10 cm großem Caudex und zaunrübenähnlichem Blattwerk.

Unten (21.9): *Crassula septas* im Halbschatten der Hänge des Tafelberges. Die Pflanze stirbt jährlich bis auf einen unterirdischen Caudex ab.

trenntgeschlechtlich, die Früchte überaus prächtig. Einige Arten sind zweihäusig. Der Caudex von *Neoalsomitra* hat lange grüne Stacheln und sieht aus wie eine große Roßkastanien-Schale. Der Riese unter den caudiciformen Kürbisgewächsen ist *Dendrosicyos*, der an seinem natürlichen Standort in Socotra bis zu 6 m hoch werden soll.

Dioscoreaceae

Der Elefantenfuß *Dioscorea* (*Testudinaria*) *elephantipes* ist derart faszinierend, daß ich versucht bin, jenes abgedroschene Klischee zu gebrauchen: „Ein Muß für jede Sammlung!" Der auskeimende, große Flügelsamen bildet im ersten Jahr einen 1 cm großen, kugeligen Caudex mit einem herzförmigen, grünen Blatt. Danach folgen schlanke, kletternde Triebe, die der Schmerwurz *Tamus* ähneln. Wenn die „Kugel" größer wird, entwickelt sie korkartige, mehreckige Warzen (21.8). In freier Natur kann der Elefantenfuß sehr alt und über einen Meter dick werden. Die Pflanzen sind zweihäusig. Drei andere, kaum weniger prächtige Arten bilden einen ebenfalls mehr oder weniger weit über der Erde wachsenden Caudex. Bei den über 600 restlichen Arten liegt das Speicherorgan unterirdisch, wie bei der eßbaren Yamswurzel. Der oberirdische Caudex hat sich bei *Dioscorea elephantipes*, *Dioscorea glauca*, *Dioscorea sylvatica* aus Südafrika und *Dioscorea macrostachys* aus Mexiko entwickelt.
Der Elefantenfuß ist gar nicht so schwer zu halten, wie man immer glaubte, und es besteht auch gar kein Grund, die natürlichen Standorte zu plündern und große Pflanzen einzuführen. Unter optimalen Bedingungen lassen sich herrliche, fußballgroße und ausstellungsreife Exemplare aus Samen in 10 bis 15 Jahren ziehen. Die Luftwurzeln lieben die volle Sonne, den Caudex hält man aber besser im Schatten und sorgt im Sommer, oder solange die Pflanzen Blätter tragen, für ständiges Wässern. Auch in der Ruhezeit sollte der Caudex nicht zu sehr austrocknen, also hin und wieder einmal einnebeln.

Euphorbiaceae

Die sukkulenten Wolfsmilchgewächse sind in ihren Lebensformen so mannigfaltig, daß es nicht überrascht, wenn auch sie die Vorteile eines unterirdischen Wasserspeichers nutzen. Von den *Euphorbia*-Arten (21.25) sind es *Euphorbia tuberosa* am Kap, *Euphorbia trichadenia* aus Angola und *Euphorbia baga* aus dem tropischen Westafrika, um nur drei zu nennen. Aus

Oben (21.11): Sämling von *Pachycormus discolor*. Der Caudex wächst vollkommen oberirdisch. Kleine Pflanzen sind begehrte Sammelobjekte. Diese Pflanze hier ist etwa 48 cm hoch.

Rechts (21.12): *Othonna euphorbioides*, die kaktusähnlichste aller sukkulenten Korbblütler. Die zweigartigen Stacheln haben sich aus holzigen Blütenständen entwickelt. In Natur sind diese Pflanzen kleiner.

Rechts (21.10): Die seltene *Othonna herrei* mit ihren knotigen, holzigen Warzen, die sich aus Blattansätzen bilden und die Stämme bedecken. In Kultur ruhen die *Othonna*-Arten im Sommer und treiben erst im Spätherbst wieder aus.

der Gattung *Monadenium* sind die Zwergpflanzen *Monadenium montanum* und *Monadenium majus* caudiciform. *Monadenium majus* ist eine sehr schöne Pflanze (21.16) mit rötlich-gelben, hängenden Blütenständen. Die Gattung *Jatropha* umfaßt etwa 150 verschiedene tropische Sträucher, von denen rund ein Viertel caudiciform ist (21.14). Botanisch interessant ist diese Gattung wegen der einfachen, getrenntgeschlechtlichen Blüten mit Kelch – bei den männlichen Blüten sogar mit Blütenkrone – ganz anders also als die Blüten der Euphorbien (20.5). *Jatropha*-Arten sind jedoch eher etwas für den erfahrenen, an Enttäuschungen gewöhnten Liebhaber. *Jatropha podagrica* (21.15) läßt sich gut aus Samen ziehen und ist von allen Arten am leichtesten zu halten. Sie hat große, gestielte Blätter, drüsenartige Nebenblätter und flachköpfige, herrlich rote Blüten.

Fouquieriaceae

Diese kleine Familie besteht nur aus einer Gattung mit acht Arten und kommt nur in Mexiko vor. Es handelt sich hier um extrem xerophytische, hartholzige Sträucher, die dazu neigen, sich an der Basis zu verdicken. Am stärksten tritt diese Verdickung bei *Fouquieria* (*Idra*) *columnaris* (21.13) auf. Der große, meist unverzweigte Stamm sieht wie eine riesige, umgedrehte Rübe aus. An den dürren Seitentrieben sitzen winzige, kurzlebige Blätter, die einen Stachel zurücklassen, wenn sie sich von dem holzigen Stengel lösen. *Fouquieria columnaris* hat sich in Kultur ebenfalls als langlebig und ausdauernd erwiesen. Sie braucht jedoch reichlich Platz für die großen Wurzeln (am besten pflanzt man sie in den warmen Jahreszeiten hinaus ins Freie). In kleinen Töpfen wächst sie nur sehr langsam. Die Mindesttemperatur sollte im Winter 7 °C betragen; bei mir haben Pflanzen auch schon schadlos Temperaturen um Null Grad überstanden.

Rechts (21.13): Blüten von *Fouquieria (Idra) columnaris* aus Niederkalifornien. Aus den dunklen Samenhülsen des letzten Jahres sind schon alle Samen ausgefallen.

Rechts außen (21.14): Drei caudiciforme *Jatropha*-Arten v.l.n.r.: Unbekannte Art, *Jatropha texensis, Jatropha berlandieri.*

Rechts unten (21.15): *Jatropha podagrica,* Sämling in Kultur. In den Tropengärten ist diese Art ein bekannter Strauch.

Unten (21.16): Ein Juwel für den Liebhaber von Zwergpflanzen: das seltene *Monadenium majus* mit unterirdischem Caudex.

21: Caudiciformes

21: Caudiciformes

Geraniaceae

Die Liebhaber der herrlichen, regional verschiedenen Pelargonien – volkstümlich auch „Geranien" genannt – können sich kaum die ungeheure Vielseitigkeit der großen, wandlungsfähigen Gattungen mit ihren über 250 Arten in den trockenen Gebieten Südafrikas vorstellen. Allen *Pelargonium*-Arten ist jedoch gemeinsam, daß ihnen offensichtlich auch die liebloseste Behandlung nichts ausmacht. *Pelargonium tetragonum* ist eine echte Stammsukkulente und hat drei- oder vierfach abgewinkelte grau-grüne Sproßglieder. *Pelargonium echinatum* hat warzige Höcker und *Pelargonium gibbosum* wie von Gicht angeschwollene Knoten. Ein oder zwei Arten sind fast blattsukkulent. Die meisten *Pelargonium*-Arten haben jedoch einen ebenerdigen oder unterirdischen Caudex, auf dem Rosetten jährlich abfallender Blätter sitzen. Die Blätter sind oft stark gelappt oder gefiedert und sehen aus wie die Blätter einer Karotte (21.18). Die Blüten sind nicht so schön und prächtig wie die der beliebten Zuchterzeugnisse unserer Gärtner.

Sarcocaulon ist eine verwandte Gattung mit rund einem Dutzend Arten aus Südwestafrika. Die dornigen Triebe sind außerordentlich harzhaltig. Noch lange nach dem Absterben der Triebe ist die Umgebung von *Sarcocaulon* mit kleinen, pfeifenförmigen „Skeletteilen" übersät.

Alle sukkulenten Geraniaceen schlagen im Spätherbst aus. Man sollte sie im Gewächshaus auf eine der oberen Stellagen nahe am Glas stellen. Gießen Sie nur, solange die Pflanze grüne Blätter hat.

Moraceae

Die weitverbreitete Gattung *Dorstenia* mit ihren 170 Arten besitzt im tropischen und östlichen Afrika einige Arten, die einen sehr fleischigen, ebenerdigen oder unterirdischen Caudex und dicke, mit Blattnarben bedeckte Triebe haben. Auf die bizarren, untertassenförmigen Blütenstände (4.19), die eine einzige Blüte vortäuschen, haben wir schon hingewiesen. *Dorstenia foetida* (21.17) wird am häufigsten in Kultur gehalten. Sie sät sich auch ohne weiteres selbst aus. Auf Socotra gibt es eine einzigartige, nur hier vorkommende Art, *Dorstenia gigas*, die bis zu 1,2 m groß wird. *Dorstenia*-Arten brauchen sehr viel Wärme und sind eher etwas für den erfahrenen Liebhaber.

Rechts (21.17): *Dorstenia foetida* aus Südarabien, eine sehr anspruchslose Art dieser Gattung. Die tentakelförmigen Blütenköpfchen schleudern bei der Reife die Samen explosionsartig davon.

Unten (21.18): *Pelargonium carnosum* aus Südwestafrika. In freier Natur entfalten die sukkulenten Pelargonien die unterschiedlichsten Wuchsformen, von fleischigen Stämmen bis zu dicken, holzigen, caudiciformen Gebilden.

21: Caudiciformes

Passifloraceae

Von den 92 *Adenia*-Arten kommen allein 57 aus Afrika. Sie sind z.T. so seltsam geformt, daß sie den nach Neuheiten suchenden Sukkulentenliebhaber sofort ansprechen. *Adenia glauca* und *Adenia fruticosa* besitzen einen besonders dicken, zugespitzten Stamm. *Adenia digitata* hat einen massiven, mehr oder weniger zylindrischen Caudex. Bei *Adenia spinosa* sind die zarten Triebe mit Stacheln besetzt, und *Adenia aculeata* (21.19) und *Adenia globosa* besitzen stachelige Warzen auf den Trieben. Bei vielen Arten ist das Speicherorgan hell- und dunkelgrün gemustert. Der Caudex von *Adenia spinosa* ist mit warzigen Auswüchsen bedeckt.

Pedaliaceae

Zu dieser Familie gehören zwei kleine Gattungen: *Pterodiscus* (21.20) mit etwa 10 Arten und *Sesamothamnus* mit etwa fünf Arten. Beide Gattungen stammen aus dem südlichen und tropischen Afrika. Trotz ihrer großen und manchmal sogar duftenden Blüten sind beide Gattungen selten in Kultur zu sehen. *Sesamothamnus*-Arten haben dicke, dornige Zweige und einen Caudex, der über zwei Meter im Durchmesser erreichen kann.

Portulacaceae

Im Kapitel 12 haben wir schon die blatt- und im Kapitel die stammsukkulenten Mitglieder dieser Familie behandelt. Es gibt aber auch einige *Portulaca*- und *Talinum*-Arten (21.21) mit geschwollenen unterirdischen Speicherorganen und mehr oder weniger jährlich abfallenden oberirdischen Pflanzenteilen. *Talinum caffrum* hat schöne, gelbe Blüten, die kleinen Primeln ähneln. Diese Art läßt sich auch relativ schnell aus Samen ziehen. Das Prunkstück, und einmalig unter den Sukkulenten, ist *Anacampseros alstonii* (21.22) mit einem flachen, tortenähnlichen, bis zu 10 cm großen Caudex, der mit einer weißen Krone aus Hunderten feiner Triebe bedeckt ist. Sie alle sind mit papierartigen, sich überlappenden Nebenblättern übersät, die die winzigen Blätter verbergen. Verglichen mit dem übrigen Pflanzenkörper sind die perlweißen Blüten riesig groß. Im Durchmesser sind sie ca. 2,5–3 cm. *Anacampseros alstonii* blüht im Sommer. Sämlinge bilden schon im ersten Jahr eine erbsengroße Knolle.

Oben rechts (21.19): Der Caudex von *Adenia aculeata* ist bestachelt – ein zusätzlicher Anreiz für Freunde kakteenartiger Pflanzen. Die winzigen Blüten sind getrenntgeschlechtlich.

Rechts (21.20): *Pterodiscus speciosus* aus Süd- und Südwestafrika bildet einen zugespitzten, bis zu 50 cm hohen Caudex. Leider halten sich die Pflanzen in Kultur nicht sehr lange.

21: Caudiciformes

Vitidaceae

Die stammsukkulenten Vitidaceae wurden schon im Kapitel 15 behandelt. Es gibt aber auch einige Arten mit massiven Caudices, die früher zur Gattung *Cissus* gestellt wurden, heute aber die eigene Gattung *Cyphostemma* bilden. Die dicken, weichen, grünlichen Stämme sind von einer sich schälenden Rinde umgeben. Die fleischigen, ganzrandigen oder dreilappigen Blätter fallen in der Ruhezeit ab. Man könnte all diese caudiciformen Arten ebensogut zu den Stammsukkulenten stellen, da sie nur eine Zwischenform zwischen Stammsukkulenten und Caudiciformen bilden. *Cyphostemma cramerana* wird baumgroß. Aus Samen gezogene *Cyphostemma*-Arten wachsen schnell und passen sich gut an eine Vegetationszeit im Sommer an, wenn sie genügend Wasser bekommen. Die winzigen Blüten stehen auf breiten, abgeflachten Blütenständen und werden von kleinen, purpurfarbenen Trauben abgelöst (2.21).

Links (21.21): *Talinum paniculatum* kommt in Mexiko und den Karibischen Inseln vor und blüht rosarot. *Talinum*-Arten ähneln etwas den *Portulaca,* leider lohnt sich nur bei wenigen Arten die Haltung und Pflege.

Unten (21.22): *Anacampseros alstonii* (Hier in einem 7 cm Topf) ist sofort an dem flachen, kartoffelähnlichen Caudex zu erkennen, der mit zahlreichen zarten Trieben bedeckt ist.

21: Caudiciformes

Haltung und Pflege

Alle caudiciformen Pflanzen brauchen die abwechselnden Vegetations- und Ruhezeiten. In Kultur haben wir einen Jahreszyklus, am natürlichen Standort können die Ruheperioden länger dauern – sie werden vor allem durch die unregelmäßigen Pausen zwischen den Regenzeiten bestimmt. Während der Ruhezeit sterben die oberirdischen Teile ab oder schrumpfen stark. Zu dieser Zeit darf man die Pflanzen nur ganz leicht einnebeln, damit die ebenerdigen oder unterirdischen Speicherorgane nicht zu sehr austrocknen. Mit dem Wässern orientiert man sich am besten nach dem Erscheinen neuer oder dem Absterben alter Triebe. Einige *Dioscorea*-Arten treiben z. B. noch aus alten Trieben, bevor diese völlig absterben.
In bezug auf Winterhärte decken die caudiciformen Pflanzen die ganze Skala von tropischen und zarten bis zu den widerstandsfähigsten Sukkulenten (*Sedum rosea*) überhaupt ab. Einem Anfänger mit einer durchschnittlichen Sukkulentensammlung kann man die folgenden Arten empfehlen, die im Winter aber eine Mindesttemperatur von 5 °C benötigen: *Kedrostis, Cyphostemma, Pelargonium, Nolina, Pachypodium, Dioscorea, Fouquieria* und zwergwüchsige *Cotyledonen*.

Rechts (21.23): Ein kleiner Ausschnitt eines Gewächshauses für caudiciforme Sukkulenten der Universität Heidelberg.

Unten rechts (21.24): *Bursera odorata*. Mit zunehmendem Alter wird diese Art zu einem untersetzten Strauch. Der Liebhaber zieht jedoch die kleineren, jüngeren Exemplare vor.

Unten (21.25): Der Caudex von *Euphorbia silenifolia* wächst in freier Natur völlig unterirdisch. In Kultur sollte man ihn jedoch noch etwas aus dem Boden schauen lassen, zum Schutz gegen stagnierendes Wasser.

21: Caudiciformes

Ein paar Worte zum Schluß

Die Beliebtheit der Sukkulenten als Zimmer- und Gewächshauspflanzen, als Zier- und Ausstellungsstücke war wohl noch nie so groß wie im Augenblick. Sie gedeihen sowohl im kleinen Gewächshaus mit der nötigen Helligkeit und Wärme wie auch auf dem sonnigen Fensterbrett im Zimmer mit der für Mesophyten so schädlichen Zentralheizungsluft. Man kann diese Pflanzen beruhigt ein paar Tage, ja sogar Wochen sich selbst überlassen, ohne Angst zu haben, daß sie vertrocknen und absterben, und auch demjenigen, der für andere Zimmerpflanzen nicht den „grünen Daumen“ hat, gelingt es hin und wieder, die eine oder andere Sukkulente zum Blühen zu bringen und über längere Zeit zu erhalten.
Zweifellos hat die Vorliebe für die Haltung von Sukkulenten die verschiedensten Gründe: Sammelleidenschaft, die Liebe zu außergewöhnlichen und schönen Blüten, zum Ungewöhnlichen, Seltenen, Kostbaren, fast Ausgestorbenen oder einfach zu dem, was andere ablehnen – alles kommt zusammen. Aber gerade so, wie das Erforschen von „Neuland“ viel Freude mit sich bringt, gibt es auch Gefahren, wenn man den Wald vor lauter Bäumen nicht sieht: So wie manche Autofahrer ein halbes Leben unter ihrem Wagen zubringen und Hifi-Experten vor lauter technischer Begeisterung oft nie dazu kommen, eine Symphonie oder ein anderes schönes Musikwerk zu hören, so verwechseln manche Sukkulentensammler den Zweck ihrer Sammlung und sammeln Namen anstatt lebende Pflanzen. Das verwundert kaum, denn die Gärtnereien wetteifern um das größte Angebot, die Zeitschriften beschreiben andauernd neue Arten, und die Bücher setzen sich immer wieder mit der genauen Klassifikation der Sukkulenten auseinander.
Ich habe hier mit Absicht auf lange Artenlisten oder das Herausarbeiten oft feinster Unterschiede verzichtet und das Schwergewicht mehr auf die grobe Unterscheidung gelegt, auf die Gattung, Stämme, Unterfamilien und Familien – weil der Vogel mehr sieht als der Wurm, und meist auch länger lebt. Mein Ziel war stets, die Sukkulenten vor dem allgemeinen Hintergrund der Gesamtflora und ihrer systematischen Einteilung zu sehen. Ich habe die einzelnen Familien gemäß ihrer Größe behandelt und mich um einen ausgewogenen Überblick bemüht, um die Verzerrungen zu vermeiden, die seit der Veröffentlichung des Buches „The Cactus and other tropical Succulents“ von H. Allnutt 1877 um sich gegriffen haben.
Ein gut bestücktes Gewächshaus ist ein Phänomen unserer Zeit: ein Sammelsurium von Raritäten aus aller Welt. Hier treffen die verschiedensten Pflanzen zum ersten Mal aufeinander, aufgereiht in kleinen Töpfen, mit Namen und Fundort versehen. Eine selbstgebastelte kleine Welt pflanzlicher Wunder, die den Drang des Menschen bestätigen, auch die entlegensten Winkel der Erde zu erforschen und deren Schätze auf ein paar eigenen Quadratmetern zusammenzudrängen. Ein Glück, daß die Pflanzen selbst nicht reden können!
So gesehen, wird der Besitz einer pflanzlichen Rarität zu einer Auszeichnung.
Oft hört man Sammler klagen, daß die eine Art nicht wächst, eine andere nicht blüht und eine dritte keine Samen bildet. Würden sich diese Leute jedoch einmal den natürlichen Standort ihrer Pflanzen näher vor Augen halten, so würden sie sich wundern, daß sich überhaupt so viele Sukkulenten im Gewächshaus akklimatisiert haben.
Und es gibt noch so viel näher zu ergründen und zu untersuchen: Welche Pflanzen bilden mit eigenem Pollen fortpflanzungsfähigen Samen und welche nicht? Bis jetzt gibt es noch keine zentrale Informationsstelle, bei der man sich über die Gewohnheiten und biologischen Prozesse seiner Pflanzen erkundigen kann. Wenn man wildgewachsenen Samen bekommen kann, so kann man z. B. alle auskeimenden Sämlinge bis zur Reife heranziehen und dann die Vielfalt innerhalb einer Art untersuchen. Besser ist es noch, wenn man soviel Platz zur Verfügung hat, daß man zwei oder mehr Populationen heranziehen kann. Aus dem Umfang der Variationsbreite kann man sehr viel lernen. Von großer Wichtigkeit ist auch die Vermehrung seltener und gefährdeter Arten. Und der Aufzucht neuer Hybriden sind keinerlei Grenzen gesetzt. Eine Sukkulentensammlung kann also ein Sammelsurium auf einer Fensterbank oder in einem Gewächshaus sein oder aber auch ein kleiner botanischer Garten. Man kann sich nebenher zur Muße damit beschäftigen oder völlig darin aufgehen, es kann Spielerei oder ernsthafte Forschung sein. Wenn wir uns jedoch ernsthaft mit der Natur und unseren Pflanzen beschäftigen, so werden wir folgendes erkennen: Geh' durch eine Tür, und du wirst auf immer neue Türen treffen, die darauf warten, geöffnet zu werden.
versehen. Eine selbstgebastelte kleine Welt pflanzlicher Wunder, die den Drang des Menschen bestätigen, auch die entlegensten Winkel der Erde zu erforschen und

Unten: Die meisten Sukkulenten säen sich an ihrem natürlichen Standort im Schatten von Felsen oder anderen Pflanzen aus, so daß der Sämling vor praller Sonne geschützt ist.

Literaturhinweise

Backeberg, C.: Kakteenlexikon.
F. Fischer Verlag Stuttgart 1977
Barthlott, W.: Kakteen.
Belser Verlag Stuttgart 1977
Bayer, M.B.: Haworthia Handbook.
National Botanic Gardens of South Africa Cape Town 1976
Bechtel, H.: Bunte Welt der Kakteen.
Kosmos-Verlag Stuttgart 1978
Benson, L.: The Cacti of Arizona.
University of Arizona Press, Tucson Arizona 1969
Berger, A.: Die Agaven.
Jena 1915
Bornsart, H. von: Kakteen.
Hallwag Verlag Stuttgart 1976
Chidamian, C.: Book of Cacti and other Succulents.
Doubleday, New York 1958
Cullmann, W.: Kakteen.
Ulmer Verlag Stuttgart
Glass, C., Forster, R.: Cacti and Succulents for the Amateur.
Blandford Press, Poole 1977; Van Nostrand Reinhold, New York 1977
Grunert, Viedt, Kaufmann: Kakteen und andere schöne Sukkulenten.
VEB Landwirtschaftsverlag Berlin
Haage, W.: Das praktische Kakteenbuch.
Neumann/Neudamm Verlag Melsungen 1976
Haage, W.: Cacti and Succulents.
Vista Books London 1963
Haage, W.: Schöne Kakteen richtig pflegen.
Neumann/Neudamm Verlag Melsungen 1976
Haustein, E.: Sukkulenten.
Lehrmeister Bücherei München
Haustein, E.: Kakteen.
Lehrmeister Bücherei München
Herbel: Alles über Kakteen und andere Sukkulenten.
Südwest Verlag München
Herold, H.: Fibel für Kakteenfreunde.
Falken Verlag Niedernhausen
Herre, H.: The Genera of the Mesembryanthemaceae.
Nasionale Boekhandel Ltd. Cape Town 1971
Higgins, V.: Succulents in Cultivation.
St. Martins New York 1960
Hoffmann, W.: Das kleine Kakteenbuch.
Mosaik Verlag München 1972
Hoffmann, W.: Kakteen.
Falken Verlag Niedernhausen 1975
Ivimey-Cook, R.B.: Succulents – A glossary of terms and definitions.
National Cactus & Succulent Society Oxford 1974
Jacobsen, H.: Handbuch der sukkulenten Pflanzen. Bd. I-III.
VEB Fischer Verlag Jena 1954
Jacobsen, H.: Das Sukkulentenlexikon.
Gustav Fischer Verlag Stuttgart 1970
Köhlein, F.: Freiland-Sukkulenten.
Ulmer Verlag Stuttgart 1977
Koesen, W., Keppel, J.C. van: Das große Buch der Kakteen und Sukkulenten.
Mosaik Verlag München 1977
Lamb, E. u. B.: 100 Kakteen und andere Sukkulenten in Farbe.
BLV München 1977
Lamb, E. u. B.: Kakteen und andere Sukkulenten in Heim und Wildnis.
Neumann/Neudamm Verlag Melsungen 1977
Martin, J.J., Chapman, P.R.: Succulents and their cultivation.
Faber & Faber London 1977
Mierswa: Kleingewächshäuser, Folien- und Frühbeete.
BLV München 1974
Rauh, W.: Schöne Kakteen und andere Sukkulenten.
Winters naturwissenschaftliche Taschenbücher Heidelberg 1967
Rauh, W.: Die großartige Welt der Sukkulenten.
Parey Verlag Hamburg 1966
Rawe, R.: Succulents in the Veld.
Howard Timmins Cape Town 1968
Reynolds, G.W.: The Aloes of South Africa. A.A. Balkema Johannesburg 1950

Reynolds, G.W.: The Aloes of Tropical – Africa and Madagascar.
Aloes Book Fund Mbabane 1966
Schubert, R., Wagner, G.: Pflanzennamen und botanische Fachwörter.
Neumann/Neudamm Verlag Melsungen 1975
Schwantes, G.: Flowering Stones and Midday Flowers.
Ernest Benn Ltd. London 1957
Schwantes, G.: The Cultivation of the Mesembryanthemaceae.
The Garden Book Club London 1954
Walter, M.: Das Kleingewächshaus.
Ulmer Verlag Stuttgart 1977

Zeitschriften

Aloe
South African Aloe and Succulent Society (engl., holl.)
ASPS Bulletin
African Succulents Plant Society (engl.)
Ashingtonia
Holeygate Reference Collection Ashington Sussex, England (engl.)
Cactaceas y Succulentas Mexicanas
Sociedad Mexicana de Cactologia (span.)
Cactus:
Club de Bruxelles
Club de Fribourg
Club de Genève
Club de Lausanne
Club de Nantes (alle franz.)
Cactus and Succulent Journal
Cactus and Succulent Society of America (engl.)
Kakteen und andere Sukkulenten
monatlich erscheinendes Organ der Deutschen Kakteen-Gesellschaft e.V. (Moorkamp 22 D D 3008 Garbsen 5), der Gesellschaft Österreichischer Kakteenfreunde und der Schweizerischen Kakteengesellschaft (deutsch)
Kaktus
Quartalsblatt der Nordisk Kaktus Selskab (dän.)
Succulenta
Nederlands-Belgische Vereenigung van Liefhebbers van Cactussen e andere Vetplanten (dän.)
Succulents
Revue des Association Francophone des Amateurs des Plantes Succulentes (franz.)
The Cactus and Succulent Journal of Great Britain
Cactus and Succulant Society of Great Britain (engl.)
The Journal of the Mammillaria Society
Mammillaria Society (engl.)

Erklärung der Fachausdrücke

Achsel: Winkel zwischen Sproßachse und Blatt
Adventivpflanzen: Pflanzen, die in einem bestimmten Gebiet nicht urwüchsig sind, sondern erst unter Mitwirkung des Menschen hierher gekommen sind
Adventivwurzeln: Wurzeln, die an der Basis abgeschnittener und in feuchte Erde gesteckter Sprosse, Sproßstücke oder Blätter gebildet werden; Bildung der Sproßachse
Ähre: Blütenstand mit aufrechter Hauptachse, an der ungestielte oder nur ganz kurz gestielte Seitenblüten sitzen
aktinomorph: strahlig gebaut, mehrseitig symmetrisch
Allele: einander entsprechende Gene eines Chromosomenpaares
Androeceum: Gesamtheit der Staubblätter einer Blüte
Anemophilie: Pollenübertragung durch den Wind
Aneuploidie: nicht ganzzahlige Vervielfachung der haploiden Chromosomenzahl
Anthere: Staubbeutel
Anthocyane: blaue, violette und rote Pflanzenfarbstoffe
Anulus: Ring, ringförmiger Auswuchs der Blütenkrone der Stapelien
apetal: ohne Kronblätter
Areole: Vegetationspunkt, Stachelpolster der Kakteen
Arillus: Samenmantel
Ausläufer: unter- und oberirdische Seitensprosse, an deren Knoten sich Wurzeln und neue Sprosse entwickeln; durch Absterben der Zwischenstücke bilden sich Tochterpflanzen

Balg: trockene, aus einem einzigen Fruchtblatt bestehende Frucht, die sich nur an ihrer Verwachsungsnaht öffnet
Beere: fleischige Frucht, meist mehrsamig
Befruchtung: Verschmelzung zweier Keimzellen verschiedenen Geschlechtes
Bestäubung: Übertragung von Blütenstaub auf die empfängnisfähigen Teile der weiblichen Blütenorgane
Betacyanin: stickstoffhaltiger Pflanzenfarbstoff der Caryophyllales, ersetzt bei dieser Pflanzengruppe das Anthocyan
binäre Nomenklatur (binominal): doppelte Namensgebung; jede Pflanze und jedes Tier besitzt einen Gattungs- und einen Artnamen
Blattsukkulente: Pflanze mit vergrößertem, wasserspeicherndem Blattwerk
Blütenstand: blütentragender Teil einer Blütenpflanze
Braktee: Deckblatt
Brakteole: kleines Deckblatt, in dessen Achsel ein einzelner Blütenstiel wächst, während in der Achsel der Braktee ein Blütenstandstiel wächst

C_3, C_4: Symbole für verschiedene Wege im Respirationszyklus bestimmter Pflanzen
Calyx: Blütenkelch aus meist grünen Kelchblättern
Caudex: knollen- oder rübenartiges ober- oder unterirdisches oder ebenerdiges Speicherorgan, das aus der geschwollenen Basis des Stammes, verdickten Wurzeln oder beidem besteht
caudiciform: strunkförmig, rübenwurzelnd, Pflanzen mit einem Caudex
Cephalium: Kopf, Schopf aus Borsten oder Haaren, aus dem bei bestimmten Kakteenarten die Blüten wachsen
Chlorophyll: Blattgrün
Chloroplasten: linsenförmige, farbstofftragende Zellorganelle
Chromosomen: verschieden große, meist langgestreckte Kernfäden, auf denen aufgereiht die Gene liegen
Cladodium: grüner Flachsproß, der bei Reduktion der Blätter deren Aufgabe übernimmt
Corymbus: Trugdolde
cristat: verbänderte, fächerartige Entwicklung des Stamms
Cyathium: Blütenstand der Euphorbien, bei dem eine einzelne weibliche, stark reduzierte Blüte von mehreren, ebenfalls stark reduzierten männlichen Blüten umgeben wird. Das Ganze ist in eine Hülle aus Deckblättern gebettet
Cytoplasma: Zellplasma

Dehiszenz: Art des Aufspringens reifer, kapselartiger Organe
dekussiert: kreuzgegenständig
Dichasium: Trugdolde mit zwei Seitenzweigen, die einander gegenüberstehen
dicotyl: zweikeimblättrig
Dimorphismus: Auftreten von zwei verschiedenen Formen derselben Art
diözisch: zweihäusig, männliche und weibliche Blüten sitzen auf verschiedenen Pflanzen
diploid: mit einem doppelten Chromosomensatz ausgestattet
Dolde: Blütenstand, bei dem mehrere Blütenstiele von ein und derselben Ebene ausgehen
dominant: Eigenschaft eines Gens, das die Wirkung seines Allels unterdrückt.
Dornen: spitze, stechende Gebilde, die durch Umwandlung aus Sprossen, Blättern oder Nebenblättern und Wurzeln entstanden sind

Edelreis: Knospen tragender Sproß einer wertvollen Sorte, der auf einen entsprechend zugeschnittenen Sproß einer weniger wertvollen Sorte gepfropft wird
endemisch: Vorkommen auf ein relativ eng umschriebenes Gebiet beschränkt
Entomophilie: Pollenübertragung durch Insekten
Epidermis: Oberhaut, meistens einzellige Schicht
epigyne Blüte: Blüte mit unterständigem Fruchtknoten
Epiphyten: Pflanzen, die nicht im Boden wurzeln, sondern auf einer anderen Pflanze wachsen, ohne dieser jedoch Nährstoffe zu entziehen

F_1: Erste Tochtergeneration
Familie: Der Gattung übergeordnete, systematische Einheit
Fasciation: Verbänderung, anomale Wachstumsart, bei der sich die Stammspitze zu einem Fächer verbreitert
fertil: fruchtbar
Filament: Staubfaden
Flachsproß: blattartig abgeflachte, grüne Sproßachse
Form: niedrigste, systematische Stufe unterhalb der Art, Abkürzung f.
Frucht: Pflanzenorgan, das den oder die Samen bis zur Reife umschließt
Fruchtknoten: aus Fruchtblättern gebildeter, geschlossener Hohlraum, in dem die Samenanlagen liegen
Fungizide: Stoffe, die schädliche Pilze vernichten sollen

Gameten: männliche und weibliche Keimzellen mit haploidem Chromosomensatz
Gattung: systematische, sich aus verwandten Arten zusammensetzende Gruppe
Gefäße: röhrenförmige Leitungsbahnen, die aus Reihen toter Zellen entstehen, deren Querwände aufgelöst oder durchlöchert werden
Gene: Erbfaktoren
getrenntgeschlechtlich: männliche und weibliche Organe befinden sich auf verschiedenen Blüten
Gewebe: Verband gleichartiger Zellen mit ähnlicher Form und Funktion
Glochidien: kleine, mit Widerhaken versehene und leicht abbrechbare Fortsätze
Glomerus: kugeliger Blütenstand
Griffel: Verbindungsstück zwischen Narbe und Fruchtknoten
grundständige Blätter: Blätter, die am Grunde des Stengels entspringen
Gynaeceum: Gesamtheit der Fruchtblätter einer Blüte

Halophyten: Salzpflanzen
haploid: einfacher Chromosomensatz
Herbarium: wissenschaftliche Sammlung getrockneter, gepreßter Pflanzen
Hermaphrodit: Zwitter, Individuum mit männlichen und weiblichen Fortpflanzungsorganen
heteromer: ungleich viel
Hochblätter: Blätter, die zwischen den Laub- und den Blütenblättern einer Pflanze stehen
hygroskopisch: wasseranziehend
hypogyne Blüte: Blüte mit oberständigem Fruchtknoten
Hypokotyl: Keimachse, die durch den Wurzelhals und der Ansatzstelle der Keimblätter begrenzt wird

Infloreszenz: Blütenstand
Internodium: Sproßteil zwischen zwei Knoten
Involucrum: Hüllkelch, Hülle
irreversibel: nicht umkehrbar
Isomerie: gleiche Anzahl, z.B. der Glieder der verschiedenen Blütenteile

Kallus: Wundgewebe, korkartige Schutzschicht, die eine Schnittfläche überzieht
Karpelle: Fruchtblätter
Kapsel: aus mehreren verwachsenen Fruchtblättern entstehende, trockene Frucht
Kleistogamie: Fähigkeit einer Blüte, keimfähige Samen zu produzieren, ohne daß sich die Blüte öffnet
Klon: Gruppe genetisch gleicher Pflanzen, die durch vegetative Vermehrung eines Individuums entstanden sind.
Knolle: Speicherorgan, meist unterirdisch
Knoten: verdickte Stellen eines Stengels, an dem die Blätter entspringen
Körbchen: Blütenstand mit vielen kleinen, ungestielten Blüten, die alle in einer Ebene aus der abgeflachten, von Hüllblättern umgebenen Achse wachsen
Konvergenz: äußerliche Ähnlichkeit genetisch verschiedener Pflanzen

Korolla: Blütenkrone
Kosmopoliten: Pflanzen, die weltweit verbreitet sind
Kotyledonen: Keimblätter
Krone: der von Kronenblätter gebildete innere Kreis einer doppelten Blütenhülle
Kutikula: wachsähnliches, für Wasser undurchdringliches Häutchen auf der Epidermis

Lamina: Blattspreite
lateral: seitlich
Latex: weiße, milchartige, oft giftige Flüssigkeit, die bei Verletzungen aus der Pflanzenoberfläche von z.B. Euphorbien rinnt
Limbus: Saum eines Kron- oder Kelchblattes
Lithophyt: Felsenpflanze

Meiose: Reife- oder Reduktionsteilung, aus einer diploiden Zelle entstehen vier haploide Tochterzellen
Merikarp: Teilfrucht einer Spaltfrucht
Meristem: Teilungsgewebe
Mesophyt: Pflanze gemäßigter Standorte, mit durchschnittlichem Wasserbedarf
Milchröhren: Transportgefäße (enge oder weite Röhren), die Milchsaft führen
Mimikry: natürliche Tarnung, Anpassung an die Umgebung
Mitose: Kern- oder Zellteilung, eine Mutterzelle teilt sich in zwei Tochterzellen, die Chromosomen werden gleichmäßig auf beide Tochterzellen verteilt
Monochasium: zymöser Blütenstand, bei dem unterhalb der endständigen Blüte nur ein Zweig kommt
monokotyl: einkeimblättrig
monotypisch: mit nur einem untergeordneten Teil, z.B. Familie mit nur einer Gattung, Gattung mit nur einer Art
monözisch: einhäusig, männliche und weibliche Blüten sitzen auf ein und derselben Pflanze
Mutation: dauerhafte genetische Veränderung, Abart

Narbe: aufnahmefähige Spitze des Griffels, auf der sich der Pollen absetzt
natürliche Selektion: naturbedingte Auslese der am besten angepaßten Individuen, Aussonderung der ungeeigneten
Nebenblätter: blattartige Auswüchse des Blattgrundes
Nektar: zuckerartige Absonderung der Nektarien
Nektarien: Honigdrüsen
Nodien: Knoten
Nomenklatur: Namengebung

Nucleus: Zellkern

oberständiger Fruchtknoten: Fruchtknoten oberhalb der Ansatzstelle der Blütenhülle und der Staubblätter
Ornithophilie: Pollenübertragung durch Vögel
Okulieren: Veredelungsmethode
Ovarium: Fruchtknoten

Parasit: Schmarotzer
Parenchym: Grundgewebe
Pathologie: Lehre von den Krankheiten
Pedicellus: Blütenstiel
Pedunculus: Blütenstandstiel
perennierend: ausdauernd, beständig
Perianth(ium): Blütenhülle
Perigon: einheitliche Blütenhülle
perigyne Blüte: Übergangsform zwischen hypogyner und epigyner Blüte
Perikarp: Fruchtwand
Petalum: Kronblatt
Petiolus: Blattstiel
Pfahlwurzel: kräftige, sich fest im Boden verankernde Hauptwurzel, die senkrecht nach unten wächst
Photoperiodismus: von der täglichen Belichtungsdauer abhängiges Verhalten der Pflanze
Photosynthese: Aufbau organischer Verbindungen (Kohlenhydrate) aus Kohlendioxid der Luft und Wasser bei Vorhandensein von Sonnenenergie (Licht) und Chlorophyll
Phyllokladium: flacher, grüner Sproß, der wie ein Blatt aussieht und auch dessen Funktion übernehmen kann
Phylogenie: stammesgeschichtliche Entwicklung
Placenta: Teil des Fruchtknotens, der die Samenanlagen trägt
Pollen: Blütenstaub
Pollinium: Pollenmasse, untereinander verklebte Pollenkörner
Polyploidie: Vervielfachung des Chromosomenstandes in einer Zelle
Proliferation: Wachstum von Knospen, die normalerweise im Ruhezustand bleiben
Protandrie: Blüten, bei denen die Staubblätter vor den Narben reifen
Protogynie: das Reifen der Narben vor den Staubblättern in einer Blüte

Radicula: Keimwurzel
razemös: traubig
Receptaculum: bei Samenpflanzen der Blütenboden
Respiration: Aufnahme von Sauerstoff, Abgabe von Kohlendioxid unter Freisetzung von Energie: Atmung
rezessiv: Eigenschaft eines Gens, dessen Wirkung von seinem „dominanten" Allel unterdrückt wird
Rispe: zusammengesetzte Traube

Samen: Endprodukt einer befruchteten Samenanlage
Samenanlage: weibliches Fortpflanzungsorgan; enthält die Eizelle
Schaft: fast oder völlig blattloser Blütenstandsstiel
Schizokarpium: Spaltfrucht
Selbstbestäubung: Blüten, die sich durch ihren eigenen Pollen befruchten
Selbstfertilität: Selbstbestäubung
Selbststerilität: Bestäubung einer Pflanze mit ihrem eigenen Pollen führt nicht zur Samenbildung
Selektion: Auslese
Septum: Scheidewand
Spaltfrucht: mehrsamige Schließfrucht, die bei der Reife in mehrere Teilfrüchte zerfällt
Stachel: spitzer Auswuchs der Epidermis, der nicht mit dem Gefäßsystem der Pflanze verbunden ist
Stamina: Staubblätter
Staminodien: unfruchtbare Staubblätter ohne Staubbeutel
Stammsukkulenten: Pflanzen mit vergrößerten, fleischigen, wasserspeichernden Stämmen
Staubbeutel: Teil des Staubblattes, meist aus zwei Hälften bestehend, die durch ein Zwischenstück verbunden sind. In den Staubbeutelhälften liegen die Pollensäcke mit den Pollenkörnern
Staubblatt: männliches Organ einer Blüte, bestehend aus Staubfaden und Staubbeutel
Stipulae: Nebenblätter
Stoma: Spaltöffnungsapparat
Strahlenblüten: vergrößerte Zungenblüten, z.B. des äußeren Ringes der Blütchen bei den Korbblütlern
Sukkulente: wasserspeichernde Pflanze
Synandrium: Gebilde, das durch Verwachsen der Staubblätter entsteht
synonym: gleichbedeutend

Tepalen: Perigonblätter
terminal: endständig
Theka: Staubbeutelhälfte
Transpiration: Wasserverlust durch Verdunstung
Traube: Blütenstand, bei dem die Achse an der Spitze unbegrenzt wachsen kann und die ältesten Blüten unten sitzen, razemöser Blütenstand
Tuber: Knolle

uncifolius: hakenblättrig
unifazial: einseitig
Unterlage: Pflanze, auf die ein Edelreis gepfropft wird
unterständiger Fruchtknoten: Fruchtknoten steht unterhalb der Ansatzstelle der Blütenhülle und der Staubblätter

Varietät: systematische Einheit unterhalb der Art, Abkürzung var.
Vegetationszeit: Wachstumszeit

Wurzelhaare: schlauchartig verlängerte, dünnwandige Außenwände der Epidermis der Wurzel, dienen der Aufnahme der im Wasser gelösten Nährsalze und des Wassers
Wüste: Gebiet mit jährlich durchschnittlich weniger als 250 mm Niederschlag

Xenogamie: Fremdbefruchtung
xeromorphe Blätter: Blätter, die durch Ausbildung einer dicken Kutikula, Bedeckung der Oberfläche mit Haaren und dgl. der Verdunstung einen größeren Widerstand bieten
Xeromorphie: strukturelle Anpassung an Trockenheit
Xerophyt: Pflanze, die bei unterdurchschnittlichem Wasserangebot überlebt

zweigeschlechtliche Blüte: Blüte, die sowohl Staub- als auch Fruchtblätter besitzt
zygomorphe Blüten: Blüten, die sich in zwei spiegelbildliche Hälften teilen lassen, zweiseitig symmetrische Blüten
zymöse Blütenstände: Blütenstände, bei denen die Seitenachsen die mit einer Blüte abschließenden Hauptachsen übergipfeln

Sachregister

Die fett gedruckten Zahlen verweisen auf eine Abbildung. Alle gebräuchlichen Gattungsnahmen sind aufgeführt; die als Synonyme angesehenen Namen sind den anerkannten Gattungen zugeordnet.

*Der Name *Dorotheanthus* wurde durch *Cleretum* ersetzt.

Bildnachweis

Der Verlag dankt folgenden Fotografen und Organisationen, die freundlicherweise Fotografien für dieses Werk zur Verfügung gestellt haben. Die Abbildungen sind kenntlich gemacht durch die Seitenzahl und die Angabe der Position des Bildes: (U) unten, (O) oben, (UL) unten links, (UR) unten rechts, (OL) oben links, (OR) oben rechts.

Fotografen

Heather Angel: 14(O), 22, 29(OL), 95, 165(O);
A–Z Botanical Collection: 54, 91, 105, 117, 124(O), 129U), 184(O), 195(U), 239(U);
Pat Brindley: 138(U), 153;
Peter Chapmann und Margaret Martin: (6–7) (O), 20, 22(O), 64(U), 94, 121(UR), 122(L), 125, 126(O), 127(O), 130, 132, 133(U), 139(U), 141(U), 144(U), 145(O), 150, 163, 164(O), 187(UL), 190(U), 191(O), 192, 197(UR), 200(O,UL), 222(L), 224(I), 225, 226(U), 227(R);
Bruce Coleman Ltd.: 35;
Eric Crichton: (1), 75, 81, 83, 131, 176, 227(L);
Gerald Cubitt: 33, 48(O), 55, 136(O), 137, 157, 159, 161, 183, 208–9, 221(U);
Chester B. Dugdale: 24(O), 133(O), 140, 145(U), 147(U), 210(O);
Dr. Donna Howell: 51;
George Kalmbacher: 108;
Heinz Klein: 202, 205(U);
Louise Lippold: 87, 121(O), 151(O), 160, 166, 184(U), 200(UR), 201(U), 203, 204, 207(O), 229(O), 233(U), 234(O), 241, 242, 243(O), 244, 245(U);
David Muench: 103;
Josef Muench: 177;
Department of Nature and Environmental Conservation, Cape Province, South Africa: 97;
L. E. Newton: 38, 211;
Dr. Edward S. Ross: Titelblatt (2–3), (5)(O), (6–7)(O), 13, 19(O), 21, 27, 39, 40(O), 44–7, 52, 56, 58(U), 69, 70, 100–1, 110–11(U), 148(U), 181, 182(U), 186, 197(OL), 210(U), 219, 220(U), 221(O), 222(R), 246–7;
Gordon Rowley: (4–5)(O), (8–9)(U), (10–11)(U), 14(U), 15, 19(U), 23, 24(U), 25, 26, 28, 29(U), 30, 31, 32, 34, 36, 37, 48(U), 49, 50, 53, 58(O), 59, 60, 61, 63, 66, 67, 68, 71, 72, 73, 76, 77, 78, 79, 80, 82, 84, 85, 86, 88, 89, 92, 93, 98, 99, 102, 106, 107, 109, 111(O), 112, 113, 115, 120, 122(R), 123, 124(U), 126(U), 127(U), 128, 129(O), 136(U), 138(O), 139(O), 141(O), 142–3, 144(O), 146, 147(O), 148(O), 149, 151(U), 154–5, 156, 162, 164(U), 165(U), 167, 168–9, 170, 172–3, 175, 180, 182(O), 185, 187(O,UR), 188–9, 190(O), 191(U), 193, 194, 195(O), 188–9, 190(O), 191(U), 193, 194, 195(O), 197(OR), 198–9, 201(O), 205(O), 206, 207(U), 212–13, 216–18, 220(O), 224(U), 226(U), 228, 229(U), 231, 232, 233(O), 234(U), 235, 236–7, 238, 239(OL,OR), 240, 243(U), 245(O);
Philip W. Rundel: 41, 196;
B. Snoad: 64(O);
N. Taylor: 29(OR).

Grafiker
Salamander Books besitzt die Rechte an den Zeichnungen auf den Seiten, die hinter dem Künstlernamen angegeben sind.

Anmerkung
Das Schaubild auf den Seiten 16/17 basiert auf Takhatajan, Flowering Plants, Origin and Dispersal, Verlag Oliver und Boyd, Edinburgh 1969.
Übertragen und auf den neuesten Stand gebracht wurde es nach Hatch, Osmond und Slayter, Photosynthesis and Photorespiration 1971

Dem Schaubild auf Seite 40 liegt eine Zeichnung aus einem Artikel von Prof. Philip W. Rundel von der Universität Irvine, Kalifornien zugrunde, der in „Cactus and Succulent Journal of America" **48,** 270, 1976 erschienen ist.

Die Niederschlagskarten auf Seite 42 wurden von N. und I. Sauer aus „Aloe" **14,** 3–8, 1976 entnommen.

proost Turnhout (Belgium)

UV 64,–
2604